TO EAT IN JACKSON
GETTING SOMETHING
Race, Class,
and Food
in the American South

杰克逊市
用餐世相

［美］小约瑟夫·埃伍德齐
（Joseph Ewoodzie Jr.）
陈庆良

译　著

中国科学技术出版社
·北　京·

Copyright © 2021 by Princeton University Press
All rights reserved. No part of this book may be reproduced or transmitted in any form or by any means, electronic or mechanical, including photocopying, recording or by any information storage and retrieval system, without permission in writing from the Publisher.
Simplified Chinese translation copyright © (2023) by China Science and Technology Press Co., Ltd.
ALL RIGHTS RESERVED

北京市版权局著作权合同登记 图字：01-2022-5573。

图书在版编目（CIP）数据

杰克逊市用餐世相 /（美）小约瑟夫·埃伍德齐
（Joseph Ewoodzie Jr.）著；陈庆良译 . —北京：中
国科学技术出版社，2023.9
书名原文：Getting Something to Eat in Jackson:
Race, Class, and Food in the American South
ISBN 978-7-5236-0265-2

Ⅰ.①杰… Ⅱ.①小… ②陈… Ⅲ.①美国黑人—社
会地位—研究 Ⅳ.① D771.28

中国国家版本馆 CIP 数据核字（2023）第 114480 号

策划编辑	刘　畅　屈昕雨	
责任编辑	孙　楠	
版式设计	蚂蚁设计	
封面设计	今亮新声	
责任校对	张晓莉	
责任印制	李晓霖	

出　　版	中国科学技术出版社	
发　　行	中国科学技术出版社有限公司发行部	
地　　址	北京市海淀区中关村南大街 16 号	
邮　　编	100081	
发行电话	010-62173865	
传　　真	010-62173081	
网　　址	http://www.cspbooks.com.cn	

开　　本	880mm × 1230mm　　1/32	
字　　数	255 千字	
印　　张	12.25	
版　　次	2023 年 9 月第 1 版	
印　　次	2023 年 9 月第 1 次印刷	
印　　刷	河北鹏润印刷有限公司	
书　　号	ISBN 978-7-5236-0265-2/D·131	
定　　价	79.00 元	

（凡购买本社图书，如有缺页、倒页、脱页者，本社发行部负责调换）

谨以此书献给卡罗琳、
贾登和约瑟芬

时不时地，奶奶会送来几大瓶泡菜和糖渍梨，或者在每月中旬给我们几磅（1 磅 ≈ 0.45 千克）政府发的奶酪、花生酱和饼干。奶奶在做这些事时总是笑嘻嘻的，可是当我把这些奶酪叫作非裔①优质奶酪时，她笑不起来了。她尽量摆出一副对非裔优质奶酪不屑一顾的样子，但是，有时我发现她在做三明治的时候，虽然用的是品位较高的裸麦面包，但是还不是在上面涂抹了非裔优质奶酪？我不明白像穷人一样吃东西为什么会使她觉得这么难为情。

——基斯·莱蒙（Kiese Laymon）

《深沉的美国回忆录》（*Heavy：An American Memoir*）

---

① 非裔：指祖先为非洲黑人血统，却不生活在非洲的人。——编者注

目录
contents

337 | 结论

第 15 章　对食物、种族和南部的
　　　　　研究 / 339

○ 介绍

第 1 章
民以食为天

乔纳森让我着正装参加餐会。

他邀请我跟他去见他们小群体里的人，并共进午餐。这群人同属首个由非裔美国人组成的希腊式精英社团，他们管它叫"布尔"（Boulé）[①]。为了和他们打成一片，我得穿正装去。当我到他家时，他觉得我的黑色西装和白色衬衫还过得去，但建议我换条领带。我原来系的是条黑色窄领带，他从他收集的领带中，找了条尺寸普通、带蓝条纹的象牙色领带借给我。他穿着卡其色西服、黑色西裤、蓝色衬衫，打着一条与之相配的领带。因为他只邀请我参加上半场聚会，所以我们各自开车去聚餐的地方。他们的人在南国会街的首都俱乐部 18 层相聚。我们走进电梯时，他低声感叹道："这算是杰克逊市[②]遗存的豪华

[①] "布尔"联谊会于 20 世纪初在费城成立，其使命是把有成就和高学历的黑人聚集在一起。在此之前，他们互不往来，而且与仍然处于种族压迫之下的美国黑人群众也没有联系。联谊会的会员资格仅限于受邀参加。现在每年的会费需数千美元。

[②] 杰克逊市是美国密西西比州的首府，也是美国南方主要的黑人聚居的城市。20 世纪 60 年代，该市是民权运动的核心城市之一。因此作者选择该市研究很有代表性。——编者注

老建筑了。"他还谈到了对吉姆·克劳（Jim Crow）法^①的看法，语气中带着愤慨。

出了电梯，就是雅致的门厅，穿过门厅，我们来到了一间私人餐室。餐室里有一张宽大的长桌，围坐着十几个上了年纪的黑人。他们已经开吃了，而且聊得正欢。

"你们都还好吗，执政官们？"乔纳森和他们打着招呼。他们用"执政官"这个古代雅典最高法院大法官的头衔，来相互称呼。他介绍说我是今天的嘉宾，然后示意我和他一起去取餐。在普通用餐区入口处的木制接待台后面，站着一位年纪稍大的黑人服务员。我们走上前去，只见乔纳森友好地向他歪了歪头，说了声"布尔"，服务员便二话不说，笑容可掬地请我们进去。首都俱乐部一如既往采用会员制，就是这个普通用餐区，也不对外开放。自然光照让整个用餐空间显得更加宽敞明亮。一张张圆桌上铺着米色的桌布，桌上摆着镶金边的碗碟，还有擦得锃亮的银餐具。玻璃帷幕墙上，优雅的纱帘飘曳着，透过玻璃向外望去，壮丽的城市风光尽收眼底。餐厅的一角，有位中年白人男子，在一架三角钢琴前，弹奏着庄重的古典音乐。

餐厅大约只坐了半满。有一家黑人，六七个人聚在一桌；另一家黑人，人不多，也坐了一桌。其余顾客都是白人。

---

① 吉姆·克劳法即从1876年至1965年美国南部各州以及边境各州对有色人种（主要是非洲裔美国人）实行的种族隔离制度。——编者注

"随便夹点菜吃吧，哥们儿。"乔纳森边招呼我，边走过去跟人比较多的那一家子（黑人）寒暄几句。

自助餐台和蛋饼煎台在餐厅入口的左边。看到我盛了一碗蔬菜汤，一个服务员赶紧过来，帮我把汤端了过去，好让我排队取菜。服务员是清一色的黑人，且男性居多。他们一律穿着白衬衫，搭配黑马甲，打着领结。我没有取炸鸡、排骨和牛排作为主菜，而是夹了些黑眼豌豆、干贝土豆和鱼。

当乔纳森来取餐时，我在自助餐台的另一头，所以我以为我走错边了。

"没错儿，没错儿，两边都可以，"他让我尽管放心好了，接着他又提醒我，"哦，不要错过甜点。他们会送过来的。"当我走到甜品桌时，两个白人少女兴高采烈地来拿奥利奥馅饼，差点撞到了我。可惜她俩没有口福，馅饼一块也没有了。我指了指面包布丁，甜品桌的服务员就端了一份，送到我的座位上。

我们吃饭的时候，又有几名"布尔"的成员走了进来。当中有一位因为有一段时间没来了，在场的人都对他嘘寒问暖。当市长走进来时，他们同样热情地和市长打招呼。乔纳森也向市长问好，但我知道乔纳森也要竞选市长，在即将到来的选举中，他会努力扳倒现任市长。大约四十分钟的用餐时间，几乎都充满了欢声笑语。从他们聊天的细节来看，他们和那些服务员似乎都是老相识了。他们拉起家常，互相询问孩子的情况。就餐的男士一直属于上层社会，而服务员则一直是工人阶级。尽管有明显的阶级差异，但"布尔"的成员对服务员特别客气。当他们需要服务时，总会先说"等你有空的时候，请帮我……"，或是"如果方便的话，请您……"。这时，也许种族身份的认同超越了阶级差异。

服务员收拾好我们的盘子后，有人向乔纳森递了个眼神，示意他们准备开始聚会的下半场。乔纳森再次把我介绍一番。这次更加正式，不仅强调了我的教育背景，还告诉大家，我要在杰克逊市边调研边写论文。我用了大约十分钟的时间，谈了我的学术兴趣、志向以及对杰克逊市的印象。我特意提到了他们社团的前成员 W.E.B. 杜波依斯（W.E.B. Du Bois），说他是我崇拜的知识界英雄。我还朗读了一小段我随身携带的《黑人之魂》（*The Souls of Black Folks*），随后回答了大家一些问题，主要是我在美国南方的具体时间安排。我讲完后，乔纳森感谢我今天能和他们共度时光，并送我到电梯口。然后，他们就可以开始下半场的活动了。

接下来的星期二早上，我前往圣安德鲁圣公会教堂，和二十几个无家可归者一起吃早餐。教堂和首都俱乐部在同一个街区。当我到那儿时，一个抽着烟的中年黑人和我攀谈起来。

"外面很冷，是吧？"

"是啊，哥们儿，我没料到会这么冷。"我回答道。

接着，他向我建议说："你需要一件长一点的大衣，有兜帽的那种。"

"是啊，是该有件长大衣。"我问他，"什么时候开门？"

"大家在那儿排队，但要等到七点半左右才开门呢。"

那时才六点半，我上楼去排队。身形壮硕的拉里认出了我，过来和我一起排队等开门。

餐厅的门总算打开了，大伙儿鱼贯涌入团契大厅，围坐在餐桌旁。几乎所有无家可归者都是黑人。一个白人男义工开始进行饭前的祷告，还有三名男义工和两名女义工，也是白人，看样子都到了退休年龄。他们系着白色围裙，一字排开，把食物盛在纸盘上；他们态度和蔼，工作认真，带着几分怜悯或类似的情感。毫无疑问，满屋子的黑人都无法养活自己，密西西比州的黑人在他们心目中大概就是这样吧。他们分给大家饼干、炒鸡蛋、粗燕麦粥和香肠馅饼，大家也可以自己拿瓶装水、橙汁或咖啡。拿到吃的东西后，他们给了我们一小袋盐，一小袋胡椒粉，一小盒黄油，还有一副用白色餐巾裹起来的塑料刀叉。

炒蛋大概在纸盒里放太久了，又泡在无味的透明汤汁里，吃起来像嚼橡胶似的。香肠又咸又硬，还很肥腻。饼干好坏参半，有的松软酥脆，有的又硬又干。虽然玉米粥淡而无味，但我宁肯用鸡蛋和香肠换些玉米粥和饼干。坐在我旁边的拉里，对吃饭时的这种交易习以为常，他换走了一些炒蛋。另一个大伙儿管他叫黑仔的，把剩下的炒蛋都拿走了。还有一位，我给了他香肠，而他回送我的玉米粥和甜饼多得吃不完。我们每个人的吃法都不一样。在我们加纳①人家里，吃玉米粥要加一些

① 加纳即加纳共和国的简称，是非洲西部的国家。——编者注

糖和奶油，在这儿我只能凑合着撒点盐。拉里在蛋糕里加入了黄油，然后放了适量的盐和胡椒粉。他吃得很快，这样他就能再来一份。黑仔把炒蛋、燕麦粥、香肠、黄油和饼干碎块全混在一起，在上面撒上一些盐和胡椒粉。另一位则先是往玉米粥里放了些盐和胡椒，再一起涂到饼干上，他起身又要了一份，然后把吃剩的装在一个外带饭盒里。

"布尔"和无家可归者这两个群体，代表了杰克逊市的上层富人和底层穷人。乔纳森所属的中上层阶级，是数代黑人争取民权斗争赢来的结果。靠退伍军人法案带来的福利，乔纳森的父亲读完了大学，还读了研究生。平权运动政策为他搭建了通往社会上层的阶梯。在乔纳森很小的时候，他的父亲已经创办经营了自己的企业。乔纳森是在黑人中上层社会中长大的，他们低调地生活在密西西比州众多穷困不堪的黑人周边。

乔纳森沿着父亲铺就的道路，继承了家族的生意，出人头地，然后自然而然成为精英社团的一员，得以在这家私人俱乐部就餐。他经营自家的公司，就像他小时候那样，现在他女儿也在他的呵护和庇荫下成长。虽然他并非毫不知晓贫穷黑人的疾苦，但是，如同其他中上层黑人一样，无论从哪个方面来说，他已远离了底层黑人的生活。

拉里和那些流浪者生活在阴影中。美国南方的大多数黑人都处于社会底层，而他和其他无家可归的人则属于最底层。他们生活在众目睽睽之下，人们却视而不见，他们在街上流浪，三三两两坐在公园的长椅上，从教堂的后门到地下室吃饭，在图书馆上网，在废弃的楼房里过夜。成百上千的流浪者则在亲戚朋友的沙发上或车里过夜，刻意不让人知道他们无家可归的处境。

拉里四个星期前刚从亚祖城来到杰克逊市。他发现妻子出轨，就打了她。当她报警时，他逃走了。他告诉我，其实在此之前他也出轨了好几次。当他直率坦诚地向我讲述他的故事时，全然看不出这个人的矛盾行为和滥用暴力的恶习。他放弃了稳定的工作来到杰克逊市，逐渐熟悉街头流浪的各种门道。

我来到密西西比州的杰克逊市，与像乔纳森和拉里这样的黑人共同生活，以了解他们。一粥一饭，把我带入他们的世界。

密西西比州的黑人的生活一直存在于大多数美国人的想象里，它们笼统陈旧、模糊不清。人们对黑人生活的了解往往停留在 20 世纪 60 年代。伴随着抗议和静坐的画面，他们一味讲述当年发生在黑人身上的故事，而不太关注密西西比州黑人的现状。而且，这些故事百讲不厌，似乎自民权运动以来，塞尔玛、孟菲斯和小石城①的生活就一直停滞不前。但是，生活从来不会止住脚步。这本书真实地叙述了今天在杰克逊市的大街小巷，黑人家中的厨房客厅里发生的故事。

---

① 20 世纪五六十年代，这三个城市分别爆发了标志性非裔美国人争取平权的运动，分别为：马丁·路德·金领导的塞尔玛街头平权运动，孟菲斯环卫工人罢工运动，以及小石城九人入学事件。——编者注

同时，我也了解了低收入家庭和中等收入家庭的生活。我与一位年轻的母亲和她的姐妹们一起相处了几个月，她们生活在贫困线以下，经常失业或未能全职工作，依靠社会福利生活。我走访她们家，和她们一起去上班、上教堂、出席葬礼、参加家庭聚会，陪她们去福利办公室面谈，或到正在招聘的公司面试。我还走进了一位祖母的生活。她是校车司机，同时兼职日托中心的厨师，还要抚养两个孙子和一个养子。我和她一起去教堂，参加葬礼，和她一起坐校车，和她一起去看她孙子的足球赛。为了写这本书，我还特地花了很多时间买菜做饭，和她一家人分享。

在当地一家咖啡店参加每周一次的社区论坛时，我认识了一对中产阶级夫妇，他们几年前从华盛顿特区搬到杰克逊市，开了一家烧烤餐厅。他们就是社会科学家不惜笔墨、大做文章的所谓的"返乡移民"。我几次光顾他们的餐厅，在后厨做志愿者，扫扫地，洗洗碗。日子一天天过去，我和他们的家人越来越熟，渐渐参与他们的社交生活。我已记不清和他们一起吃过多少次饭了。在烧烤餐厅，我还和他们的一位老主顾交了朋友。在我认识他几个月后，他决定吃素，希望能减肥并恢复健康。我跟随他走过了这段旅程，参观了城里为他做素菜的餐馆，并学习如何在他家里烹饪藜麦和豆腐。

我在杰克逊市跟踪研究这些社会经济背景各异的非裔美国人的生活轨迹，理解他们的日常饮食。更具体地说，我想了解他们能吃到的食物都有哪些，他们如何选择，以及怎么烹调和享用这些食物。他们的生活是社会经济水平多元化的美国南方黑人在密西西比州当代城市的写照。我尽我所学去理解他们，我写的这本书涉及美国南部，聚焦食物和种族。在接下来的章节中，我将放大这些焦点。

南方区域社会学

19 世纪头 10 年后期最早的社会学著作是对废奴和蓄奴之争作出的回应。这些有关南方的著作，为全国性的辩论推波助澜。同样，从 1820 年密苏里妥协案[①]到内战和重建期间，关于该地区种族关系的社会科学著作（包括社会学著作）是针对民族问题的反思，其中不乏上乘之作，比如安娜·朱莉娅·库珀（Anna Julia Cooper）的《南方的声音》（*A Voice from the South*，1892 年）、艾达·B. 韦尔斯（Ida B. Wells）的《南方恐怖：林奇法各阶段》（*Southern Horrors：Lynch Law in All Its Phases*，1892 年）和杜波依斯的《美国黑人重建》（*Black Reconstruction in America*，1935 年）。南方区域社会学家拉里·J. 格里芬（Larry J. Griffin）称这一类型的论述为"南方社会学"，即"旨在通过研究南方来探索人类问题的基本社会学"。南方社会学不同于"南方区域社会学"，后者"是深刻理解南方地区本身

[①] 1820 年美国南部奴隶主同北部资产阶级在国会中就密苏里地域成立的新州是否采取奴隶制问题通过的妥协议案。——编者注

的社会学"。[1]

南方在阐明民族问题方面的角色曾经发生过变化，南方的学术探索更多关注这个区域，而不是整个国家。南方社会学与南方区域社会学也逐渐分道扬镳。但是，当成千上万的南方黑人在 19 世纪与 20 世纪之交迁移到其他地区时，他们也带走了为争取平等公民权利而斗争的使命。他们的斗争不再局限于伯明翰、哥伦比亚或格林斯伯勒。而是扩展到纽约、圣路易斯和丹佛。因此，从 1950 年左右开始，关于南方的社会学研究，包括民族志，脱离了学科的中心。随着民权运动蔓延到全国其他地区，马丁·路德·金也来到芝加哥，开展反对住房不平等的运动，随后黑豹党在 20 世纪 60 年代后期和 20 世纪 70 年代领导了这项运动。全美冲突、种族关系问题，再也不是一个仅限于美国南部的问题。种族敌意、恶劣的生活条件、州政府纵容的惨绝人寰的暴行，引发了大规模冲突和骚乱。这些乱象曾经只在南方发生，现在蔓延到全国各地。或许，南方"消失"了。再或许，整个美国变成了一个"南方"。

需要明确的是，社会学研究的重心偏离南方不仅是因为南部黑人的迁移，也是因为学术习惯的变化。第二次世界大战后，社会学脱离了描述性研究、人种学和民俗学这些在南方社

----

[1]　20 世纪 20 年代兴起对美国南部进行社会学和人类学的区域性研究（studies of the South），故把当时的社会学研究称为南方区域社会学（a sociology of the South），以别于南方社会学（a sociology in the South）。——译者注

会学家中盛行的治学方法，转向了对普通读者来说高深莫测的复杂统计方法。这门学科也开始对所谓普遍规律感兴趣，这与南方社会学家有的放矢的研究方法不尽一致。因此，对南方的学术探索不再涉及整个美国，而更多地针对这个地区。

多年来，南方社会学和南方区域社会学渐行渐远，但现在又开始走到一起。一方面，无论是祸是福，以可复制为目标的大数据定量研究，其绝对主导地位已经有所下降。民族志和其他定性研究方法又流行起来。这种转变促使像我这样的学者，延续发扬几十年前南方社会学家的民族志（和民俗）传统，也就是像库珀和霍华德·奥德姆（Howard Odum）这样的社会学家所开创的传统。这种学科转向，催生了一系列引领南方社会学定性研究的专著，比如：赞德里亚·鲁滨逊（Zandria F. Robinson）对孟菲斯的种族、阶级和地区认同所做的研究；瓦妮萨·里巴斯（Vanesa Ribas）有关北卡罗来纳州农村的种族、移民和劳动力的探讨；萨布丽娜·彭德格拉斯（Sabrina Pendergrass）在种族、文化和黑人返乡移民方面的研究；卡里达·布朗（Karida Brown）对阿帕拉契亚种族认同的历史的研究；以及 B. 布赖恩·福斯特（B. Brian Foster）有关密西西比州农村的种族、地方和社区发展的论述，等等。

因为南方再次成为美国社会和政治辩论的中心，所以比社会学领域的变革更为重要的，是有关南方的社会学研究正在回归学科中心。美国最近几年的一些激进问题要么是在南方发生的，要么是深深根植于南方生活中那些尚未解决的历史遗留的民族矛盾。

　　例如，乔治亚州于 2018 年举行的州长选举，以及选民身份认证法和其他压制选民的行为，尤其是在 2020 年美国总统选举后的行为，让人们重新关注选举争夺战的历史。这些限制选民的措施不仅在美国南部实施。从达科他州到俄亥俄州等美国的中西部各州，此类法律的各种版本比比皆是，令人想起了南方的斗争，比如在亚拉巴马州塞尔玛镇的埃德蒙·佩特斯桥上发生的象征性和实质性的冲突。在 2020 年美国总统选举和随后的美国参议院决选中，所有的目光都集中在乔治亚州。国家政治实际上掌握在南方选民手中。在同一个选举周期，亚拉巴马州制定了全美国最严厉、限制最严格的堕胎法，使妇女的健康和生育权利在政治辩论中变得更加重要。几年前，北卡罗来纳州的 HB2 法案[①]为进一步就变性人的人权问题展开公开讨论提供了舞台。警察对手无寸铁的美国黑人实施的暴行，让人回想起几个世纪来政府对黑人实施的酷刑和私刑。最近关于经济不平等加剧的讨论，其真正原因应追溯到奴隶制，以及南方民主党人策划的种族歧视新政政策。这些发生在南方的重要社会问题，给整个国家投下了巨大的阴影。这本书诞生于这些事情发生的时刻，它深刻地描绘了一个南方城市，同时通过研

---

①　House Bill 2（简称 HB2）法案，是北卡罗来纳州 2016 年通过的一项法案。该法案推翻了该州夏洛特市通过的允许变性人按照自己性别认同选择卫生间的法令，同时也废除了该州其他城市扩大对 LGBT（非异性恋人的统称）人群保护的法令。——编者注

究种族和食物，揭示这个国家的社会格局，以及迫在眉睫的
问题。

种族

　　曾经有一段时间，不同阶级背景的美国黑人都住在同一
个社区里。有关种族歧视的联邦、州和城市级的住房政策，如
排他性的美国联邦住房管理局执政方式和种族限制性的契约或
合同，阻止有经济能力的黑人在其他地方居住。20 世纪 60 年
代，乔治城小区（位于霍金机场东南，坐落在伍德罗威尔逊大
道和防御街之间）就是位于杰克逊市的一个这样的社区。一天
下午，在乔治城小区住了一辈子的费格斯先生开车带我四处转
转，告诉我什么样的人住在什么样的房子里。医生、律师、中
小学教师和商店店员分别住在相邻的街区。他的父母是有钱
人，所以他没有上当地的拉尼尔公立高中，而是上私立天主教
学校，但他的其他社交生活都在乔治城小区，过着社会经济一
体化的生活。

　　正如这些社区的存在一样，许多学者也曾经研究过处于社
会经济阶梯不同位置上的黑人生活。杜波依斯的标志性学术成
果，《费城黑人》（ *The Philadelphia Negro* ）就是这类论著的蓝
本。在研究中，杜波依斯努力弄清楚费城的黑人是否像其他欧
洲移民一样自由，以及他们在这个北方城市是否比在南方受到
更沉重的压迫。为了实现这一研究目标，杜波依斯深入街头，

成为实地调查研究的先驱者之一。他论述的独特之处在于，他没有将所有黑人的经历都笼统视为同一类的经历，而是注意到费城黑人社区内的各种差异。他研究了四组黑人：一是"被淹没的十分之一"，可能指的是他那个时代无家可归的人；二是穷苦的劳工，即那些勉强糊口的人；三是有稳定工作的人，他们过着体面的生活；四是那些被他称为"天才的十分之一"的富人。

几十年后，圣克莱尔·德雷克（St. Clair Drake）和霍勒斯·凯顿（Horace Cayton）出版了《黑人大都会》（*Black Metropolis*）一书，寻找以下问题的答案：在社会中，黑人与白人的关系，处于什么样程度上的从属关系和排斥关系？维持这个制度的机制是什么？黑人的生活是如何反映这种从属和排斥关系的？和杜波依斯一样，他们调查了不同阶层的黑人的生活，既观察了中产阶级的生活方式，也观察了上流社会和下层社会的生活方式。

今天的乔治城小区和其他类似的社区，曾经是社会经济一体化的城区，现在则是深度贫困的中心区域。这些社区的状况是去工业化和破坏性城市更新计划的恶果，也是放松种族隔离政策后产生的副作用。有能力的都离开了，那些留下来的都是一些贫困潦倒走投无路的穷人。在乔治城小区，随处可见的不是荒废的空地，就是废弃的楼房，再就是上漏下湿的破屋。费格斯先生想修整他从小就住的房子，但他现在手头不宽裕，只好用木板把窗户封牢。这个社区已经面目全非，黑人的经历也时过境迁。

　　在这本书中，我观察了那些被遗忘的人们的生活，见证了他们深陷贫苦，流离失所的处境和动态，了解了他们面对和处理这些问题的方式。我还研究了那些逃离这些街区的人的生活，不管他们是只搬离了几个街区，还是搬到城里的另一端。最终，这些人也是有阶级区分的，那么不同的生活经历是如何塑造他们共同的种族身份的？我想探索不同阶层的经历对今天的密西西比州的黑人意味着什么。我通过观察他们的日常饮食，来探讨这些问题。

　　我的研究方法借鉴了一个长期被抛弃的学术传统，即研究跨阶级群体的黑人生活。这种方法与现在的民族志研究不同，现在的研究通常只关注生活中一个部分的人，通常是贫困人口，我从小约翰·杰克逊（John L. Jackson, Jr.）和赞德里亚·鲁滨逊的两本反潮流的专著中获得灵感和启发来从事这项研究。[①] 杰克逊的《哈莱姆世界》（*Harlem World*），探讨了不同阶层的非裔美国人在这个曾经的非裔美国人的圣地是如何生活和互动的。这本书揭示：黑人跨越阶级界限的现象之所以普遍存在，是因为他们与不同阶级的人有比较近的亲属关系。尽

---

① 也有一些例外，值得重视，如玛丽·帕蒂洛－麦科伊（Mary Patillo-McCoy）的《黑人尖桩篱笆》（*Black Picket Fences*）（芝加哥大学出版社，1999）和安妮特·拉里奥（Annette Lareau）的《不平等的儿童生活》（*Unequal Childhoods*）（加州大学出版社），这两本书都比较了美国贫困黑人和中产阶级黑人的经历。

管如此，他认为美国黑人中产阶级的世界，仍然是处于下层的邻居或亲戚从未涉足的世界。鲁滨逊的《这不是芝加哥》(*This Ain't Chicago*) 尝试探讨种族、阶级、性别和地区这些因素，是如何共同塑造孟菲斯的种族认同的。鲁滨逊发现，在她所谓的"后灵魂南方"中，处于社会经济阶梯上下的南方黑人都持有"乡村世界主义"的观点。他们融合了农村的价值观和城市的情感，创造了一种既传统又现代的身份。我依循这些作者对美国黑人种族内部阶级多样性研究的方法，但我更有意识地围绕不同阶级群体的经历进行研究。更重要的，是我在分析研究中加入了一个经常被忽视的群体的经历，那就是无家可归者的经历。在接下来的章节里，我通过实地观察，探究不同阶层的南方黑人可获得的食物类型，分析他们怎么在这些食物中进行选择，以及他们如何烹制和食用这些食物。

食物

我们通常是一日三餐，因为我们需要饮食给我们提供能量。但是，我们吃东西还因为我们有食欲，要享受就餐的欢乐。食物把我们带到我们所爱的人身边。一些菜品给我们带来特别的快乐，带给我们家的感觉，带给我们归属感。我们吃什么和怎么吃反映了我们怎么看待自己，也反映了我们怎么想象这个世界。食物有助于划分我们所属的社会群体。在这本书中，我从观察人们吃什么和怎么吃入手，进而研究南方种族和阶级的相互关系。我关注的是，在日常生活中，同一种族内不同社会阶层的人对食物资源的支配、选择和享用。

食物可获得性与人们的生活环境息息相关。他们与各种社会经济体制（包括机构）的关系（密切或不密切）决定了他们可以吃到什么样的食物。一个人贫穷还是富有，是就业还是失业，是住贫民窟还是住富人区，关系到这个人对食物的需求。我跟踪调查的流浪汉已经脱离这个城市或被城市经济体制排斥在外，许多人失了业。有些人可能靠严苛的福利制度的施舍，得到少得可怜的救济金。他们还不同程度与刑事司法系统扯上关系，并且不断受到警察和保安的骚扰和威胁。有些人在入狱几年后刑满释放重返社会，但出狱的情况往往比入狱时还糟糕。很显然，我跟踪调查的这些刑满释放人员也无家可归。由于城市许多社会机构基本上与他们无缘，他们无法决定自己吃什么。因此，收容所和其他服务机构基本上决定了他们的一日三餐。服务机构给什么吃的，他们就吃什么。除此之外，也许更微妙的是，我们出生长大或选择参与的文化环境，也会影响我们对食物的选择。在像密西西比州这样的地方，黑人和南方的饮食传统仍在左右每个人的选择。我和流浪汉一起吃的饭菜，通常有奶酪通心面、蔬菜和炸鲶鱼，而大多数密西西比人，无论种族和阶级，也都喜欢吃这些食物。当然也有所不同，食物在质量上有时会有一些差别。也就是说，虽然有时富人和穷人吃的花样一样，但同一菜式富人往往吃得比较精致讲究。在一些情况下，种族和阶级的关系影响人们参与现代饮食运动（如不吃快餐速食、吃有机食品或本地食材等）的积极性。

　　如果社会和经济体制（包括决定就业机会和住房条件的机构）在很大程度上支配了食物资源，那么研究人们对食物的选择，可以了解人们是怎么和这些机构打交道的。这样的研究，帮助我们了解普通美国黑人如何规避限制，如何应对南方历史上的和地区的社会文化结构造成的根深蒂固的种族压迫。这些探索揭示了人们用于应对食物匮乏的智慧和为此付出的代价。这些研究还说明，不同阶级的黑人群体生活在不同的环境里，他们通过不同的路径做出关于饮食的决定。这些饮食观察，在很多方面都推翻了一种假设：即把南方黑人的不健康饮食行为归咎于历史上的灵魂食品①和美国黑人饮食传统。食物的选择不仅受到人们过去的习惯和传统的影响，也受制于他们在当前环境中所面临的矛盾和困难，并且反映了他们对未来的看法和对自己将来的预测。

　　写到这里，我的看法是，食物可获得性反映了人们的生活环境，食物选择反映了人们如何应对他们的环境，而食用什么和怎么食用，反映了人们如何看待自己。正如俗话所说"人如其食"，对于我在杰克逊市认识的各种各样的黑人来说，摆在他们面前的食物反映了他们是什么样的人，以及他们在他

---

① 灵魂食品是一种传统的非裔美国人饮食，以高热量、油炸的菜品为主。前文提到的黑眼豌豆就是灵魂食品的一种。——编者注

们所生活的世界中所处的位置。当流浪汉盯着教堂在早上 8 点提供的炸鸡时，他深吸了一口气，然后吃了一口。在他吸气和呼气那会儿，他想弄个明白，为什么会走到这步田地。他一大早就得吃这么油腻的东西，不然就有可能挨饿。当一个中等收入家庭的母亲，看着她的孩子吃着她从附近杂货店买回来的水果，她知道这是些次等的农产品，她纳闷为什么她的家人以及左邻右舍所得到的待遇，与那些住在不同街区的人不一样。此外，我注意到吃饭是一种社交活动，表现出阶级和种族的种种特征。我研究人们为什么对某些菜式和餐馆情有独钟（包括餐具），以及他们如何进食（包括用餐的空间，和谁一起吃，在什么时候吃，一餐饭吃多久）。

因此，本书以当代美国的南方为背景，通过研究美国南方的黑人生活，了解南方黑人的饮食，研究南方的饮食了解种族关系（和黑人文化）。我在 2011 年 6 月开始了为期两周的研究，在 2012 年的大部分时间里，我又在那里调研，并于 2016 年夏天再次造访。在调查中，我着重观察不同阶层的生活经历，研究对象有流浪汉、贫困工人、中产阶级和中上层阶级。我认为阶级是一种主观的分类，是对经济生活机遇的相关解释。我根据对他们日常生活情况的了解，把研究对象放到相应的阶级群体来研究。

在我进行实地调查期间，我观察到那些流离失所的人几乎没有稳定的收入来源，没有住房，没有资本（文化、经济或社会）来改善生活。我在杰克逊市期间，看到一些常住居民，他们有时失业或没有全职工作，依赖社会福利，他们的遭遇是典型的贫困工人的遭遇。虽然他们知道如何在公共福利的"迷宫"中寻求救助，但他们往往缺乏教育背景或关系网，来永久摆脱贫困。在这项研究中，我把中产阶级定义为那些不需要社会福利的人。他们靠工资过日子，虽然有些人在经济上偶尔陷入困境，有时不免捉襟见肘，但他们有足够的经济资源来对付困难，依靠他们的学历和关系网生存下来。至于中上层阶级的生活状况，我观察到他们月有盈余，手头都比较宽裕。他们有的是个体户，有的是公司部门经理，有的在市政府有一官半职。在杰克逊市的大街小巷，我一共结识了 30 名左右这样的非裔居民[1]。

根据我研究的四个阶级群体的特点及其食物的来源、选择和食用等情况，我把这本书分成四个主要部分。第一部分侧重于无家可归者的遭遇。在这部分的章节中，我关注的是他们如何填饱肚子。第二部分着眼于贫困人口的生活经历，及其食物选择。第三部分讨论中产阶级的生活状况以及他们对食物的选择。第四部分论及中上阶层的生活方式，包括就餐进食方式。在这些部分中的每一个章节，我都研究了当代美国南方黑人生活的一个侧面，即他们的饮食方式。通过分析食物可获得性，

---

[1]　为了了解他们的不同经历，我把 80% 的时间花在同一个阶层的群组身上，20% 的时间与代表其他阶级的人建立和维持关系。在 2012 年 1 月、2 月和 3 月期间，我用 80% 的时间与无家可归的人在一起，20% 的时间与工人阶级、中产阶级和中上阶层的人建立关系。

我研究了美国南方黑人及与其打交道的各种机构。通过探索食物选择，我说明了他们如何跟这些机构打交道。通过研究就餐进食方式，我对美国南方黑人如何应对当今的文化、社会和经济结构进行了社会心理分析。

在下一章中，我首先回顾饮食与美国黑人生活的历史。然后，我将探讨密西西比州杰克逊市在南方种族史上的意义，以及我为什么选择这个地方进行这项研究。最后，我分享了我是如何深入街头巷尾进行调研，怎么与他们打成一片，并融入他们的生活的。

第 2 章
灵魂食品

始于 15 世纪晚期的非裔美国人的饮食方式，融合了"西非人、西欧人和美洲印第安人的烹饪传统"，当时西班牙和葡萄牙殖民者来到非洲大陆西海岸，进行跨大西洋奴隶贸易。欧洲人涉足非洲大陆后，改变了当地的一些饮食结构。现今的安哥拉北部和刚果西部，从那时开始种植欧洲人引进的作物。不可否认，这些农作物比土生土长的高粱、小米和粗麦等更容易种植，耐旱抗涝，适应性极强，从此在这片大陆上生根发芽。后来，跟随着被掠夺的非洲人，这些作物又被播种到美洲新大陆。大多数被迫成为奴隶的非洲人都是农业专家，在南卡罗来纳州和路易斯安那州等曾经的英属北美殖民地，他们已经熟练掌握栽培稻米和木蓝等重要出口作物的技术。

在贩运奴隶的船上，被掠夺的非洲人对伙食没有发言权。给他们什么，他们就吃什么，所以他们的饮食习惯发生了巨大的变化。在下面摘引的段落中，劳利（Rawley）和贝伦特（Behrendt）梳理了奴隶在船上的伙食状况，从中，我们不仅可以了解到奴隶都吃些什么，还可以了解到他们如何吃，用什么器具吃。

按照惯例，每天给两顿饭。十个奴隶一组，围在装着饭菜的小桶边吃饭。每个奴隶都有一把小木勺。英国船上有一种主食，是从英国带来的马豆，储存在干燥的大桶里，然后用猪油煮成豆泥。据说，奴隶很能吃豆子，而且（正如一名船员所说）"豆类是最容易让奴隶长胖的食物"。在欧洲和非洲可以买到的大米是第二主食，有时会和红薯一起煮，而红薯在非洲遍地皆是。无论是牛肉，还是猪肉，都很难吃到。来自中非西部的奴隶习惯吃红薯，而那些来自科特迪瓦①和加纳的人习惯吃大米。他们常常加点棕榈油、蔬菜、柠檬和酸橙等作为调料，而北美奴隶贩子通常只给奴隶吃大米和玉米，这两种作物在美洲和非洲都有，有时也放点黑眼豌豆。在铁锅里煮米饭，玉米则被炸成饼。水是常见的饮品，美国人偶尔用点糖蜜给水调味。葡萄酒和烈酒被当作药用，但他们允许奴隶用烟斗吸烟。

这段话说明了非裔美国人饮食传统的起源，以及哪些食物后来成了他们的主食，并且强调历史和社会经济体制（奴隶制）是如何直接影响非裔美国人的饮食习惯，尤其是哪些东西是他们可以吃得到的。

奴隶船上的伙食，对奴隶和奴隶贩子来说，具有象征意义。首先，航程是否顺利取决于奴隶贩子是否备有足够的口

---

① 即科特迪瓦共和国的简称。

粮。历史学家估计，被贩运到新大陆的人中，约有十分之一到五分之一没能在航程中生存下来。根据一些学者的判断，非洲到美洲的漫长航程以及途中的食物匮乏，最能解释在中央航路[1]中非洲奴隶的高死亡率。航行超过三个月时，死亡的奴隶比航行一个月或不足一个月要多得多，这种差异往往是长途航行中食物短缺造成的。对于奴隶贩子来说，为奴隶提供足以让他们生存的食物，就可以最大限度地赚取利润。然而，奴隶贩子也会把克扣食物作为一种惩罚，威胁非洲奴隶不要试图反抗[2]。重要的是，食物也是奴隶的抵抗工具。为了对船上恶劣的状况表示抗议，他们有时拒绝吃饭。选择绝食是他们对被迫进入不人道的社会结构的回应。在这些情况下，奴隶贩子会逼他们吃饭。因此，食物不仅决定了美国黑人的生存，而且也可以作为决定他们命运的替代工具。[3]

　　非洲奴隶一踏上美洲土地，就开始形成自己的饮食方式。

---

[1]　中央航路：在向新大陆贩卖非洲奴隶的时代的中段旅程，即横渡大西洋，约发生在 1518 年至 19 世纪中期。——编者注

[2]　尽管受到威胁，反抗仍是常态。有关奴隶起义的全面分析，请参阅 2009 年埃里克·罗伯特·泰勒（Eric Robert Taylor）所著的由路易斯安那州立大学出版社出版的《宁死不屈：大西洋奴隶贸易时代的船上起义》（*If We Must Die: Shipboard Insurrections in the Era of the Atlantic Slave Trade*）。

[3]　在即将由北卡罗来纳大学出版社出版的《食物的政治力量》（*Food Power Politics*）一书中，博比·史密斯二世（Bobby Smith II）探讨了在 20 世纪，美国南部黑人如何以食物为武器抵抗以食物为工具的专制。

这些农田劳工，黎明即起，做饭、喂牲口、赶工。到了田里，就开始耕田锄地、捉虫子、修篱笆、砍树、筑堤、拔草、开荒、种植或收获稻米、糖、烟草、棉花和玉米，劳作了一天，回到自己的住处，在自家的园子里再忙一阵，然后才做晚饭。在监工吹响熄灯的号子之前上床睡觉。他们的一日三餐，靠的是起早贪黑在自家菜地耕种的收成和奴隶主提供的口粮，通常包括玉米（和玉米面）、蔬菜、猪肉以及偶尔给的少量的红薯、水果、糖蜜、盐或咖啡。

在奴隶主的"豪宅"中当奴隶，有不同的作息时间。作为家仆，主人让他们干什么活他们就得干什么，如饲养马匹、挤奶、缝衣服、照顾主人的孩子、纺羊毛、打扫房子之类的活。尽管他们免于田间的繁重劳动，但始终得在主人的眼皮下干活，或忍受他们肆无忌惮地发泄施虐。他们还得为奴隶主做饭上菜。历史学家弗雷德·奥佩（Fred Opie）写道："为富人做饭的是些非裔女奴隶，她们从家庭或家族长辈那儿学会了烹调。种植园主对非裔厨师制作的传统菜肴，像是玉米饼和炸鸡之类的食物，越来越喜欢。"通过这种共享经验的方式，美国南方黑人和白人的口味越来越接近。用历史学家尤金·吉诺维斯（Eugene Genovese）的话来说："美国南方白人和黑人既是一个统一的民族，又是两个不同的民族。"这一特殊性至今仍然左右着种族关系，并且在美国南方的当代饮食方式中处处可见。

在厨房做掌勺的奴隶，并不一定意味着可以吃到主人吃的东西。他们所处的残酷社会制度使他们无法尝到自己做的菜。

哈雅特·雅各布斯（Harriet Jacobs）曾是一名家奴，她回忆说："很少有人关心奴隶的伙食。"有时，主人还会想尽办法，不让奴隶吃饭。雅各布斯是这样描述女主人弗林特夫人的：

　　弗林特夫人是教会的成员，领受圣餐，但她似乎并没有达到基督徒应有的思想境界。如果仆人在哪个星期天没有准时做好晚餐，她会站在厨房里，等到菜上完后，就往所有锅碗瓢盆里吐唾沫。她这样做是为了不让厨师和厨师的孩子们用剩下的肉汁和面包碎屑勉强度日。除她想给的外，奴隶们什么也吃不到。厨房的粮油每天按斤论两称重三次。我肯定，她绝不会让她们有机会用桶里的面粉做面包吃。一斤面粉可以做多少块甜饼，一块甜饼应该有多大，她可精明得很。

　　弗雷德里克·道格拉斯（Frederick Douglass）记录的一首讽刺奴隶主的歌谣表达了同样的不满：

　　我们种出小麦，啃的却是玉米。
　　我们烤好面包，吃的却是面包屑。
　　我们做好米饭，咽下的却是谷壳。
　　我们烤好牛肉，吃的却是肉皮。
　　他们就是这样坑我们的。

　　给吃什么，或不给吃什么，让奴隶主的优越感变得非常具体。因此，在 19 世纪，食物对于维护等级森严的种族界限必不可少。①

　　通过食物，在美国的非洲奴隶也建立了他们的自我意识，包括他们的尊严、归属感和文化。在圣诞节、元旦、独立节、复活节、星期日这些特殊的具有象征意义的日子里，那些被奴役的人抛弃了奴隶主对他们的看法，创造他们想象中的自己。在这些日子里，根据民法和宗教法律，他们不必到田间劳作，远离奴隶主的监视，他们体验着稍微自由的时光。这种小小的解放意味着他们想吃什么就吃什么，想喝什么就喝什么。正是在这些日子里，他们建立并扩大了自己的饮食范围。这是食物和非裔美国人灵魂或灵性联系的开始。瑞典女权主义者弗雷德丽卡·布雷默（Frederika Bremer）描述了她于 1850 年 5 月在乔治亚州梅肯参加教堂复兴活动的经历。她的描述生动地说明了这种信仰与食物的融合。

　　早上五点半，我穿好衣服出门。黑人唱的赞美诗歌响彻四方……人们在篝火旁，边做饭边吃早餐。教堂长凳上坐满了

---

① 约翰·布拉辛格姆（John Blassingame）证实，大多数写下自己经历的奴隶"抱怨说，至少有一个奴隶主没有给他们足够的食物。有时，那些通常能得到足够食物的奴隶，也会碰到食物短缺的情况"。约翰·布拉辛格姆：《奴隶社群：内战前美国南部的种植园生活》（The Slave Community: Plantation Life in the Antebellum South）（牛津：牛津大学出版社，1979），第 254 页。

人，准备参加早上七点钟的礼拜仪式和十一点钟的布道……礼拜结束后，又到了晚餐时间，我走访了黑人营地的几个帐篷，看到桌上摆满了各种佳肴，包括肉、布丁和馅饼，食物和饮料应有尽有……人们既兴高采烈，又彬彬有礼。这些宗教帐篷大会是黑人奴隶的狂欢节。他们在这些活动中，以他们自然的天性，尽情享受灵魂与肉体的快乐。不过这一回，所有活动都显得圣洁，带着恰如其分的敬畏。

同样，圣诞节也是一个充满盛宴的日子，可以说是最盛大的节日。雅各布斯这样描述：

那些幸运得到几块钱的奴隶，肯定会把钱花在好吃的东西上。许多火鸡和猪被暂时圈养起来……吃不到这些东西的人，可以把负鼠或浣熊做成美味的菜肴。我的祖母饲养和出售家禽及猪，她的传统是在圣诞节烤火鸡时，同时烤猪肉。

这些段落说明，节庆时畅享美食，意义非凡。① 这些菜肴成为美国社会对黑人的定义，以及黑人如何定义自己的积极组成部分。

---

① 在他的新书《烹饪基因》（ *The Cooking Gene* ）和他的演讲中，迈克尔·特威蒂（Michael Twitty）将一些早期的烹饪传统存档保存了下来。

从奴隶制的痛苦深渊到解放和重建的承诺，非裔美国人的饮食方式不断变化，形成了一种与众不同的美食。在美国南北战争期间，北方联邦和南方邦联都使用黑人做苦工，这时烹饪技能显得非常重要。由黑人饮食传统发展而来的烹饪技术，在给黑人和白人士兵做饭时派上了用场。在奴隶解放初期，美国南方黑人继续以咸猪肉和玉米面包为主食。"然而，奴隶解放确实让他们有较多机会吃到鸡鸭，有些人在早餐和晚餐时就可以做些炸鸡。（根据英国做法加工的）水果馅饼、饼干、萝卜、红薯和猪肉沙拉……也是美国南方黑人家庭的家常便饭。"在美国重建时期，南方种植园主失去了几十年来所依赖的免费劳力，南方白人竭尽全力抵制和扭转废除奴隶制可能给黑人带来的自由。历史学家埃里克·福纳（Eric Foner）写道："在数以百计的案例中，种植园主将年老或体弱多病的黑人从种植园中驱逐出去，并将奴隶本来拥有的'权利'，像拥有衣服、住房，以及种植一小块菜地等权利，都转化为要花钱买的商品。"

此外，美国南方白人讨厌与黑人谈工资。在他们看来，黑人的劳动力理所当然归他们所有。正如一些历史学家所说，随后的几十年，美国种族关系降至最低点。黑人遭受的暴力袭击比美国内战后的任何时期都严重。因不堪忍受这样或那样的严酷社会环境，土生土长的美国南方黑人带上家当，迁往北方各州。背井离乡的人数多达250万。

家中的母亲们不知道北行的路要走多少天，所以尽可能为搬迁的家人准备充足的食物。有个故事是这么说的：南卡罗来纳州的利萨·鲍曼（Liza Bowman），花了好几天时间为儿子的行程做食物的准备。她做了"好多好多小饼干，一盘又一盘的玉米面包，炒米糕、泡菜、西红柿、秋葵、甜菜、四季豆、南瓜，还有一罐又一罐的熟豆。"此外，她还准备了"腌制熏培根、咸肉、火腿和牛肉干，一袋袋玉米面、面粉、粗磨粉、干豆和大米"以及干果和香草。当他们向北搬迁时，他们带着自己的饮食习惯，一路传播他们的饮食文化。《温暖的异地阳光》（ *The Warmth of Other Suns* ）一书的作者伊莎贝尔·威尔克森（Isabel Wilkerson）在她的著作中记下了这一点："人们尽其所能地把古老的乡村文化带在自己的身边，带着用咸猪肉烹制的玉米粥和菜豆中的家乡味，远走他乡。就像他们的口头禅'果真'，'我晓得'以及'新月方可搬家'，'手掌发痒主财'等根深蒂固的说法。"

黑人移民到一个新地方后，不是总能买到他们平常吃的食材。而且大萧条袭来时，他们并不总是有钱买他们想要吃的东西。尽管如此，他们仍会做自家吃惯的饭菜，把他们的饮食传统和新的社会环境融合起来。20 世纪 40 年代出版的《黑人大都会》（ *Black Metropolis* ）一书，对芝加哥、德雷克和凯顿的黑人生活，做了具有里程碑意义的研究，让我们了解 20 世纪 20 年代的移民是如何生活的。这本书再现了移民到北方的黑人互相帮衬以生存下来的情景，以及新的生活环境如何重塑他们的饮食方式：

　　我六点来的时候，带来了一份 12 美分的香肠和一条 10 美分的面包。本先生和斯利克都在椅子上打瞌睡。我说我累了，就坐了下来。本和我寒暄了几句天气。斯利克说他想在九点钟的广播中收听"帮派克星"。最后，芭比·奇利叫我们去厨房吃晚饭，桌子上摆着一盘猪脊骨配卷心菜，一个装有五个香肠蛋糕的碟子，一盘面包，还有一大碗炖梅干（是凉的，很好吃）。奇利端上来一些玉米油条，说："这油条里没放牛奶。我只是放了一些鸡蛋，因为我们没有牛奶，只能将就。"

　　在大萧条最严重的时候，越来越多的人依靠联邦政府的食品补助，左邻右舍也会互相帮衬，但许多人困苦不堪。对于大多数不那么幸运的黑人来说，一日三餐全然没有保障。在《南方腹地》（Deep South）一书中，作者在针对美国黑人的跨阶层研究中提到，一年中有两次，在两个月的时间里，黑人食不果腹。许多黑人既没有卖农产品的收入，没有佃农的贷款，也没有储存自家菜园种的菜。[1] 在北方的哈莱姆区和费城等地，人们参加"租金聚会"，主办方只收取少量的食物、饮料和娱乐

[1]　埃利森·戴维斯（Allison Davis）等写道："在工钱较低的年份，佃户的钱和他储存的猪肉、干粮和红薯通常会在圣诞节前，甚至更早，就用尽吃完。然后他将面临两个半月到三个月的贫困（在 3 月底或 4 月开始预支工钱之前），此时他没有钱，没有借贷的信用，也没有储存的食物。第二次贫困是在 7 月停止预支后，那时他同样没有钱，没有借贷的信用，也没有储存的食物。他们在春天时在菜地种下的菜，在烈日暴晒下也已枯萎。"

费用。这些活动是为了为主办方筹集资金，帮他们支付房租。这些食物也有一些是黑人移民从南方带来的，这样的活动与黑人的斗争非常接近。

在吉姆·克劳时代，如同社会等级一样的种族关系持续存在，南方更是壁垒森严。以土地法为开端的种族隔离制度，使社会分化日益加深。在公共场所，包括学校、公共交通工具、洗手间和饮水间，都实现了种族隔离合法化。为了满足大部分人（即白人）的需求，餐馆也被隔离开来，食物再度在种族化过程中推波助澜。作为回应，黑人开的餐馆遍地开花。正如奥佩所说，在某种意义上，"许多餐馆的成功应归功于吉姆·克劳法"。黑人餐馆的食物与南方白人的其实并没有什么两样，但其增加了象征意义。这些食物变成了一种抵抗形式，因为黑人餐馆给他们提供了一个断然漠视当时法律的空间。在南方，黑人餐馆成为免受骚扰的避风港。在北方，哈莱姆区的邦古烧烤店和红公鸡（最早的那家）成为移民能品尝到家乡味的餐厅，能重回遗失的南方生活空间，重拾令人回味无穷的文化标志。

借助艺人和音乐家，美国南方穷苦黑人所食用的食物的意义变得明朗具体，成为黑人种族身份的象征。詹姆斯·布朗（James Brown）、B.B.金（B.B. King）、雷·查尔斯（Ray Charles）和艾瑞莎·富兰克林（Aretha Franklin）等黑人音乐家在成为美国流行文化的一部分之前，也被白人餐厅拒绝，他们就在黑人经营的夫妻店用餐。他们演奏的灵魂音乐，很快就与巡回演出时的一连串餐厅紧密联系在一起。表演者称其为"粉肠巡演"。这一切都发生在民权时代的末期和黑人权力运动的初期，当时重新定义黑人的愿望日益强烈。在这一背景下，非裔美国人的日常食物就成了"灵魂食物"。灵魂食物来自"灵魂意识形态"，其核心是："非裔拥有来之不易的经验智慧，而这些智慧寄身于土生土长的美国黑人"，并且"源于争取黑人权利的伟大社会工程"，"呼吁创造不同于白人社会的黑人文化"。无独有偶，灵魂食物也从"南方黑人用于果腹的饭菜，一跃成为革命性高级美食，进入上层非裔美国人的大雅之堂"。

即使是简短的历史回顾也能清楚地表明，过去几个世纪的社会政治、文化和经济背景塑造了非裔美国人的饮食方式。同样显而易见的是，食物在体制、文化和社会心理层面上，对种族的塑造至关重要。另外，在跨大西洋奴隶贸易和奴隶制中，食物也有举足轻重的作用。奴隶主如何与身为奴隶的厨师和仆人建立关系也很重要。尽管饱受残酷压迫，食物也是建立认同感和尊严感的核心。而且，人们平常吃什么，聚会时吃什么，和谁一起吃，都是黑人身份的组成部分。简言之，外部构建，就是他人如何定义黑人；内部构建，则是黑人如何定义自己。因此，从奴隶制的深渊、重建的困境到公民权利的承诺，食物是种族统治与非裔美国人种族斗争进步的标志。

如果美国黑人在南方的社会经济和政治环境发生了变化，那么他们的饮食方式肯定也发生了变化。现在，在民权时代过去近半个世纪后，非裔美国人的政治力量已经壮大。黑人中产阶级的规模不断扩大。与此同时，种族间的收入和贫富差距也在扩大。监禁率呈先上升后下降的趋势。黑人大学毕业生的人数有所增加，但黑人与白人之间教育成就的差距仍然存在。居住区种族隔离状况相对稳定，但种族间健康水平差异加剧。美国先后选举了巴拉克·奥巴马（Barack Obama）和唐纳德·特朗普（Donald Trump）为总统，这既见证了黑人自豪感的增强，也反映出白人怨愤的加深。

那么，在这种情况下，南方的非裔美国人如何去解决吃的问题？我以密西西比州杰克逊市为特定历史背景，来回答这个问题。

杰克逊

安德鲁·杰克逊（Andrew Jackson）在 1812 年的新奥尔良战役中获胜后，成为民族英雄。他在 1824 年竞选总统，击败了约翰·昆西·亚当斯（John Quincy Adams），赢得了普选和选举人票。由于两位候选人都没有赢得选举的多数，众议院在一次临时选举中选择了亚当斯。为了表示抗议，杰克逊的支持者成立了民主党。一个世纪以来，民主党组织始终致力于实行专制的反黑人政策。后来，杰克逊再次参选，并在 1828 年和 1832 年连续赢得总统大选。作为总统，他在 1830 年签署了《印第安人驱逐法案》（Indian Removal Act），支持奴隶制，反对废奴运动。在他的总统任期结束后，他继续处理民主党的政务，特别是有关奴隶制和西部扩张辩论的相关政策。密西比州的杰克逊市，就是以安德鲁·杰克逊的名字命名的。

　　美国南部在哪儿，哪些地方算美国南部？无论按照哪个定义，密西西比州都位于南方腹地。从美国建国伊始，历经百余年，它显然一直处于美国政治风暴的风口浪尖。密西西比州是美国奴隶制的发源地，而密西西比州也在奴隶制中诞生。当这个州成为棉花王国时，人们的所作所为，都围绕着怎么用暴力强行从美国黑人那里榨取劳动力。根据 1860 年美国人口普查数据，该州的奴隶人数全美国排名第三，为 436631 人，仅次于弗吉尼亚州的 490865 人和乔治亚州的 462198 人。密西西比州 55% 的人口为奴隶，仅次于南卡罗来纳州的 57%。密西西比州蓄奴家庭比例全国最高，达 49%。这个州步南卡罗来纳州后尘，成为第二个脱离联邦的州，其坚持将奴隶制扩大到西部领土的决心可见一斑。昔日立法机关通过分离法令的旧国会大厦，今天依然矗立在杰克逊市，并已变成一座博物馆。与这个新生的联邦国家的其他成员一道，年轻的密西西比白人，为捍卫奴隶制及其生活方式不惜一战，直至阵亡。战火也蔓延到杰克逊市。

　　在战后南部，密西西比白人通过民兵组织，尤其是三 K 党①，继续为维护种族主义社会，挑衅滋事。19 世纪末，白人至上主义摇身一变成了吉姆·克劳法。饮水机、商店和餐馆上的标志，明目张胆地划分种族界限。随着 20 世纪到来，遭受了

----

① 三 K 党（Ku Klux Klan，缩写为 K.K.K.），是美国历史上一个奉行白人至上主义的团体，也是美国种族主义的代表性组织。——编者注

世界大战的破坏之后，密西西比州的杰克逊黑人与墨守成规的南方其他地区的美国黑人，也经历了一场无声的战争。即使世界瞬息万变，南方仍一成不变。图加卢学院的九名学生，和作家理查德·赖特（Richard Wright）[①]一样，嗜书如命。他们坚持到市中心一家仅限白人的公共图书馆阅读书籍，挑战新的种族秩序。训练有素的全国有色人种协进会（NAACP）非暴力抗议者的抵抗为全国性运动推波助澜，成为民权运动的重要基石。1961 年 5 月，数百名"自由骑士"[②]（Freedom Riders）抵达杰克逊市挑战种族隔离制度。

杰克逊市高度种族化的历史痛楚，至今仍没有消除。我在那里的那段时间里，耳闻目睹，感同身受。无论是市政厅的政客，还是高街州议会大厦的立法者，他们的一些政治理念和那位与这座城市同名的前辈如出一辙。我看到那些疲惫不堪勉强糊口的人，背负着沉重的担子，而这些担子部分是上一代传给他们的，有些肯定还会传给下一代。我看到那些露宿在废墟旁或荒芜街头上的人们的绝望，他们不得不用酒精或大麻来麻痹

---

① 理查德·赖特是 20 世纪上半叶非裔美国文学史上的重要作家及社会活动家，是哈莱姆文艺复兴和芝加哥文艺复兴运动中的关键人物。
　　——编者注

② "自由骑士"运动是美国 20 世纪 60 年代的一场民权运动，当时联邦法院已经判定在公共场所如餐厅、饭店等地禁止黑人进入是违宪行为，但是许多南方州政府仍然实行种族隔离政策。在这种情况下，一群黑人和白人社会运动家一起乘坐公交车进入南方各州呼吁种族平等。——编者注

自己，逃避痛苦的现实。这段种族历史也体现在为了生存苦苦挣扎的人对那些富裕黑人的不满。这种紧张的阶级关系构成同一种族中富人与穷人的关系。

善意的进步白人通过报上的文章、对话、祈祷，从政或跨种族结交朋友，努力解决历史上遗留下来的种族问题。有些人希望事情能变好，弥补过去的一切，或者付出有限的代价，一劳永逸地解除种族主义的负担，将他们的罪责一笔勾销。杰克逊市的历史是他们与种族主义白人斗争的症结所在，而这样的白人还比比皆是。虽然他们似乎永远无法获得黑人的信任，但是他们必须与黑人一道把事情做好。也许最重要的是，杰克逊市的种族化历史已经深深印在每个人的脑海里，挥之不去，就像密西西比州夏日微风中的浓稠湿气，无声无息却无时无刻不在，有时甚至令人窒息。

杰克逊市的总面积为276.6平方千米（小于内布拉斯加州的奥马哈和犹他州的盐湖城，但大于加利福尼亚州的萨克拉门托和威斯康星州的密尔沃基），大约有17.5万居民（比罗德岛的普罗维登斯人口少，但比佛罗里达州的劳德代尔堡的人口多）。该市近80%的人口是黑人，只有18%是白人。整个大杰克逊地区的黑人比例也为全美最高（45%）[1]。

杰克逊市就是鲁滨逊所说的"灵魂之城"。像其他历史悠

---

[1]　大杰克逊地区指的是统计学意义上的杰克逊都会区，是以杰克逊市为中心的复合行政区域，包括周边的郊区、卫星城等。——编者注

久的美国南方城市一样，由于拉丁裔人口的持续增长，灵魂城市正在抵制在许多美国城市出现的三元种族化。杰克逊市坚守黑白二元制，不像夏洛特等南方城市那样接纳拉丁裔移民。一些城市，如亚特兰大，由于黑人人口的大幅增长，仍保持着黑白二元。许多白人居民向外迁移，但杰克逊市还是杰克逊市。在现代民权运动之后，黑人家庭从杰克逊市西部搬到了比较富裕的杰克逊市北部。随着黑人的到来，有钱的白人继续往北迁移，远离这座城市。白人一迁出，中上层黑人家庭便纷纷迁入原来白人居住的地区。一位在杰克逊市居住已久的人说："在十年内，这个城市的黑人白人比例从四比六变成了八比二，这就是现在的杰克逊市。"

从 1970 年到 2010 年，这座城市的人口显著下降，从大约20.2 万下降到 17.3 万。城市商会的会员说，增加的黑人人口很可能是来自周围的乡镇。在鲁滨逊看来，这种城乡联系是灵魂城市的另一个特点。反映在地方选举的政治上，灵魂城市依然保持昔日的南方权力分配。尽管在 20 世纪 80 年代黑人人口占多数，中上层阶级的黑人人口也迅速增长，白人在该市仍然拥有更多政治资本，直到 1997 年，小哈维·约翰逊（Harvey Johnson Jr.）击败了 J. 凯恩·迪托（J. Kane Ditto），成为该市的第一位黑人市长以后，非裔才占据了这座城市的大部分重要职位，但经济权力仍掌握在老一辈白人精英的手中。几乎不变的黑人人口，与周围农村社区的联系，以及固守成规的南方权力关系，这些特征与鲁滨逊对灵魂城市的描述极为吻合。

　　杰克逊市几乎所有的白人都居住在城市的东北角，位于设防街以北，美国51号高速公路以东。这个地区的4.2万名居民中有一半是白人。在一些街区，超过90%的居民是白人。这里住着杰克逊市最富裕的居民，他们的平均家庭收入接近7.3万美元（全市为5万美元），家庭收入中位数为4.8万美元（全市为3.5万美元）。

　　在小镇的东北侧，最热闹的社区是丰德伦区，位于北区大道和伍德罗·威尔逊大道之间，参与本书研究的一些中上阶层人士就住在那里。这座城市的大多数艺术画廊、最时尚的精品店和最受欢迎的餐馆都不约而同集中在那儿。位于丰德伦的彩虹天然食品合作社，在全食超市进驻之前，是唯一能买到天然有机食品的地方。出版该州唯一另类报纸的杰克逊市自由出版社，社址过去就在彩虹食品店的对面。再过一个街区就是纽约比萨店和冰激凌店，历史悠久的布伦特药店，巴巴鲁炸玉米饼和小吃店。这些都是很有人气的地方。

　　也许，这个社区最大的支柱机构是密西西比大学医疗中心和弗吉尼亚州桑尼蒙哥马利医疗中心，数千名在那儿工作的员工都是受教育程度较高的市民。在这个社区（伍德罗·威尔逊大道）以南仅两个街区的地方，有两所以白人学生为主的私立文理学院——米尔萨普斯学院和贝尔黑文大学。其他教育机构，还包括密西西比聋哑学校（聋哑或听力困难学生的州立学校）、教育中心学院（一所私立学校，是为有各种学习障碍的一年级到十二年级的学生开设的）、默里高中和贝利磁铁高中。

紧挨着社区东边的是勒弗勒的布拉夫州立公园和密西西比州最大的博物馆——自然科学博物馆。

其他地区的居民大多是黑人。根据人口普查，只有少数几个地方，黑人居民的比例不到85%。住在市中心和西区的居民中有93%是黑人。我大部分时间都待在这些地方。这些社区也是参与本书研究的无家可归者、贫穷工人和中等收入者居住的地方。这个地区的平均收入和家庭收入中位数分别约为3.2万美元和2.4万美元。住在市中心的西国会街和南加勒廷街附近的居民很少。沙龙餐厅——该市评选最佳餐厅的长期竞争者，爱德华国王酒店，希尔顿酒店最近翻修的一家酒店等餐饮场所能把一些居民吸引到市中心。但是，在大多数情况下，下班后、周末和假期这些地方都冷冷清清。

与杰克逊市中心仅一个街区之隔，离东格林伍德公墓不远，就是法里什街社区。这里大约90%的居民是黑人。民权活动家和杂志作者小查尔斯·科布（Charles E. Cobb Jr.）说，第一个定居在这个社区的是位获得自由的奴隶，他叫沃尔特·法里什（Walter Farish），这个社区就是以他的名字命名的。在20世纪50—70年代，这里是黑人的社会、政治、经济和文化圣地。法里什街社区对杰克逊市来说，就像是纽约的哈莱姆区。正如阿波罗剧院，这儿的阿拉莫剧院是包括纳特·金·科尔（Nat King Cole）在内的名人在杰克逊市演出的地方。这条街上还有卡西·霍尔（Carsie Hall）、杰克·杨（Jack Young）和R. 杰斯·布朗（R. Jess Brown）的律师事务所，他们是20世纪 60 年代密西西比州仅有的三名黑人律师。民权活动家迈德加·埃弗斯（Medgar Evers），是当时全国有色人种协进会在密西西比州的第一任州秘书，他的办公室就设在这条街上。在他被暗杀后，成千上万的人组成送葬队伍，护送他的灵柩缓缓经过法里什街。

　　法里什街社区曾经繁荣一时，如今却繁华不再，破败凋零，沦为杰克逊市最贫困的社区之一。不过，一些著名的场所仍坚守在法利什街上，等待着长达十年的振兴计划。琼斯街角是一个深受大家喜爱的夜场。凌晨两点后其他酒吧都打烊了，这儿还人头攒动，热闹非凡。过两三家店面，就是桃子小吃店。这家店自 20 世纪 60 年代起就在这条街上营业，一直全天供应南方主食，这也是我到杰克逊市时逗留的第一个地方。在这个街区后头，还有一家大苹果餐厅，玉米粉蒸肉店以及著名的猪耳三明治小吃店也颇受欢迎。

　　距法利什街社区西南大约一千米，近西国会大厦街和鲁滨逊街的交汇处，是波因德克斯特公园。这个社区全是黑人，比法里什街更贫穷、更破旧。根据普查，这里 98% 的居民是黑人，家庭收入中位数仅为 14459 美元，近 70% 的居民挣扎在贫困线以下。杰克逊州立大学在这个社区算是优秀的学校了。附近也有几家为大学生服务的商铺，还有一些其他的实体店，如科诺尼亚咖啡店。但是，杰克逊州立大学周围的大部分地区，都只有零散在街角的便利店和快餐店，以及数百座废弃的楼房和成千上万的贫困人口。我认识的无家可归者大部分露宿于此。

○ 无家可归

第 3 章
傍晚时分

　　2011 年 6 月，我开始在杰克逊市最大的施粥所，也就是名为"炖菜锅"的餐厅当义工。第一天和我一起帮厨的是一些公司员工，这天老板给他们放假，让他们来当志愿者，还有一些看来是常年工作的老义工。我们的任务是把食物分配到午餐托盘上。在老义工的带领下，我们在一张长桌旁组成了一条流水线，一位义工先把奶酪通心粉舀到午餐盘上，另一位义工加些青豆，然后把托盘传下去，由下一位义工放饼干、一些水果和餐具（图 3.1）。我们配了大约一百份午餐后，又接着做别的活，我和一位黑人一起往杯里装水和冰块。

　　刚过午后不久，人们开始前来吃我们为他们准备的午餐（图 3.2）。来吃饭的大都是男的，[①] 有些自己一人来，也有一些和朋友一起来。还有一些是男女一起来的，那些女的可能是他们的女友或妻子。有几对夫妇带着孩子来。我特别注意一位看

[①]　成年单身流浪者男性比女性多。根据美国市长会议的报告，67.5% 的单身无家可归者是男性，而单身人口占所调查的无家可归者人口的76%（美国无家可归者委员会 2009 年的报告）。此外，无家可归的男性遭遇的经济困难比女性更为严重，因为他们一般没有资格参加优惠家庭的救助计划。

图 3.1 "炖菜锅"的午餐盘

图 3.2 在"炖菜锅"吃午餐的人群

起来三十多岁的男（黑）人，他穿着蓝色牛仔裤、白色汗衫和旧网球鞋，带着一个女人和四个孩子走了进来。我不知道他是不是这些孩子的父亲，但看他们围绕着他的样子，我猜他是他们生活中的主要男性角色。

大家都在座位上坐好后，作为开场白，一位"炖菜锅"的男员工，用洪亮的声音对大家喊道："上帝爱你们！"然后又问："都听到了吗？"

"上帝爱每一个人。"有人插话说。

"是的，他爱每个人，"说话的人重复着，"我们享用的这餐饭，就是上帝爱你们的见证。上帝的爱体现在，他对任何提出要求的人赐予怜悯、宽恕和恩典，以及他所给予的建设和改造社区的承诺。"

他说话的时候，我打量着那些反过来盯着他的人。他们个个看起来筋疲力尽，脸部皮肤松弛，眼皮耷拉下来，许多人眼白浑浊，浑身脏兮兮的。生活对他们是残酷的。

祈祷后，男员工宣布还有心理健康专家和律师在场，可以提供一对一的咨询，然后，我们就开始发午餐。我的任务是分杯子和汽水。培训时，培训人员告诉我们别让他们自己选择饮品，因为那样太花时间了，而由我们从推车里拿汽水给他们。但是，没等我把汽水送到各桌去，他们就从我手中抢走了。他们有的不管拿到什么，都很满意，但也有些不满意的，有一个人就因为没喝到雪碧，很不开心。

一些年轻人不喝无糖汽水。他们一直举着手，等食物和饮料送过来。有的吃光了盘子里的所有东西，有的除了面包什么都吃了，但有的只吃了几口，可能觉得不好吃，就把所有的东西都扔了，把托盘放回去走了。还有一些一盘吃不饱的，排队取第二盘，绕着餐厅整整排了一圈。那些迟来的人被称为"吃第一盘的"，可以不排队，直接去队伍前头领取食物。想要与律师或心理健康专家交谈的人，也在排队等着轮到他们。过了一会儿，那个大嗓门的大胡子宣布午餐快结束了，示意大家吃完后就离开。不到 35 分钟，他们都陆续散了。

我到"炖菜锅"做了十几次义工。我在那里待的时间越长，就越对那些食客的生活感到好奇。通过与他们的简短交谈，我开始记住他们的名字和面孔。我也开始辨认不同的小圈子与各种不同的偏好，但我想更多地了解他们。我想知道他们到底是什么人，是如何沦落到无家可归的境地的，流离失所对他们意味着什么，以及他们是如何应对的。我特别好奇他们如何解决每天的吃饭问题。除了"炖菜锅"，他们还能去哪里呢？如果还有其他去处，他们如何选择？

我很快意识到，光是在"炖菜锅"做义工是找不到这些问题的答案的。为了深入了解他们如何生活，如何养活自己，我必须接近他们。于是，我就开始融入他们的生活。

在"炖菜锅"做了几周义工后，我认识了一些人，并开始在外面和他们接触。从 2012 年 1 月到 3 月和 2016 年 6 月，我的作息时间几乎和他们一样。从 2012 年 4 月到 11 月，以及 2016 年 7 月和 8 月，我每周大约有 10 个小时和他们在一起。在这段时间里，我了解到这些人无家可归的生活环境。我目睹了无家可归者在物质、社会以及心理上的挣扎。我成了社会上那些联系并帮助他们缓解困苦的人群中的一员。通过与他们接触，我观察了他们的饮食方式，特别是他们的食物来源。

现有关于无家可归者的研究涵盖范围广泛。学者往往专注于对无家可归者的定义、统计无家可归者的准确数量、确定他们无家可归的原因，以及了解应对无家可归困境的各种策略。有趣的是，吃饭作为一个他们生活的核心问题，却一直被忽视。社会学家米切尔·邓奈尔（Mitchell Duneier）的经典著作《人行道王国》（*Sidewalk*），描写了格林尼治村街头卖书小贩的生活，提到了大街上的流浪汉是怎么果腹充饥的，但只是一笔带过。书中用三言两语谈到这些流浪汉，他们如何在教堂散会后或餐馆打烊后，从那里拿一些剩下的食物来填饱肚子。伊莱贾·安德森（Elijah Anderson）在他的《街头智慧》（*Streetwise*）一书中，将"常客""流氓"和"酒鬼"区分开来，标准是他们是买东西吃还是乞讨。不过，他还是没能对他们的饮食方式进行分析。戴维·斯诺（David Snow）和莱昂·安德森（Leon Anderson）写的《倒霉》（*Down on Their Luck*）一书广受好评。他们对无家可归者日常生活的许多方面进行了详细的民族志描述，但他们只是偶尔讨论获得食物和其他服务的途径。如果该书进一步分析他们是怎么解决吃饭问题的，就是一部详尽的专著了。关于无家可归者如何解决吃饭问题、在何处解决吃饭问题的研究并未完全被忽视，但没有像对就业、住房或自救等其他主要问题那样，进行详细分析。本书填补了这个空缺。

对无家可归问题的定量研究显示，虽然无家可归者中普遍存在吃饭没有保障的问题，但获得食物并不是他们最迫切的需求。在一次调查中，近三千名具有全国代表性的无家可归者，对自己最需要的东西排序，结果食物仅排名第六。就业、保障房以及房租、抵押贷款和水、电、煤气费的补助排名高于食物。当他们从预先列出的需求中选择他们最迫切需要的东西时，食物跌至第九位。

然而，对于许多无家可归的人来说，吃饭的确是一个问题。在同一项研究中，57% 的受访者表示他们吃不饱饭，39% 的人表示他们有时一整天都吃不上饭，12% 的人说他们只能到垃圾桶找吃的或靠别人施舍勉强糊口。无家可归者如何获得食物与多种因素有关，种族背景（黑人或西班牙裔种族 / 族裔），个人问题（健康、监狱记录、虐待儿童的历史）以及以往的流浪经历，都会导致更严重的吃饭问题。

不同类型（过渡性、偶发性或长期性）的无家可归者在吃饭问题方面存在差异。有两种可能的方式来解释获得食物的方式以及无家可归的状态，即"街头智慧"假说和"急需假设"。① "街

----

① 对无家可归者的分类，不同的学者有不同的分法，但通常根据这两个因素：流浪的次数和每次持续的时间。李和格雷夫（Lee & Greif，2008）认为长期无家可归者是指至少持续流浪两年，或者流浪过两次或两次以上的人。他们认为过渡性无家可归者是那些流浪不到一年的人。

头智慧"假说预测，那些长期无家可归的人比那些不定期流浪的人碰到的吃饭问题少一些，因为长期无家可归的人熟知社会服务的门道。相比之下，"急需假设"理论预测，长期无家可归者碰到的问题更多，因为他们与那些有固定住房的人联系越来越少，也没什么经济来源。有个研究小组找到了支持"急需假设"论点的论据。与那些长期无家可归的人相比，过渡性无家可归的人面临着更具体的吃饭问题，他们每天吃的餐数少（过渡性和长期无家可归者用餐少于 3 次的比例分别是 71% 对 46%），好几个小时吃不上饭（47% 对 36%），食不果腹（73% 对 52%），靠捡垃圾或别人施舍作为食物来源（12% 对 3%），以及得不到补贴食物（45% 对 34%）。

　　根据我的实地观察，我所跟踪调查的无家可归的人都能得到食物。大多数人是长期无家可归的，也就是说，当我认识他们的时候，他们已经流浪至少两年了，而且他们过去已经流浪过两次或更多次了。他们的经历似乎支持"街头智慧"假说。他们不认为解决吃饭问题是他们最迫切的需要。当然，对这些无家可归的人来说，每天只吃一两餐是常有的事。我要补充说明的是，对于那些无家可归的人来说，想天天吃到饭是要付出代价的。为此，他们得做三件事：首先，他们必须学会养成一套固定的日常生活习惯；其次，他们必须遵守救助站的规章制度；最后，他们必须安分守己，确认自己在世界上的位置，具体地说，必须承认自己的的确确是穷困潦倒的。摆脱无家可归状况与求得糊口的努力往往相矛盾。实际上，无家可归的人，既要生存下来又要摆脱现状是办不到的。这个问题，我下面还会讨论到。

这些见解表明，无家可归者获得食物的两种主要观点，即"街头智慧"和"急需假设"论点，实际上不是相互排斥，而是相互补充的。人们无家可归的时间越长，对流浪生活了解得就越多，也就越知道该如何遵守救助服务机构的规则，这使他们更有街头智慧。可是，精于此道可能对他们不利，因为长此以往，这会阻碍他们脱离无家可归状况的努力。长期处于无家可归状态的人，与进入精神病院或监狱类似，久而久之，便对此习以为常了。像在其他地方一样，在无家可归的情况下，人们想要生存就需要一套技能，而这些技能在离开了这些地方后就可能无用武之地。①

---

① 这个论点与格伦伯格（Grunberg）和伊戈尔（Eagle）的"庇护"论点没有什么不同，他们认为一个人在街上流浪越久，他就越不想摆脱无家可归的处境，部分原因是他学会了如何适应无家可归的生活。斯诺（Snow）和安德森（Anderson）支持这一观点，在他们把无家可归者分类时写道：有些人"在街上流浪，越走越远，他们的认知取向和日常生活都围绕着如何在街头生存，而不是如何去摆脱流浪生活"。我的结论与他们明显不同。我不认为无家可归者待在街头仅仅是因为他们适应了街头生活。我发现，如果长期无家可归的人倾向于过这样的生活，那是因为要在无家可归的情况下生存下来，就已经没有余力摆脱它了。格伦伯格和伊戈尔指责无家可归者没有找到摆脱困境的方法。我的看法是，要在无家可归的情况下生存下来，必须全力以赴，所以他们几乎没有可以做别的事情的余地。而且，救助服务机构的大部分服务都是为了让无家可归者能够生存下来，而不是为了帮助他们摆脱无家可归的状况。

接下来的第 4 章和第 5 章，我首先描述无家可归者如何为生存所需安排日常生活。在这一章中，我先从一个傍晚写起，然后在后面的章节中，记叙我遇到的无家可归者一天中不同时段的活动。我阐述了无家可归者在一天的每个时段中，如何围绕获取食物和其他需求来安排他们的生活，以及打乱日常生活秩序的后果。此外，我还着重讨论了我跟踪调查的那些流浪汉如何遵守服务机构的规定，以及不遵守这些规定的结果。

我在开车去"炖菜锅"做义工的路上，看到一个好像也正急着去那儿吃午饭的人。我认出他前天也是在那儿吃的饭。我一下子就认出他来，因为那天我们分好餐盘后，大伙儿都忙着吃饭，而他却低着头，举着双手，慢慢地做祷告。他只吃了一半，把剩下的装在一个饭盒里带走。当我靠近他时，我放慢了速度，问他是不是要去"炖菜锅"。他微笑地点了点头，跳上了我的车。他自我介绍说他叫斯马卡。我把车停好后，他谢过我，然后走开了。但还没走远，他就转过身说："我把我的（指他的名字）给了你，但你没给我你的。"于是，我告诉了他我的小名叫彼科。

经过几次沟通后，斯马卡首先把我带入了杰克逊市无家可归者的世界。他个头矮小，只有一米四左右，但他那种浸信会传教士式的举止言谈却引人注目。不过，"机会中心"（无家可归者的日间收容所）的大多数人都厌倦了他的布道。因为我初来乍到，又想融入他们，我还是认真地听他讲。

在一段冗长的布道独白中，他惊呼道："在我们生活的这个时代，因为没有人懂得智者的话，寓言必然被抛弃。"他引用了几段《圣经》经文，讲的是耶稣命令他的门徒到内城去传道。然后，好像是要解释《圣经》的话，他继续说："内城是什么？是穷人区，是贫民窟，不是城郊，也不是该死的里奇兰、伊斯托弗，更不是杰克逊市南区或克林顿。耶稣说，'都来贫民窟吧。'"当他提到杰克逊市的每一个富人区和周边地区时，他的声音越来越大。

"我要把智者的话带给你，让你们能理解……在我们生活的这个时代，寓言必然被抛弃。"他又重复了一遍，这次更严肃了，语调跟牧师重复布道主题的调子一样。"如果你听不懂'汝''乃'，让我把智者的话带给'尔'①。"

我不禁大笑起来："带给'尔'？"

"是的，"他加重语气重复道，"带给'尔'。"

他知道我就在他需要我的地方接话，继续说："根据斯马卡维利，我就是斯马卡，斯马科，斯马卡维利。"

又到了一月份。一天下午 4 点左右，我和斯马卡以及另一个无家可归者李，一起到流浪汉收容所。斯马卡知道我正在研究无家可归的问题，同意带我看"真实的内幕"，但李以为我也无家可归。昨晚，他们俩都睡在街头，或者用他们的话说，是在外头"露营"，但他们决定今晚要找张床睡。就在我观察

---

① 这里原文分别是古英语 Thee、Thy 和 Thou，相当于你（宾语）、你的和你（主语）。——编者注

他们在收容所的生活时，本书第一部分的主要论点开始在我的脑海中形成。这是我第一次看到他们如何安排自己的生活，以及他们为应对无家可归而掌握的生活技能，尤其是该去哪儿找张床睡，找点东西吃。

我们从西国会大厦往南加勒廷街走了两千五百米的路。一路上，斯马卡和李跟我解释为什么他们有时露宿街头，有时在收容所过夜。

"你可以投入大自然母亲的怀抱，兄弟，"斯马卡开始解释，"看到那地方了吗？如果是夏天，又没有下雨，我就要准备几条毯子，占地为营了。"

"城里的人都不管吗？"我问。

"扯淡，我才不在乎他们管不管呢。"斯马卡大声喊道。

"他们不会因此把你送进监狱的。"李回答我说。

"他们能做些什么？让我住进沃索尔酒店吗，混蛋？"沃索尔酒店是杰克逊市中心的一家知名酒店。

"如果他们把你关进监狱，还得给你饭吃。"李补充说。

"他们知道你是流浪者，就立马放人，"根据他的经验，斯马卡解释为何警察不再抓流浪汉了，"他们认为这是在浪费纳税人的钱。他们不想让你进去。"他嗮嗮地笑着说，"他们要你进去干什么？（监狱的负责人）已经说过他们不要你了，蒂隆·刘易斯警长也不要你了。和你们瞎折腾，还要填一大堆表，谁惹这个麻烦哈？"

我们又大笑起来。然后，李以严肃的语气补充说，"他们要管的人太多了"，暗示无家可归者对这座城市来说，只是一群无关紧要的人，"他们不会笨到自找麻烦的"。

"看，你可以在那里过夜，"斯马卡边说，边指着一个拆得看上去只剩断壁残垣的混凝土建筑物，"这儿曾经是救世军收容所。不管哪方面的生活，有时你能过得很轻松，有时也可以过得很艰难。"他解释说，收容所的服务不错，但是有代价。例如，收容所的开放时间，往往使那些打工的人，很难保住工作。

"你看，如果你是一个有睡眠问题的人，有一份上午九点开始的工作，在收容所，你凌晨四点半就醒了……我不是说那些吸了毒的人，是说随便什么人。所以，如果有人四点半起床，但要等到九点才上班，他就把身体给糟蹋掉了。所以，他肯定会说，'去他的。我宁可在外过夜，一觉睡到天亮，等到上班前一个小时，我才爬起来。'"

我遇到了斯马卡所说的这样一些人。的确，不仅起床时间让打工的人感到不便，等收容所开门也是一种挑战。为了得到一张床，他们不得不在下午4点左右排队。斯马卡他们就是这个时候赶去排队的。我们一路穿过了克利夫顿街、胡克街，然后沿着南加勒廷走过去。一路上，他们告诉我以往露宿街头是什么样的一种遭遇。斯马卡和李长期无家可归，所以他们经历了这个城市收容无家可归者政策的变化。据他们说，我们走过的西杰克逊区是20世纪七八十年代无家可归者聚居的地方，是杰克逊市的贫民窟。他们对这里的一切，仍记忆犹新。斯马卡回忆道："住在附近救世军收容所的人，想干什么就干什么。"还有一些人露宿在烟花巷附近，正如它的名字所暗示的那样，烟花巷是吸食毒品和卖淫现象猖獗的地方。

斯马卡指了指街上他曾经"拥有"的一座红砖房子，他曾在那里卖过毒品。李也指给我看他曾经吸过可卡因的地方。"哥们儿，这儿没有一个地方不吸毒的，这里是烟花巷！"斯马卡叫道。他们都记得有两个女人，一个叫德博拉（Deborah），一个叫库珀（Cooper）。她们曾经卖毒品和出租房间。斯马卡的绰号就是德博拉给取的。因为这个地方靠近市中心，20世纪90年代初，市政府决定把它收回，随后事情开始发生变化，斯马卡因而也曾被关了起来。那时警察"以迅雷不及掩耳之势"抓流浪汉。而且，当警察清场时，"一个不留地强行驱赶无家可归的人"，"所有在这个鬼地方的人都进了监牢。"

他们的故事是非裔美国人和无家可归者整体历史的一部分，而在对无家可归者的研究中，往往没有涉及这段历史。这段历史始于内战期间，那时逃亡的奴隶和获得自由的奴隶投奔了联邦军。他们英勇地为赢得战争作出贡献，但战争结束后，他们无处可去。所有其他获得自由的黑人在战后也基本上无家可归。据估计，有100万到400万美国黑人流浪在南方各地，上无片瓦遮身，下无立锥之地。即使是最保守的估计，那时流离失所的黑人，也是2018年美国无家可归人口的两倍。根据杜波依斯对费城第七区所做的分析，即便他们有个地方住，住的也是简陋不堪的房子。

当数百万黑人在大迁徙期间向北迁移时，住房过度拥挤以及房价过高迫使许多人无家可归。大萧条使美国人的财富毁于一旦，但非裔美国人"首当其冲受灾惨重"。在南方民主党的帮助下，美国制定了缓解危机的新政，但新政将黑人排除在外，尤其是黑人佃农，这导致黑人流浪者的人数增加。[1] 然后美国开始了都市重建、贫民窟清理、经济去工业化和可卡因泛滥。我从这些人的经历中了解到，这些历史时刻改写了他们无家可归的轨迹。今天，南部的无家可归人口比美国其他地区要少。事实上，密西西比州有 0.25% 的人口无家可归，比 7 个州的比例高。自 2010 年以来，无家可归者的比例一直在下降，但其种族比重仍然保持不变。2018 年，黑人无家可归者占密西西比州无家可归人口的 55%，而黑人只占州总人口的 38%。

当我和斯马卡、李快到流浪汉收容所时，已有七八个人在前门车道上等着。他们彼此都认识，互相聊天开玩笑。我们到达后不久，一个高个子男人从前门跳出来，坐在他带来的椅子上。他不与任何人接触，等待的人也知道不能与他说话。他们之间的权力关系造成了一种尴尬氛围。过了一会儿，他拿来了

---

[1] 富兰克林在一篇未发表的论文中写道："许多黑人佃农实际上无家可归；他们头上的屋顶只是一片铁皮，甚至有时只是在一棵大树下过夜。一些救济官员认为黑人无家可归的状况是可以接受的。他们认为，黑人在户外生活应该很习惯。一位不愿透露姓名的联邦紧急救援署官员说，'当地的救助人员更倾向于帮助白人，因为黑人能更好适应开阔的乡村环境，习惯与较少的人相处。'"

一个装满水的橘黄色佳得乐冰水箱，在水箱的白色把手旁，放着几个泡沫塑料杯子。然后，他拿出一个铝箔盘子，上面摆着看起来像是放了一天的甜甜圈。他一声不吭，但大家都明白，可以自己去拿一些水和甜甜圈。他们喝完水后，把杯子放回手柄旁，让下一个人用。在这儿过夜，他们能吃到两次东西，这是第一次，第二次要再等大约三个小时。虽然他们在五小时内有两次吃东西的机会，但至于吃什么他们几乎没有发言权。此外，他们能不能吃到饭完全由收容所说了算，违反规章制度就意味着吃不到饭。

斯马卡以为我会留在收容所过夜，所以他告诉负责人我是第一次来的，而且是"炖菜锅"的志愿者，在我不知情的情况下，这两点为我带来了一些特权。在分配床铺的优先权方面，我排在最前头，其次是第一次来的，再其次是昨晚没在收容所过夜的，然后是昨晚来迟了用睡袋睡在地板上的，睡在沙发上的，最后才是昨晚有床睡的。我们排好队后，负责人示意我进去填写入宿表。我不打算在收容所过夜，况且这在道义上也说不过去。但我想看看第一次来的人，要做些什么才能得到一个床位。我只是想体验被收容的过程，至少了解一下其中的运作逻辑，观察无家可归者是如何在收容所过夜的，目睹杰克逊市的无家可归者该如何遵守规章制度。

一位坐在长桌后的大个子黑人问了我几个问题。他先查了我的身份证，然后要了我的社会安全号码、家庭住址和紧急联系人的电话号码。他注意到我的姓氏，猜我是非洲人。我说我确实是非洲人，从加纳来的。然后他询问我的学历。

我告诉他我上过大学。

"读了几年？"

"四年。"我傻傻地脱口而出。

这时，他才抬起头来看着我，我有点不自在，因为我答得不准、不全。他收回注视我的目光，把身份证递还给我。我以为该办的手续都办了，但我猜错了。

他给了我一张表，双面的。"除了你孩子的名字外，所有这些都得填写。"

表格中要填的信息和我刚才的回答没什么两样。我想："我不是刚回答了所有问题吗？为什么还要让我填这张表？"我感到既焦虑，又沮丧，这种感觉对寻求各种各样社会福利的穷人来说是司空见惯的。尽管来求助的人已经精神疲惫不堪了，服务部门往往打着防止欺诈的幌子，让他们填一大堆表格。一些专家认为，政策制定者利用种种表格来阻止那些寻求援助的人。我填完第一面后，就不想再填了。

我把表格一递给他，就承认我是一名研究人员，来了解杰克逊市无家可归者的经历。他面无表情地瞪了我一眼，没有生气，可能只是有些迷惑不解。我向他道歉，让他白忙活了，并请求他允许我在这儿多待一会儿，看看那些流浪汉晚上过得怎么样。征求了收容所主管的意见后，他答应了我的请求，并告诉我他会重新分配本来要给我的床位。他还同意像对待其他流浪汉一样对待我，并示意我先到外面等。排在最前面的人问我有没有分到床位。我点了头。厄尔（Earl）以前是"炖菜锅"的保安，他认识我，也知道我在做什么。过了十五分钟后，他出来告诉我，他和工作人员沟通过了，他们都知道我是来做调研的，会把我视为他们的常客，我想待多久就待多久。我向他表示了感谢。

不久之后，该办理入住手续了。我排在前头，朝厄尔走去，厄尔要我张开双臂，让他搜身。他在我的口袋里，找到了一支铅笔，说道："这不能带进去。"（后来他还给了我）

厄尔对我搜身后，另一个人来查对我的信息，收身份证。我把驾驶证给了他。他其实也知道我在这儿的目的，但他还是给了我一条浴巾和一条毛巾。

"你要在这儿冲个澡吗？"他问道，"大家都得先冲澡，才能在床铺或在沙发上坐。"

我摇头表示不要。

"好吧，那就拿浴巾和毛巾吧。"

我原以为房间里会摆满双层床，但出乎我的所料，房间里只有些用长凳改成的床，像是加长的火车座，或餐厅里的卡座。床上有一些床单是给在这儿过夜的人准备的。当我开始整理我的一号床时，二号床的人冲了进来，又匆匆跑去浴室。

"快点儿，哥们儿，你得快去洗个澡，不然他们会把你赶走的。"

"我等你洗完了再洗。"我拖延着，开始整理床铺。

"哥们儿，你可以洗完了再铺床。你最好还是先洗吧。"他加强了语气，又说了一遍。

　　他抓起自己的东西，直奔浴室。我搞不懂为什么要这么急匆匆的。我一直磨磨蹭蹭。过了五分钟左右，当我走进浴室时，我才明白是因为只有一个淋浴间，而住进来的流浪汉有三十多个，所以得抢先早点来。正如我之前所说，每个人都必须先淋浴，要不然连沙发也不能坐，更不用说做别的事了。所以，在轮到洗澡之前，他们只好一直站着。当我走进浴室时，有五个人早就来了。我试着在一个公用马桶小便，马桶四周毫无遮拦，所以不管谁在方便，浴室里所有人都可以看到。我试了几秒钟，还是方便不出来（我猜是因为怯场），就走了。

　　到这个时候，大部分分到床位的人都已经入住了。分给我的 1 号床也重新分配给他人了。为了确认一下我所观察到的情况，我走到斯马卡的床边，请他再帮我梳理一下整个程序。

　　"先淋浴，然后就可以坐在沙发上看电视，看看新闻什么的，再然后就开饭了。吃完饭，回来接着看电视，看到熄灯为止。"

　　我在他们睡觉的地方转了一会儿，和其他正在整理床铺等着洗澡的人闲聊起来。我把毛巾还给了管理人员，然后来到看电视的地方，那里摆放着沙发，可以坐七八个人。已经有几个人坐下来看电视了。和我一起来的李问我是否已经洗过澡了。尽管我不像是洗过澡的样子，连衣服也没换，一点儿变化也没有，我还是点了点头。其他人也问我同样的事，可能是担心我初来乍到，不懂得这个地方的规矩。

我们默默地看了下午 5 点的当地新闻，主要报道本市马丁·路德·金日的纪念活动，包括约翰逊市长演讲、社区游行的片段，以及自由角（梅德加埃弗斯大道和马丁·路德·金公路的交叉路口）活动的亮点。最后，新闻主播，一名黑人女性，不情愿地补充说，在密西西比州，马丁·路德·金日恰巧也是罗伯特·李将军（Robert E. Lee）[①] 日，虽然只是一种象征，却让观众猛然醒悟，这儿仍然是安德鲁·杰克逊的杰克逊市。

新闻接着转换到金球奖红毯的报道。我无法得知，当丽丝·威瑟斯普恩（Reese Witherspoon）、乔治·克鲁尼（George Clooney）和索菲娅·维加拉（Sofia Vergara）在电视屏幕上闪亮登场时，我身旁的这些观众有什么感想。这些影星光鲜亮丽的人生与我身边流浪汉的处境形成了鲜明的对比。当我拿出手机想记下这一明显的区别时，有人提醒我，拥有手机是违规的。

"除非用来玩游戏，否则你必须把手机收起来！"有个工作人员冲着我喊道。

"也只能收起来了。"我心里想。

我默不作声地看着电视，感到既沮丧又恼火。其他人则边看电视边议论。我无法忍受内心的挣扎，猛地起身离开。贸然离开对我来说相对无关紧要，但对一个无家可归的人来说恐怕

---

① 这里是指罗伯特·爱德华·李，他是 19 世纪的美国军事家，在美国南北战争中，他是美国南方联盟的总司令。——编者注

就不是件轻而易举的事了。

在杰克逊市，要想在无家可归的状态下生存下来，不仅要知道在何时何地找些东西吃，找张床过夜，还得了解、接受和遵守规矩。像"流浪汉收容所"这样的地方规定了斯马卡这些人吃什么，什么时候吃，以及要遵守什么样的规矩。即使我拥有特权，甚至可以违反一些规定，但我还是觉得这些代价太大了，所以我选择离开（图3.3）。

图 3.3　黎明时离开收容所

第4章
一天早晨

凌晨五点的街道冷冷清清，在我开车去男子收容所的路上，只有两三辆汽车从我的车旁驶过。当我把车停下来时，四周一个人影也没有。昨天晚上我离开了斯马卡和李，我希望在他们离开收容所之前碰到他们，但我来迟了。我开着车又过了几条马路，才看到三四十个流浪汉背着行囊，沿着南加拉廷街往杰克逊市中心走去。天还没亮，一盏盏路灯照着他们脚下的路，我认出了李、斯马卡以及昨天和我一起排队的那些人。

当我到达杰威传教所的时候，只有几个人在排队。天蒙蒙亮，无家可归的人在这儿可以领取一份简单的早餐。大多数人已经坐下来吃东西了。现在大约才五点半，但这个地方一大早就人头攒动，就像附近酒吧的欢乐时光一样热闹。加勒廷街上有两处收容所，都是给流浪汉住的。昨晚在收容所过夜的人都起来活动了，露宿街头的人也来了。斯马卡坐在角落里，把自己的食物分给别人。他周围的人都在吃鸡蛋，隔热托盘上还有白面包片、混合水果罐头，塑料叉子。托盘旁的泡沫塑料杯里，满满地装着微热的黑咖啡。

我一进门，斯马卡就瞧见我，要我跟他坐在一起。

"你到底怎么了，哥们儿？"他立即质问，带着生气的语气，要我给个合理的解释。

"你害我一大早就叫醒了别人。那人翻了个身，我才发现那不是你。"

"我的错，哥们儿。我不是故意要离开的。"我回答说。

"不是故意要离开是什么意思？显然你是有意离开的，因为你人都走了，简直狗屁不通，自相矛盾。"他气已经消了，但还是咄咄逼人。

"我承认，是我不对。跟你坦白吧，哥们儿，我有地方住。"我已经告诉他我在做研究，但还没有告诉他我有地方住。

"你为什么不告诉我？你让我担心死了。兄弟，直接告诉我，这样至少我知道你没事就放心了。"我没想到他会为我担心，"给，我帮你拿回了身份证。"

"还有这个！"我叫道，"我还真忘了取了，谢谢你！"

斯马卡说："你不吃吗？你不吃东西就会饿死在这里。你得吃点东西填饱肚子。"

我看到他吃了根燕麦棒。"我还是吃燕麦棒吧。"

"你就吃这个吗？"

"是的，我再喝点水。"

他向别人要了根燕麦棒给我："给，你就知道吃这些垃圾。"

我想，格兰诺拉麦片棒是我们能吃到的食物中最健康的，但他不这么想。在和斯马卡以及其他流浪汉打交道的过程中，我了解到，即使他们没有多少选择，但吃什么对他们来说仍然很重要。一些人不吃甜饼和糖果，认为"糖对身体没有好处"，另一些人则拒绝吃那些根本不利于他们保持健康的食物。有个教会，在提供免费早餐的时候，给的是午餐吃的食物（即奶酪通心粉或炸鸡），所以也有不喜欢那种食物的人宁可不去那儿吃。

我们出去的时候，天刚亮。来吃早饭的人都散了。收容所的工作人员也上班来了。我们碰到了斯马卡的一个熟人。斯马卡把我介绍给他："这是我的撰稿人，正在撰写斯马卡维利的回忆录。"我微笑着听了他的介绍。

斯马卡告诉他，去市中心申请残疾人福利时的手续很麻烦。他的双臂中过枪，右臂明显畸形。"他们想让我找个律师，但我说见鬼去吧律师，他们已经赚得盆满钵满了。"他这么一说，我们都笑了。

斯马卡给我看了残疾福利申请表，他没有通过审核，上诉也被拒绝了。他正在想办法再次上诉。根据美国社会保障局的报告，通过审核的残疾人平均每月可拿到 1134.86 美元的补贴。对于像斯马卡这样的人来说，如果每月有了这笔钱，就可以大大减少他对流浪者收容所的依赖了。

"那么，其他一切都好吗？"他朋友问。

"怎么说呢，库存已经见底了。"库存指的是他囤的食物。对斯马卡来说，自己储备点吃的东西是生命攸关的大事，因为他可以暂时不必完全依赖救助机构来获取食物。例如，他在由于手臂疼痛去诊所检查，而错过了在"炖菜锅"吃午饭的时间时，就靠自己存的食物糊口。没有存放一些口粮，就难于办成这些事。再比如，他去找律师谈上诉的事，就必须在施粥所的开放时间内和律师谈完，否则就有可能错过一顿饭。

"那你的库存都吃光了吗？"

"吃光了，哥们儿。"

"你明白这就是为什么我总是带着饭满大街跑。"他指了指他手里拿着用纸巾包着的面包片，"你知道那不是我的一贯作风，兄弟。"

"嗯，明天过来。我给你拿点东西。"我说。

"我的粮袋里连根面条也没有，哥们儿。"

"明天来吧。"

"好的。"

我们朝汽车站走去。

"那么，你昨晚走之前吃了东西吗？"他问我。

"没有。"出于道德方面的原因，当时我对在收容所吃饭有些矛盾。我向他解释说，别人比我更需要那些食物，我觉得我不该吃。

"兄弟，别跟我说觉得不该吃。觉得不该吃和填饱肚子是两码事。"

当我意识到没有人会因为救助站食物短缺而被拒之门外时，我改变了主意。另外，我决定去收容所吃饭也是因为斯马卡那天早上说的一番话："兄弟，你说你要刨根究底，你真要刨根究底，你就得真正了解我们是怎么生存的。我告诉你的都是事实，但是除非亲身体验，又有什么更好的办法能得到你想要的那些破资料呢？"

这真是明智的忠告，我点头表示赞同。当我们躲闪着早高峰的车流时，我的思绪飘到了从我们身边呼啸而过的汽车上。我不知道开车经过的人会怎么看我们这些徒步的人。

"还有，"斯马卡继续说道，他还在想着我该如何保持论文的完整性，"你就要暴露身份了。兄弟，你最好相信这些混蛋都很有观察力。他们简直是明察秋毫，是这个星球上最善于观察的混蛋。"

因为我并不想保密，所以不担心暴露身份。谁对我的研究项目感兴趣，我都会毫无保留地告诉他们，但我很感激他的建议，我要尽可能完全地融入他们的生活。

到了汽车站，我们在站台前面的长椅上坐了下来，正对着前面的高楼大厦。对斯马卡来说，高楼代表了市政府。他说他喜欢来这里望着眼前的政府大楼。如果我不在他身边，我想他会坐在这儿盯着大楼，或者也可能与其他人搭讪。因为我是被他俘虏的听众，所以他不停地说教，涉及的话题五花八门，从资本主义为什么注定要失败，为什么美国会随之倒台，为什么美国人不是真正的基督徒（特别是因为他们庆祝万圣节这个异教节日），为什么在圣诞老人这个同性恋的事上对孩子撒谎很可怕，为什么上帝"和圣母玛利亚睡觉"生了一个儿子，他是如何开始信仰伊斯兰教的，一直谈到他怎么知道联邦调查局备有他的档案；以及为什么图派克（Tupac）比大个子（Biggie）[①]更好。我没有质疑他关于各种话题的理论，但作为一个嘻哈迷，我在最后一个问题上与他进行了争论。我以为我们只是坐着闲聊，但当他问别人时间时，我意识到他是有意来汽车站的。他在等待机会中心（无家可归者的日间收容所）开门。流浪者亲切地称这个地方为"会心"，他们可以在这里洗澡、洗衣服、看电视（主要看天气预报）、打电话，并与其他无家可归的人联络。

当我们沿着西阿米特街去机会中心的时候，他告诉我，他想和他的弟弟联系，和他弟弟要些钱和吃的东西，或者找个地方过夜，尤其是在寒夜找个地方避避寒。他打电话到他弟弟家和工作单位，但他弟弟没有回电话。他告诉我，他是家里排行倒数第二的孩子，南方人称之为"膝下婴儿"，他还有一个哥哥住在迈阿密，他们已经有一段时间没见了。

斯马卡和他兄弟的接触，反映了无家可归者和有稳定住所的亲戚之间的复杂关系。无家可归的人并不像我们一度认为的那样与世隔绝。虽然不是常来常往，但他们确实会和这些亲戚保持一定的联系。不幸的是，他们的亲戚往往也很贫穷，没有经济能力给他们提供任何实质性的帮助。他们的关系也经常因矛盾冲突而受损。通过与无家可归者的家庭成员的接触，我了

[①]　二人均为20世纪90年代的著名说唱歌手，并因为卷入东西海岸的说唱斗争而针锋相对。——编者注

解到他们的关系不太稳定。例如，我见过斯马卡的哥哥，从他各方面的情况来看，他没有可支配的资源给予斯马卡想要的那种帮助。当我和另一个流浪汉去看他的侄子时，我们受到了热情的接待。后来，他的侄子再次请我去他家，跟我解释说，因为叔叔把接济他的钱都挥霍掉了，他现在较少与无家可归的叔叔来往了。

"你有孩子吗，哥们儿？"我问斯马卡。

"有啊，我告诉过你，我走到哪儿就在哪儿认干儿女。"他回答说。

"不过，我是说你有……"

"你是说亲生的？见鬼，还真有。"

"在哪儿？"

"在这个该死的城市附近的某个角落，我也不会去找他们这些混蛋。这些小坏蛋，比他们爸爸还坏。"

我笑了笑，然后干脆打破砂锅问到底。

"你当真？你有孩子，但你连他们在哪儿也不知道……？"

他打断了我："我知道他们在哪儿，我就是不去找他们。"

默默地走了几步后，他补充道："兄弟，我过着堕落的生活，我绝不会伤害我倒霉的孩子，让我的孩子活得比我还糟……不会的，先生。"透过他这番议论的短暂窗口，我看到他把自己说成一个不配为人父的人，以及他怎么处置自己的身份，即被某些人称为"败坏的"身份。他补充说："时不时地，我会喊我的兄弟姐妹，也就是他们的叔叔阿姨，去看看他们。

我只需要知道这些混蛋还活着，就够了。"我们靠近机会中心的停车场时，他重复了一遍，这次语速慢了一点："只要这些混蛋还活着……"

机会中心在早上 6∶30 左右开放，到 7 点时，已经开始忙碌起来了（图4.1、图4.2）。一天早上，我 7 点 30 分到那里时，这个地方已经很热闹了。我与前台的比利和雷打过招呼，就直接到后面的大厅去。大厅摆着桌子板凳，还有一台微波炉和一台电视机。因为我也算是志愿者，所以我不用办什么手续，只需与前台的人打个招呼就可以进去。至于其他人，比利、雷或是另一位门卫都要检查他们的结核卡，以确认进来的人都已经接受了结核病筛查。他们检查了来者的口袋和包，以确保他们没有吸毒。他们使用金属探测器检查有没有人携带武器，所有查到的小刀都在进第一道门时被没收。大多数人都讨厌过这样的程序，尤其是金属探测器让他们很反感，但为了利用机会中心的资源，他们敢怒不敢言。这就是代价。

在大多数情况下，早晨机会中心通常会有二十多个人在后面的大厅里，其中大部分是男性。某天早上，我观察了几组人。其中一组有五六个人，坐在靠近门口的折叠椅上。有些人把头靠在墙上打瞌睡，但大多数人都在聊天。另一组人坐在中间一张长桌旁的折叠椅上。他们不像坐在门口的人凑得那么近，但他们也在闲聊，不过，也有几个人耷拉着脑袋睡着了。在机会中心打个盹再平常不过了，因为大多数人天还没亮就起床了。第三组人坐在一张野餐桌旁，靠电视的几条长凳上。一

图 4.1　机会中心

图 4.2　机会中心入内登记处

　　牌子上的文字：左，每次入内所有人和携带的包都得检查；中，下午四点之前所有携带物品必须拿走；右，不许携带武器入内，一经查出，没收勿论。

半人趴在桌子上睡着了，另一半人聚精会神地看着悬空支架上那台 20 寸的电视，他们彼此之间很少交谈。机会中心对刚陷入无家可归的人来说是必不可少的，因为他们在这里学会了如何生存。在这里，他们了解到城里所有救助机构的名称和开放时间。建立这些关系网是生存的重要途径。

流浪者的一天，不是在聊天、看电视、睡觉，就是在找东西吃（图 4.3）。对于那些没有赶上凌晨 5 点在传教所吃早餐的人来说，除非他们带着即食的零食，不然他们从昨天下午 5 点起到中午吃饭期间根本没有东西吃。在我刚来的头几天，就看到过一个流浪汉，在电视旁用手抓着吃包装盒里的冷冻意大利面和肉丸，还有一些人等着用微波炉加热方便面或泡速溶咖啡。

有个人看到微波炉旁摆着一大盒甜甜圈，便问："这些东西是什么时候送来的？"

"一些白人今天早上送来的。"另一个答道。

"哥们儿，那东西人还能吃吗，看起来像坨屎。"

他的挑剔并没有阻止那些饿坏了的人，他们把甜甜圈加热后就着咖啡吃。

根据当地早间新闻的天气预报，那天有 70% 的降水概率。他向观众保证，这场雨对大家不会有什么影响，而且会很快过去。果然，在我出去透气时，正在下雨。每个人都希望雨不要下得这么早。他们希望 10 点左右下雨，这样他们就可以去加洛韦联合卫理公会教堂吃早餐，然后赶回来。斯马卡原打算走 2.5 千米的路到教堂，但是因为下雨，他改变了主意。其他

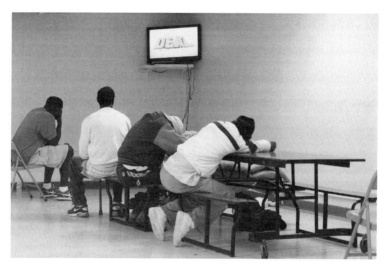

图 4.3　流浪者在机会中心趴着睡觉

几个人也不想去。有一个人想冒雨去，但又犹豫不决。他总结道："这不只是走到街那边的事儿。"经过再三考虑，他决定不去了，因为他不想加重自己的感冒。

雨下了大约一个小时就停了，可是因为这场雨，我身边的很多人那天早上没能去教堂吃早餐。

从周一到周五，大多数人在8点左右离开机会中心，去吃早餐。他们一般去加洛韦联合卫理公会教堂，不过，周二他们通常会去圣安德鲁圣公会大教堂。除了准时到达该去的地方，他们还必须循规蹈矩，否则就有可能受到惩罚。

一天，我们跟着几个人去加洛韦联合卫理公会教堂吃早餐时，遇到了一个昵称为"黑仔"的人。他英俊帅气，皮肤黝黑，体格健壮。他后来告诉我，他年轻时曾是一名拳击手。那天由于他没有像大家那样遵守规章制度，他被罚不准吃早餐，也不准进入机会中心。当这个禁令传达给其他救助机构时，就意味着他也不能进入其他施粥所。在机会中心门口工作的比利，昨天向我解释说，黑仔被禁止是因为他"表现出格"。其实，黑仔不过是想换个电视频道，但是这样做违反了机会中心的规定。当比利就这件事质问黑仔时，黑仔很恼火，使劲拍桌子。后来，比利要报警，黑仔又把办公室电话从插孔中扯了下来。

流浪者与救助机构之间的关系变化无常。当流浪者向救助机构争取权利和尊重，双方发生矛盾而后陷入讨价还价中时，往往会出现冲突，致使一些流浪者暂时或永久被驱逐。艾利奥特·利博（Elliot Liebow）在《告诉他们我是谁》（*Tell Them Who I Am*）一书中分析说，救助机构的工作人员和流浪者本身对无家可归状况的恐惧感，往往会加速他们关系的恶化。为了缓解这种担忧和恐惧，救助机构往往对无家可归者过于严苛。"工作人员和救助机构有权制定救助细则，然后根据这些细则发放无家可归者赖以生存的物资并提供救助服务。因此，在无家可归者的眼里，收容所和救助机构具有怠慢、霸道的色彩是不足为奇的。"

黑仔那天早上在加洛韦联合卫理公会教堂见到我时，对我道出了事情的经过。他并没有想要换频道，只是想调整一下电视画质效果。因为比利要叫警察，所以他非常恼火。对他和其他不守规矩的人来说，大发雷霆且不安分守己，后果就是没饭吃。在加洛韦联合卫理公会教堂，我无意中听到机会中心的员工雷说起黑仔："那个男孩会饿死的。如果没有人收容他，他去哪儿弄吃的？"

大约有五十人围坐在八张大圆桌旁，在教堂地下室的团契大厅等开饭。负责人是一位身材苗条的白人女士，长着一张慈祥的长脸，和其他几个义工一起站在大厅前面。和他们一起的还有几个身穿蓝衬衫的黑人，受雇担任保安。当我到达时，大多数来吃饭的人已经就座。其他几个人在房间后面排队拿咖啡。我想和斯马卡坐在一起，但那张桌子已经坐满了。那位女负责人看到我在找座位，就把我领到了一间临时餐室，这是为迟来的人准备的。包括雷在内的其他几个人也来临时餐室，和我坐在一起。他们提供的早餐有奶酪通心粉、豆角、青豆、沙拉（主要由生菜组成）以及不太新鲜的甜饼和蛋糕。

　　吃完饭，我走进一个休息室，那里的人都在看电视。加洛韦联合卫理公会教堂还提供一些免费的衣服。所以，当人们在休息室里闲聊时，一听到叫自己的名字，就可以去取他们要的衣服。我在休息室遇到了威廉·蒙哥马利。他自称是"蒙哥马利牧师"，并坚持要我用这个头衔来称呼他。我们把咖啡倒满了，同时伸手去拿糖勺。

　　"你先拿吧，兄弟。"他用清脆的男中音说，犹如男星文·雷姆斯（Ving Rhames）的声音。

　　我回答说："哦，是我的不对，谢谢！"

　　"你最近好吗？我看到你常和我们在一起。"

　　我们一边呷着咖啡，一边聊了起来，一开始聊得很轻松，后来聊到不久前他开始流浪街头，语气便有些沉重。蒙哥马利牧师在杰克逊市出生和长大，但自1996年以来一直住在加利福尼亚州（以下简称"加州"）。[①]"我去了加州，嗯，很多密西西比人都去了加州，因为密西西比州的经济不行，赚不到钱。你知道，加州的生活成本高，但也有找到高薪工作的机会。"他告诉我他曾是一名住房建筑商。他在加州期间做分包

_____

① 蒙哥马利牧师的情况是结构性的力量如何导致无家可归的一个例子。学者通常将无家可归的原因归结为宏观经济条件，如住房紧缺（经济适用房供不应求），人口变化趋势（移民和家庭结构变化），公共政策转变（福利、心理健康、住房）和毒品流行（可卡因）等因素。

商。"我以前一个月能挣 9000 美元，不包括交税和其他费用，9000 美元是净收入。但是，你知道，房子不好卖，包工头亏了，就把中间商排挤出去了。而我就是中间商。包工头解雇了所有人，他现在大概是单干了。所以，我把我的小车和卡车都扔在那儿，两手空空回来了。"他已经返乡七个月了。[①]

蒙哥马利牧师问我："你今天走路吗？""是的，我要和你们一起走。"我回答。

"你把车停在哪儿了？"他已经注意到我是开车来的，尽管我尽量不让他们看到。

"在机会中心那边。"我回答说。

"我应该记得你叫什么，但还是再告诉我一次吧。"

"是彼科。"

"那你的专业又是什么？"

"社会学。"

"社会学，很好。我说，不用大脑思考是一种可怕的浪费。活在末世，我们需要多多用脑。"

密西西比州的冬天微风和煦。当我们走过史密斯公园和

---

① 近年来，关于哪一组因素最重要的争论逐渐减弱，并让位于对无家可归各种不幸因素的综合理解。其中一个论点是：结构性困难（失业或住房紧缺）引发个人问题（离婚或吸毒），这反过来又会造成危机状况并导致短暂的无家可归。另一种说法是过去的性虐待增加了人们吸毒的可能性，因而导致人们被心理健康医院收容，而出院后又无家可归。（具体讨论参见文末注释 8 的文献）

圣彼得大教堂时，教堂的钟声和鸟儿的啁啾声构成悦耳的背景音。我走在两个人中间：左边的托尼又瘦又高，戴着眼镜，走路时微微驼背。右边的蒙哥马利体格健壮，鞋袜齐整，连胡子都刮得干干净净。尽管他可能已经五十多岁了，但看上去像是个四十多岁的黑人。在我知道他的名字之前，我在笔记中称他为"整洁先生"。通过对他的观察，我改变了对无家可归者的片面看法。是的，有些人不修边幅，邋邋遢遢，但在他们当中，也有像蒙哥马利牧师这样整洁的人。

蒙哥马利牧师和托尼一边啃着他们从免费早餐中带走的甜饼，一边开始计划要去哪里吃午饭。

"你们都喜欢去哪里？传道所还是'炖菜锅'？"我问道。他们的回答告诉我们，在有限的选择范围内，他们是如何在两个收容所之间做出决定的。

"我整个星期都没去'炖菜锅'。"托尼回应道。他认为传道所的食物通常要比"炖菜锅"好一些。蒙哥马利牧师同意，但在他看来，不同之处在于怎么准备这些饭菜，而不是饭菜的实际味道。

"你看，唯一不同的是传道所的饭菜是热的，而'炖菜锅'是凉的。因为'炖菜锅'早就把一盘一盘的饭菜都准备好了，而且他们……"

"而且他们还要祈祷……"托尼插嘴道。

"不不，问题是他们在祈祷前还要先说话。"他肯定地说，然后开始模仿主持"炖菜锅"午餐项目的牧师，用洪亮的声音说教。他模仿得惟妙惟肖，我们都笑翻了。

在我们前头的那条街上，也就是国会街，我们看到一辆第12频道的新闻采访车停在街边。

"那是新闻记者。我要上新闻，我有话要对他们说。"蒙哥马利牧师说道。

"你要对他们说什么呢？"我问道。

"我要上新闻，向全市宣布我需要一份工作。"我们又开始大笑起来。"城市在发展，密西西比州在发展，但墨西哥人抢走了所有的工作。我的意思是我有客户，我只需要耐心等待他们拿到钱，就可以开工，但不能老这么干等着。我现在在我表弟那边的店帮忙，我要帮他扩大店面。这就是我一直在做的，我昨天还在那儿呢。"

我不禁想起社会学家埃德娜·博纳奇（Edna Bonacich）的劳动力市场分割理论。她认为种族群体之间的紧张关系，是由雇用其中一个群体使得劳动力成本降低，就业机会减少造成的。但是，拉丁裔仅占密西西比州人口的2.9%。也许蒙哥马利牧师只是随波逐流，人云亦云，相信他的饭碗真的被拉丁裔给抢走了。

在我们交谈的时候，托尼一直一言不发，但他似乎很关心我们在谈论什么。

"那么，社会学是什么？那是什么样的行当？靠什么赚钱？"蒙哥马利牧师问道。

我解释说，大多数社会学家在大学里教书、写论文。

"好啊，这很好。我们每个人都有一个使命，无论这个使命是什么。而我就是一个木匠，我的父亲也是木匠，就像耶稣一样。我就在耶稣身边当牧师。"他告诉我们，他跟他父亲学木工，读六年级时，还上了木工课。有个木工课老师，曾在每张课桌上放一张 100 美元的钞票，教导他们当木匠也可以赚不少钱，他自己就当木匠赚过钱。

他想多打工，但收容所的日程安排限制了他的打工时间。"我表弟要我过去，帮他装修两堵墙……我其实今天可以去，不过时间不允许。你看，一旦我到了那里，我就得一直看表，明白我在说什么吗？我是说我得及时赶回来办理入住手续，搞个床位，以及诸如此类的事。"

收容所的开放时间影响就业。对于像蒙哥马利牧师这样的过渡性无家可归者，以及那些努力争取恢复正常生活的人来说，影响尤其明显。他还没有完全接受无家可归的现实，所以他尽可能安排好时间，努力摆脱困境。不幸的是，他的努力与无家可归者的生存方式相冲突。他的安排反而影响了无家可归者的日常需要，使生活难上加难。这种冲突对刚陷入无家可归的人来说最为显著。

当我们的话题转到收容所时，我们谈到了收容所的规章制度。当时，两个主要的流浪者收容所允许他们每月分别住几天。蒙哥马利牧师解释说："你可以安排开，在一个地方住几天或一周，然后去另一个地方，但你必须同两个地方都打交道。"

"那么，你住在哪个收容所？"

他说，他喜欢住布道所而不喜欢住男子收容所。"布道所比较好，可以坐在教堂里吃饭，虽然不能在后面吃，但还是可以在教堂里吃，也可以出来透透气。在男子收容所这也不行，那也不行，什么也不能做，像囚犯一样。六点钟必须准时到那儿，迟一分钟也不行。然后睡觉，看电视，现在的男子收容所就这样。你得把自己所有的东西都放在一个小储物柜里，一件也不让带进去，你还得把手机之类的东西都关掉。"又走了几步，他才让原本没有多说的托尼谈谈自己的教训，也就是不遵守规则的后果。"他可以告诉你他的经历，他经历过许多。说说有关甜饼的事吧。"他笑着说。

"我不想谈那件事。"托尼喃喃道。他直视着前方，没有笑。

"整整 60 天。"蒙哥马利牧师补充说。

"60 天？发生了什么？"我试探了一下，但托尼不愿说什么。

原来，托尼就因为从吃饭的地方拿了三块甜饼到睡觉的地方，被男子收容所拒之门外 60 天。

"哥们儿，他非常气恼，甚至不想谈起这件事。"蒙哥马利牧师继续说下去。"只能一笑置之了。总之，要等 60 天，才能回到那里。"

托尼终于开腔了："没有床睡觉，什么都没有。过几天布道所也不能住了，我得想办法，比如睡在桥下或随便什么地方。"他告诉我们他确实拿了甜饼，但他不会晚上在床上吃。他本打算在第二天早上去机会中心的路上吃。"我们总是无理，哥们儿。"他抱怨道。我们到达了机会中心。"这里也一样，为一些鸡毛蒜皮的事，就可以把你弄走。"

除了遵守救助服务机构的开放时间及其他规章制度，接受无家可归的社会身份可以使这些人更好地生存。从一方面来说，接受这一身份，比较容易习惯流浪生活。但是从另一方面来说，这样就得不到一些资源，而这些资源可能在脱离流浪生活以后有用。除了失去与家庭成员和有固定住所的其他人的联系外，他们还可能失去原有的技能。拥有街头智慧使无家可归者更容易生存，但也使得摆脱流浪生活的愿望更难实现。

此外，要在流浪中生存，无家可归者采用各种策略来证明和接受他们极度贫困的状态，学者们称之为"说明身份"。一天下午，我和一个名叫查尔斯（Charles）的中年流浪汉在一起时，观察到了这一点。他严格按照生存规律安排自己的一天。通过他给我讲的故事，尤其是这一节最后的长篇独白，我们能看出接受无家可归的事实是多么困难。正如查尔斯所说的那样，长期无家可归的人，并没有完全认识到无家可归的本质，甚至认为流浪是替代安置的一个不错的选择。可悲的是，维持无家可归的状况比摆脱它更容易，所以他们开始接受无家可归的状态。

我们坐在机会中心外面的长椅上，看着卡车停下来接人去打工。当一辆红色的福特皮卡停下来时，开车的人问我是不是有人已经上了车。

"是的，有几个人上车了。"我回答道。

"他们……只能赚五六块钱。"他不屑一顾地说。

"那这是怎么回事？他们就这样来把人带走？"

"是啊，差不多。"

我问他一天下来能拿到几块钱。

"一些人赚了20块钱，可是雇主让这些笨蛋干到天黑。"

因为大多数无家可归者受教育程度低，工作技能差，工作经历断断续续，他们的就业面临许多障碍。除了这些不利因素外，交通不便、衣衫不整、信息闭塞，也使他们难以找到工作。尽管遭受这些挫折，他们还是找到了活干，不过那都是些以日计的短工，无账可查，更谈不上保护他们免受虐待和剥削。这些雇主利用他们的处境和急切找工作的心理，给的工钱很低，工作时间没有规律，劳动条件也很恶劣。在一项研究中，雇工报告说，雇主报的工资往往比较高，但在扣除各种成本（如交通费）后，他们支付的工资就少得可怜。有的说，一天工作14小时仅赚30美元，每小时只有2.15美元。出于这些原因，许多人更喜欢另类的赚钱方式，如乞讨、拾荒或卖血。

"我的朋友昨天找不到我，"查尔斯说的是一个和他一起打工的工友，"他说他可能会在星期天来接我，不然肯定就在星期一来接我，帮我找点活干。"

大清早那波赶工潮，到了半晌午逐渐回落。想要打工的人都去打工了，剩下的是当天不想干活的和那些被老板放鸽子的人。那些没去打工的人中，很多人在忙着证明自己的身份。他们参与了一系列活动，"创造、呈现并保持他们的身份，使这一身份能自圆其说"。①在这些策略中，我最关心的是身份说明。②从其他对无家可归者日常生活的研究中，我们知道无家可归者经常谈论他们的生活，尤其是他们流浪前的生活，以及他们如何看待自己的社会地位。在这些谈论中，有的把自己和其他流浪者区分开，有的则自愿接受这种状态，有的还常常虚构和美化自己的过去。

　　查尔斯在谈论自己的身份时，捎带上他的所见所闻，夹叙夹议。其中一些议论，有褒有贬，矛头直指"机会中心"的管理人员，有些则是对过往行人的评头论足。街谈巷议，小道消息，他无所不知，如谁领了社会保险金，谁回家和家人待上一两天之类的事情。因为我们看起来好像一时半会儿还不会走开，所以有几个人把包交给我们看管，然后跑去街角商店买香烟。这时，查尔斯看到一男一女从我们前面的人行道走过去。那个女人是白人，因为我们在几个施粥所都碰到过他们，所以

①　根据斯诺和安德森（1987）的观点，个人身份是指"行动者赋予自己的意义"，不同于社会身份。社会身份是"把他人作为社会客体，将其置于某一个位置，赋予其身份"。自我概念是"一个人对自己的总体看法或印象。"斯诺和安德森：《无家可归者的身份和工作》（*Identity Work Among the Homeless*），第1347-1348页。

②　斯诺和安德森确定了身份工作的以下要素：①获取或安排背景和道具；②美容或个人仪表；③有选择地与他人和群体建立关系；④语言构建及宣称个人身份。

知道他们也是无家可归的。他示意我注意他们，开始议论起那个女人。看到她在大街上流浪，他似乎既惊讶又厌恶。我不明白他为何反感，但没等我问他，他先说开了。

"你看像密西西比州这样的南部地区，一个白人女性也会落到这个地步，哥们儿，当你看到一个白人女孩和那样的黑人在一起，她的家人根本不想和她扯上关系。她是个下贱的坏女人。"他说话的口气听起来不像是针对跨种族男女之间的交往，而是针对那些无家可归的白人。他又讲了一个简短的故事。有个白人问他，在哪里可以找到可以住的废弃房屋。他同样对此感到不可思议。

"他们也是低端人口，可是在低端人口中我还比他们高一等，我头等，他们二等。"我对他的分类言论，一笑置之。

"他们本来是头等公民，现在沦落得不能再沦落了。你不是白人吗？你就这样流落街头？狗屁！白人有的是钱。我是说，黑人也有富的，只是很少。但有一点，哥们儿，白人会互相撑腰。你知道吗？"

"我知道。"

"大多数白人都有钱。但是黑人中很少有有钱人。白人不会帮你，他们只帮自己人。但是，他们沦落到底层了。她和我都像沉船一样被毁了，沉到最底层了，我管这样的人叫'拖车上的垃圾'。你从来没有蹲过监狱或被关押过，对吧？"

我摇摇头。

为了不让旁人听到，他刻意压低了声音："如果你在监狱里，看到白人，那混蛋就是拖车上的垃圾，一个低等白人，"他停顿片刻，又补充道，"我会拿把油漆喷枪，将他们漆成黑的。"

我忍不住又笑了，不过因为不知道该对他的谈论说什么好，我笑得不太自然。他又继续往下说，议论一辆从我们前边飞驰而过的汽车。但是，我的思绪还停留在他关于白人和无家可归者的评论上。这个现象，我们可以用两种方式来解释。我的一种理解是，他认为白人不该像他那样，流浪街头。我觉得，其中一个原因，其实是谁占据街头的问题。大多数无家可归者都是黑人，所以他们露宿的空间也被种族化了。这些空间，就像其他在美国生存的空间一样，比如一些理发店、美容店或教堂，白人在这些地方的存在，就被看成是侵占了他们的地盘。

另一种解读是，在大众的印象中，白人的生活就应该过得比黑人好。这一直困扰着我们的思维，反映了种族主义和心理创伤。在查尔斯看来，如果白人拥有种种特权，他们的生活，又怎么可能会和他这样一个密西西比黑人一样呢？对他来说，他的命运（无家可归）已经不幸地由他的种族身份（黑人身份）所注定了。他承认这一点，并在某种程度上接受自己的命运。那么白人又有什么理由流浪呢？街头不属于他们，所以一旦他们沦落至此，那他们不过是些"二等的底层人"。

在杰克逊市无家可归者的圈子里，还有其他一些关于种族问题的见解。除了查尔斯的看法，我还注意到，有些黑人觉得流浪的白人往往很傲慢。一天早上，五六个人围着比利，对一件事议论纷纷。这些人要么在互相补充事情的经过，要么是想听听事情的细节。黑仔像是个知情者，他说他目睹了一切，便跟大家讲了这件事的来龙去脉。据他说，一个叫旺达的中年白人女子和一个叫里娜的年轻黑人女子打了一架。打架的导火索是争夺机会中心外面水泥地的睡觉空间。结果，因为里娜有男朋友助威，占了上风。黑仔觉得，旺达被"无缘无故"殴打，只不过因为她"是一个白人老太太"。他一再强调："不能那样干，不能因为她是个白人老太太就打她。"

在一旁听的人，基本赞同他的看法，但也有一些保留。他们都同意打人是不对的，但也知道，旺达经常带着优越感在机会中心走来走去。在他们看来，旺达和少数白人即使在穷困潦倒的时候，仍然认为自己的白人身份具有优势。他们这样做，可以赢得救助服务机构更多的同情。尽管打架的事发生在前一天晚上 11 点，在那天早上办理入住手续时，后果就显现出来了。看上去筋疲力尽、伤痕累累的旺达博得了比利的怜悯，马上就被中心收容了。里娜则被拒之门外，不得不等待中心主任来决定她的去留。因此，尽管查尔斯将无家可归的白人视为"头等的底层人"，但白人毕竟是白人。

当我回过神来听查尔斯的评论时，他正在谈要去哪儿吃饭呢，是该吃午饭的时候了。

"快 11 点了，"他宣布，"该是觅食的时候了。"

"你要去那儿吗？"我指的是"炖菜锅"。

"去，我可能会去。"他还没想好去"炖菜锅"还是去布道所。那天还有第三种选择：贝利大道上的一座教堂提供午餐。当他意识到今天是星期五，"炖菜锅"有炸鲶鱼时，就不难做出选择了。凡是去那儿吃饭的人，都知道只有星期五才有炸鱼吃。

吃完饭，查尔斯和我回到了我们原来坐的地方。这时，有个熟人走了过来，我们问他为什么没去"炖菜锅"吃午饭。他说，像往常一样，他去了布道所，我们问他那儿都有些什么吃的。

"有红豆和米饭。"他说。

查尔斯意识到自己选对了，开心地笑了。我们告诉他"炖菜锅"有炸鲶鱼。

"该死的。"他懊悔道。我们故意吹嘘说鲶鱼块很大，分量也很足，让他后悔不迭。

我安慰他说："即便只是吃豆子也不错。"

查尔斯赞同道："是的，他们的烤豆很好吃。烤豆和沙拉都不错。"

那家伙走后，查尔斯回忆起他来杰克逊市之前的往事。

"我当过厨师，做素菜，学当主厨。我过去在自助餐厅工作，一天要煮35样东西。凭着这些经验，我去了就业公司，他们把我安排到亚特兰大。"后来，查尔斯在肯塔基州摩根菲尔德的就业公司工作。坐在我们附近的一个人也曾去过就业公司，他也和我们聊了起来。还有一个与查尔斯在同一分公司（摩根菲尔德）的人，一听到我们说就业公司，也凑了过来。

虽然这类回忆往往会被过度美化，却是一种表明身份的常见策略。

"哥们儿，我喜欢那个地方。我恨自己给搞砸了，我说的是我把好事给搞砸了。那儿室内有游泳池，室外也有游泳池，有好几个台球厅，还有网球场、高尔夫球场，像是五角大楼。"查尔斯越说越带劲，可以看得出来，他对那个地方还是相当怀念的。另一个人也激动地点着头，表示查尔斯说的一点儿也没错，并说，他在那里待了两年，学会了砖瓦技术，而且干砖瓦匠已经二十年了。谈起就业公司，他的感激之情溢于言表，而查尔斯的怀念还带着几分遗憾。

"我一开始是做焊接的，后来转去做机械师，再后来就学起烹饪了。就在那时，他们把我安排到了亚特兰大，然后我因为想家，就回家去了，不过，我挺喜欢那个地方，那地方非常大，不是吗？"另外两人都点头附和。"我住在 13-40 号房间，我还记得那片宿舍区，我住的宿舍在 B 区，有 50 来个人住在那儿。哥们儿，我忒稀罕那地方，恨不得我现在就在那里。"

三人又聊了一会，聊平时是怎么花钱的，怎么度假的，还有那个地方的一些规章制度。很显然，在花钱和追女人数目的细节上，他们是吹嘘过头了些，但我们作为听众，听听就是了。

"结业时，"查尔斯补充道，"他们还举行结业典礼，一切都搞得很隆重。我们抛帽子，还有很多活动，庆祝结业。哥们儿，我喜欢那个地方，可是我搞砸了，我搞砸了。"他的这个结论一方面是割舍自己的过去，另一方面也是接受他目前的生活处境。

"每个人都想快点长大。只要还是个人，世界上没有一个人不这样说的。就像我说的那样，我多么盼望赶快长大。可我在那个倒霉的高二就辍学了。我也不想回家了。我退学后，读了一些校外的高中同等课程，也没有得到毕业证，但我根本不在乎。我一再自暴自弃，放弃一切，哥们儿。我说，去他的，我只想赚钱。我只是想要有新衣服穿，有一大堆新衣服穿。"

说起自己的憾事，查尔斯显得有些尴尬，但他还是说了下去。每当他情绪激动起来时，他就会说些打趣的话，大多是些黄色笑话，让气氛轻松一些，让我们笑个不停。在他接下来的独白中，他没有再打探别人的事，也没有理会任何打断他的话语。

"你看，我总是在街上乱跑。真的，我喜欢城市生活。我只是在这些倒霉的事情上走错了方向。我应该坐在课桌前读书。我从监狱出来的时候，曾做些工来偿还旧债，每两周能赚442美元。我曾经卖过挂在灯柱上的东西，电线、灯泡，什么都卖。我以前在南州街的一个地方工作。他们雇用我当临时工，但我的药检没通过，很快就失业了。其实，我已经学会了如何做这份活，如何收货、卸货、整理货物，后来他们还派我去送货。可是，当电脑传回我的药检报告时，显示的结果比那辆该死的红卡车还红。他们说：'你这家伙，给你30分钟，马上离开我们的地盘。'那天天气很好，但倒霉从此开始了，天啊，我永远也忘不了，这么好的一天，我一走到街上就下起了倾盆大雨。苍天做证，我永远不会忘记这一天。我又上瘾了，对一种东西欲罢不能，又喝又抽那玩意。我为什么要骗你？我是个瘾君子，我不说谎。我现在就需要，你能给我吗？我还贩卖那种东西，这就是为什么我会坐牢。你知道，我得尝试，尝试一下样品。我没说假话，也不因干这些勾当感到羞耻。我为什么要骗你？被你这混蛋说对了，我妈知道了我的所作所为，兄弟姐妹也都知道了，所以我无法面对他们。你知道，这是耻辱，家族的奇耻大辱。"

他继续说道："我多次想要痛改前非。但我想，能改变我的唯一办法就是一死了之，真的，哥们儿。当然，肯定有更实在的东西，我是说有很多很多钱，一大堆钱。除此之外，我觉得我已深陷其中了。这就像在一场篮球比赛中，我犯规出局了，所以我只能看着等比赛结束。这就是我现在的生活。我被逐出场了。我想是撒旦在拉我。他抓住了我的脚趾不放，我感觉到，他抓着我的一个脚趾，我看不见，哥们儿，看不见，我什么也看不见。我只是告诉你一个赤裸裸的事实，但我就是什么也看不清。这真的，真的太难了，哥们儿，吃点老鼠药就一了百了了。"

当无家可归的人落到像查尔斯这样的田地，当他们接受了陷入困境的现实时，他们就既有街头求生的本事，又往往在绝望中挣扎。

第 5 章
午后与夜晚

一天黄昏，查尔斯在机会中心的停车场看到我，便问我去哪儿了。

"哥们儿，我一直在附近转。我一大早过来时，你还在睡觉呢。"我回答说。

他出来扔垃圾，之后帮助工人清扫机会中心。如果他帮忙打扫卫生，工人在领工资时，会给他几块钱作为报酬。我问他："你待会儿做什么？"

"回我的老窝。"他说的老窝就是附近的一栋废弃楼房。他在那儿过夜，而不喜欢在收容所睡觉。

接着，他问我："那你去哪儿呢？"

我回答说："你去哪儿我就跟你去哪儿。"

"那好吧，哥们儿，我要去布道所吃饭，然后出去逛逛。"他补充说，他要去的地方，人们抽烟酗酒，不安全。

"你以为我不敢去吗？"

他没有回答我，只是笑了笑。我觉得他不想让我跟着他，但我说我跟定他了。机会中心主任于下午 4 点 30 分宣布，要清场了。我和查尔斯离开了那儿，我问他为什么不在机会中心过夜。他解释说他不喜欢这个地方的条条框框，而且觉得那里的负责人粗暴无礼。所以，为了摆脱他们的刁难，他宁可到外面过夜。当我们经过一栋办公大楼时，他告诉我过去他常睡在那儿的走廊上，但后来被警察发现并被强行带离，就再也没去了。所以现在他大部分时间都窝在门窗钉满木板的废弃楼房里。

查尔斯和我认识的其他无家可归者，并不总是逆来顺受地遵守规章制度。他们有时抵制，有时明知故犯。他们生活在矛盾中，一方面循规蹈矩以求生存，另一方面冒着风险挑战这些规矩。他们要学会走钢丝，为了生存不得不顺从，为了尊严又必须抵制救助服务机构的不合理要求。即使像查尔斯这样的人，虽然我把他归类为已经接受了现实的人，偶尔也会拒绝救助服务机构的施舍。

我们打算去公交车站逛逛，我刚和斯马卡在那儿待了好一会儿，等着吃布道所的晚餐。他们常去公交车站打发时间。我们到了车站后，遇到了机会中心的那帮人。拉里和L.J.拉里忘了我是来这儿做调研的，问我晚上在哪里过夜。我顺着他话，说我想去流浪汉收容所。

"收容所和布道所在同一条街上，所以来和我们一起吃饭吧。"L.J.拉里提议，我也赞成。

他们对机会中心的新规定很失望。像拉里、L.J.拉里和查尔斯这样不服从规定并拒绝在收容所过夜的人，以前可以睡在机会中心外的混凝土地板上。但是，自旺达和里娜打架后，他们定了新规矩，收容所不许他们睡在那儿了。新规定就是打架的后果。对她俩打架的事他们其实不太在乎，但少了个可以睡觉的固定地方让他们很是恼火。

正说话间，一辆浅绿色的面包车违规开进公交车站，查尔斯、拉里和 L.J. 拉里都起身朝那辆车走去。他们认识开车的女士，她是给大伙儿送食物来的。他们认得那辆车以及类似这样的车，这些车开往城里的各个角落，把食物分发给无家可归的人。这些行善者知道在何时何地找到流浪的人。学会识别这些车辆，也是适应无家可归生活的一部分。那位女士递给大家几个装着食物的纸袋，每袋有一个三明治、一包薯条、一块甜饼和一瓶水。查尔斯最先取出三明治，拆开包装纸，想看看两片白面包之间夹了什么。

"博洛尼亚！又是博洛尼亚香肠片。"他失望地喊道。他叹了口气，提醒自己在吃的方面别无选择。但是，有限的选择并不意味着全然束手无策。

他重新把三明治夹好，咬了一口，然后打开水瓶喝水，我则先打开甜饼的包装。我和查尔斯坐在一张长凳上，把食物袋放在腿上，就开吃了。站着的拉里和 L.J. 拉里一手拿着袋子，一手拿着三明治吃。拉里不吃甜饼，所以他把甜饼给了我。我回送了他博洛尼亚三明治。查尔斯拿走了 L.J. 拉里的薯片。他吃了一口三明治，就不想再吃了，把剩下的掰成小块喂鸟儿。

除了收容所和零散的行善者，有组织的团体（尤其是教堂）还定期为无家可归的人提供食物，通常是每周一次，一般在星期二晚上或星期六下午。星期天，几个教会团体会来机会中心接人，带他们去主日学校或教堂作礼拜，然后招待他们吃饭。这些不同团体的援助没有被统一协调。因此，有些天可能有两三个团体凑在同一天提供食物，而有些天则什么也没有。所以碰到提供食物的那一天，他们就尽可能多吃一些，并顺便带走一些。九月有一天就是这样。

我在下午三点左右来到机会中心，除机会中心主任希瑟·艾弗里和几名工作人员外，其他人都还没来。三名白人妇女来这儿捐赠一些如肥皂、洗发水和牙膏之类的日常用品，她们还帮忙洗了衣服（图 5.1）。希瑟和她们聊了一会儿，她们走后，希瑟显得有些不太高兴。对来机会中心捐赠的人，她总是热情欢迎，但因为有些人捐赠是为了抬高自己，而不是真的行善，所以希瑟对这样的人没什么好感。这几个人惹得希瑟不开心，是因为她们似乎太热衷于站在自己的捐赠品旁拍照。机会中心的工作人员补充说，她们当中有个人简直目中无人，进来时连个招呼也不打，这几位捐赠者都是白人，无非是想在无家可归的黑人面前显得高人一等。

有个工作人员说："我真想打她一巴掌。"

"那我就抱住她的头让你打。"另一个附和着说。

"哦，走吧，大伙儿别再疯了，"希瑟说，"走，我们到公园去。"

这是第六届年度无家可归者联谊周的第二天，公园里举行了一场音乐会。一到街对面的波因德克斯特公园，我就遇到了

图 5.1　志愿者在机会中心发瓶装水

流浪汉马修。马修和我不太熟，但我们相互认识。他一看到希瑟，就立即开始跟她解释一些事。

"我没有打他，他毫发未伤，但他告我的状，说我每次都扑到他身上。他身上真的连个疙瘩都没有。"

希瑟知道马修在说些什么，可是我听得一头雾水。

"他说的是那个手上总是拎着东西的白人。他通常穿着得体，在电视台工作，或者以前在电视台工作。"希瑟向我解释道。

"大块头，大肚皮的那个？"我想弄清楚。

"是啊，就是那个自以为比什么人都强的混蛋。"马修的话引得大家都笑了，但马修自己却笑不起来。

"他的态度有问题，"希瑟同意马修的看法，"他自以为比谁都好。他带着一种傲慢的态度来我们中心。他老抱怨：'让我先进去，为什么这要等这么久呀？'或者诸如此类的。"这一副趾高气扬的白人优越感，即使无家可归也挥之不去。"前段时间，在'炖菜锅'，他仍不可一世的样子，马修看不下去，推了他一把。'炖菜锅'的总负责人就当众下禁令，马修不但不能再来'炖菜锅'吃饭，所有'炖菜锅'所属的救助站都不准马修进去。"不仅如此，就连收容所和机会中心，他也不能踏进半步。希瑟说这件事的经过时，马修也很注意听，似乎对她的叙述没有异议。他推白人是一种反抗，是对白人的挑战。

"不过，话说回来，马修当时喝醉了，所以当他们喊他'快停手，不然立马走人'的时候，他的老毛病又犯了，借着酒醉，为所欲为，把事情弄得更糟。"

我问他："哦，哥们儿，那你怎么填饱肚子？"我知道违规的部分后果是限制他获得食物。

"你知道我是怎么做的吗？我先去加洛韦吃早饭，然后去布道所吃午饭，饿不死我的。"

"实际上，他喝了很多酒。"希瑟与大多数来机会中心的人关系不错，因此她能够谈论他们的所作所为。大部分人尊重她，知道她为帮助无家可归者付出的努力。但是，有一些人（尤其是那些经常和她闹情绪的人）不喜欢她，断定她也是个白人种族主义者。

"他得到了一笔意外之财。其实这事我早就知道，他还以为我被蒙在鼓里，"希瑟继续向我谈起马修，马修站在一旁听着，"他意外得到了一张支票，整个周末都和那帮狐朋狗友在外面喝酒，喝得酩酊大醉。然后全吐出来了，昨天早上他在汽车站都快站不起来了。他最近就这样一直以酒度日。"

我在一旁插嘴道："你看，马修，希瑟女士什么都知道。"

也许希瑟说的一点不假，马修尴尬地站在那里，沉默不语。

"我爱你，马修。"希瑟说，可能觉得自己管得太宽了。

"我也爱你，希瑟女士，"马修回应她微妙的道歉，"你和孩子怎么样了？"他问道。

"我很好，我们都很好。那张支票现在花光了，对吧？那不是张六千美元的支票吗？"

"我希望有那么多。要是真有那么多的话，我就请你去吃饭。"

"那是多少钱呢？"希瑟问道。

"我没钱了，我也不需要钱喝酒了。别听他们瞎说，你看，你看，不管别人说什么，你们都信以为真。"

"很多人的话我也不信啊。"她反驳道。

"可一听我有六千美元，你就信了。"马修不示弱。

"不过，他们对你下的那些禁令也太狠了。"我也掺和进来。

希瑟说道："你推了个白人。"她知道这个世界不是色盲，正因为这样，作为一名白人女性，她维护了这些黑人，也得到了他们的信任。她很清楚，根据密西西比州的种族潜规则，推人一把是一回事；在有权势的白人面前，推一个白人又是另一回事，是更严重的冒犯。"他被无限期拒之门外了。我告诉马修，让他冷静下来，然后我们陪他去道歉，把这件事解决了。"马修摇摇头，不赞成这个建议。不管是救助机构还是种族主义，他绝不屈服于这样的势力，他宁可承担后果。他走了。

一阵歌声从波因德克斯特公园中心的凉亭里传来，吸引了我们，于是我们过去观看。一群无家可归的男女正在演唱，唱的主要是赞美诗和圣歌。演唱之后，那些上节目的人都收拾东西，离开了表演场地。许多无家可归的人聚集在公园四周。除了日间收容所之外，公园是他们的另一个去处，他们可以在那里好好打发吃饭前后的时间。[1] 有人告诉我，公园派出所就在附近，但只要善于打掩护，这地方也是他们白天抽烟喝酒的去处。

由于被机会中心拒之门外两周，卡尔（Carl）就暂且以公园为家。他因无视禁止在公司走廊过夜的规定而惹上麻烦。他是知道有这一规定的，但他解释说，"我原来睡在附近一栋废弃的建筑里，可是那地方蚊子太多了，所以我就去走廊过夜。"他是明知故犯，但令他不服气的是，和他一起在走廊上过夜的还有另一个人，可是这人一点事儿也没有。那天我遇到他时，两周的禁令还没结束。

我们坐在长椅上。卡尔他们就是在这儿消磨时间的。有人向卡尔赊了两支烟。卡尔的新"黑市交易"是先买一包烟，然后以每支五毛钱卖出去。这只不过是挣钱的一种花样，不过相当有创意。一些流浪汉，为了赚点零用钱，不得不暗地里兜售点儿什么。这不，又有一个家伙，过来砍价买香烟。他其实一分钱也没有，就用公交卡换了两支烟。他和卡尔都心知肚明，那张公交卡不止值一美元，但他烟瘾犯了实在难熬。

一些大学生会带着食物来公园，卡尔那帮人正在等他们。已经四点左右了，他们不知道是该等大学生给他们带食物，还

---

[1] 无家可归者还有一个避难所是公共图书馆。事实上，一些州（加利福尼亚州、明尼苏达州、伊利诺伊州）的公共图书馆已经开始增加专门针对经常光顾其分支机构的无家可归者的服务。

是去收容所排队等床位，所以有几个人就吵了起来。他们到收容所也有饭吃，但吃点学生带来的东西可以换换口味。有两小群人打算留下，想走的也有两小群。那些等待的人大部分时间都在大声喧笑。即使生活在水深火热之中，他们也常常放声大笑。他们讲的笑话大都针对一个叫勒罗伊的流浪汉。他坐在公园另一头，正和女朋友吵得不可开交。让我们感到好笑的是，他们两个来来回回，互相破口大骂。

下午四点半，他们等的那些密西西比学院的学生，开着一辆小货车来了。他们从自助餐厅拿来一些剩菜剩饭。密西西比学院是一所保守的基督教学院，我想他们之所以来公园行善是因为他们的信仰。他们来是为了帮助那些"一无所有"的人。来吃饭的人在吃饭前必须听一段简短的布道和祈祷，这也算是一种常见的妥协办法。一开始，公园里只有我们十几个人，但在学生们到达大约15分钟后，人数增加了两倍。而且，刚来的人并不一定无家可归。老奶奶、年轻的母亲和孩子，都从附近的社区涌进来吃东西。公园周围的社区也许是这个城市最贫困的地区。根据人口普查，这个社区共有居民501人（98%为黑人或非裔美国人），家庭年收入的中位数为14459美元，近70%的居民生活在贫困线以下。

送来饭菜的学生，有两名女生和一名男生，都是白人。他们从卡车上卸下食物，他们边准备，大家边排好队。他们吩咐大家"女士优先"。开饭之前，那位看似是领头的年轻人开始布道。他是一个帅气的小伙子，想想贾斯汀·汀布莱克（Justin

Timberlake）就可以猜出他有多帅。他似乎很乐意与有色人种的穷人相处并与他们互动。小伙子叫 J.T.，已经来过公园好几次，所以他认识这儿的人。他向大家询问家庭情况，问他们过得好不好，大多数人都回答说过得还不错。

"咱们都来思考一个问题吧！"小伙子站在他们卡车的后斗上，居高临下看着我们。他说话带着淡淡的南方口音。

"不能给我们太难的问题。"有人开玩笑地喊道。

"哪能呢，哪能呢？"他也开玩笑说，"有多少人希望日子安宁？"他的听众不是很配合，因为他们知道他常说些漂亮话作为讲道的开场白。

"我们许多人都想得到安宁。他们想要得到安宁，但不知道如何才能得到。所以，很多人虽然想要安宁，但他们会用一些东西来填补心灵的空虚。这些可以是行为，也可以是物质，比如酒精。"我故意回避他，好让他注意到我周围的人。他们都在听，但我看到他们翻着白眼，低着头议论着什么，我感觉到他们在生气。但为了拿到吃的，他们勉强听着。

"人们想尽办法来获得安宁，因为按照《圣经》的意思，这世上似乎没有什么能让我们的灵魂满足。我们现在的处境很糟糕，但我们有福音。现在就有一种方法可以让我通过上帝的灵魂获得安宁。耶稣说，若有人渴了，可以到我这里来喝。你们有多少人想喝点什么？"

没有人回应。站在我前面的一位女士喃喃地说，"他在说什么呢？如果你穷得揭不开锅，哪来的安宁？所以，他在放什么屁呢？"她的声音小得只有我能听见，演讲的人当然听不见，也没有打扰秩序，但这是她微妙的抵抗形式。

"你想喝酒，酒让你觉得一时痛快，然后呢？" J.T. 问道。

卡尔回答说："然后反而让你觉得非常糟糕。"他曾经告诉我，要吃这些人带来的食物，该附和他们就附和他们。这是满足他们的一种方式，也是与他们打交道的一种方法。

"所以，酒精又让你觉得很糟糕，" J.T. 继续说道，"但过后你又想喝，就这样喝了又戒，戒了又喝，但耶稣说了什么？他说，'口渴的人，让他们到我这里来喝吧。'"下面的声音越来越大。他感觉到听众不耐烦了，就草草收场。

"我们来这里是为了与上帝建立关系，所以在我们与耶稣建立关系之前，我们永远找不到修复我们心魂的源泉。只有在主那里寻求，我们才能最终得到安宁。我很高兴我找到了主。"他可能期待一阵热烈的掌声，但没有人给他鼓掌。相反，大家都排好队，等候领取食物。

长期以来，宗教团体一直为无家可归者提供救助服务。这些服务可分为两种，一种是具有针对性的服务，也就是说这样的服务力求满足无家可归者的迫切需求。另一种是，带有修复性目的的服务，旨在彻底改变无家可归者的人生。对于这两类服务的提供者，特别是以实现信仰使命为目的的提供者，信仰如何影响他们提供的服务呢？无家可归者在接受他们的帮助时，该如何看待和响应他们传播的信仰？一项寻求这些问题答案的研究发现，对于许多服务提供者，尤其是那些以修复人生为目的的提供者来说，通过为无家可归者提供食物，可以实现更为重要的目标，那就是让无家可归的人成为忠实教徒，这样才能真正拯救他们。但是，无家可归者往往更在意这些服务是否能针对性地满足他们的需求。他们发现在服务中融入宗教成分反而碍手碍脚，有时还与他们自己的信仰格格不入。公园里大学生的服务程序，正好给这项研究的论点提供了论据。他们先布道，然后祈祷，最后才分发他们带来的食物。

他们带来了烤鸡、米饭和青豆（有时也带来包装印有《圣经》经文的三明治，见图 5.2）。两个白人女孩为我们盛饭菜，她们很友好，和每一个排队的人打招呼，和大家打成一片，并且热情地尽量满足每个人的要求。站在我前面的妇女为自己和跟她来的每个孩子都盛了饭菜。有些人甚至用盘子为今天没能来公园的家人装了一些吃的。虽然排在后面的人不免抱怨，但志愿者们向他们保证，今天的饭菜够每个人吃。我前面还有一个小伙子，很客气地问她们能不能多加点青豆来代替米饭，我也跟着他多要了点青豆。我们坐在长凳上，用一次性塑料刀叉和纸盘吃了起来。我们把盘子放在大腿上，狼吞虎咽地吃着。在这儿，吃饭不是社交活动，而是社交活动的间歇。

传道的白人小伙子 J.T. 转了一圈和大伙打招呼，交谈，也在传福音。我和卡尔坐在一张长凳上，他过来坐在我们中间。因为我说话没带南方口音，他问我是哪儿的人，在杰克逊市做什么。我一边回答，一边想把卡尔拉过来，但卡尔心不在焉，没有像我希望的那样介入我们的谈话。我觉得他故意要与这个

图 5.2　一份包装上印有一句《圣经》经文的三明治

小伙子保持距离。卡尔必须听布道才有饭吃，但除此之外，卡尔不想再听别的了。卡尔知道说不定又要被说教一番。

又寒暄了几句，J.T. 突然问我想要过什么样的生活。

"哥们儿，我不太清楚，"我应付着，不是很想跟他交谈，"那你呢，你想要怎样的生活？"

这时，卡尔在悄悄地听我们的谈话。

J.T. 突然问道："你觉得你死后会发生什么呢？"

我没有预料到他会问这样的问题。"我认为我死后会发生什么呢？"我重复他的话，对这个问题觉得有些吃惊。

"我不知道啊，哥们儿。我只想弄清楚我在这世上会发生什么。那你呢，你觉得你死后会发生什么呢？"我反问他。

"我来告诉你会发生什么……"他又搬出他那一套老生常谈开始说教，激励人们信仰基督教。他把手机递给我，让我读上面的一段经文。等我读完后，他又把手机递给下一位，就这样一直传下去。我读了大约十节。当他讲解每一段经文时，我问了他更多有关信仰的问题。我原来不想和他打交道，现在既然聊起来了，我想弄明白为什么他会来公园给无家可归的人提供食物，了解一下他觉得这有什么成就感，以及根据他自己的判断是否达到目的。我这样打破砂锅问到底，可能有些唐突（而且，我承认有些自以为是），但我的目的是了解那些以修复人生为目标的服务提供者的潜在逻辑。

"那么，接受基督教，以不同的方式生活意味着什么？"

"问得好，彼科。让我告诉你它为你做了什么，以及接受它意味着什么。"

"不用的，告诉我接受它意味着什么就可以了。"

"好吧。"他又在手机上找到另一节经文，但这一节只是说光有信心，不付诸行动，是毫无价值的。

"你看，这不仅仅是一个智力问题。信仰本身没有任何意义，但是信仰给了我精神力量，让我过上了不一样的生活。"他说。

"是啊，这就是我想问你的，过上不一样的生活，到底是什么样子的？"我继续问他。

"这个问题又问得很好。这样吧，告诉我如果我答非所问，彼科。"他打开了另一节经文。我又问了一遍我的问题，他又打开另一节经文，然后我再次重复了我的问题。卡尔没有参与谈话，但他注意我们在说些什么。卡尔微笑着，我想卡尔在鼓励我提问。卡尔和其他来吃饭的人，可能不敢像我这样提问题，因为他们担心得不到他们所需的救助服务。

吃完饭，大多数人逐渐散去。与卡尔一样，其他的无家可归者也没和这些学生继续交谈。他们觉得，他们来吃饭，一开始很注意听讲，这已经付出了该付出的代价了。尽管如此，大学生还是找到了一些可以沟通的对象。我随意地瞥了一眼，看到那两个年轻的女大学生，正在和她们刚才招待饭菜的一些人交谈，大概也在向他们传教。这些大学生提供食物的做法，与那些想要带领大家到基督前去修复人生的人是一样的。与提供住宿的机构相比，他们与流浪者一对一的互动水平更高。我和那个年轻人的谈话就是这种互动。

"以不同的方式生活，意味着帮助他人，跟他们讲述耶稣的事迹。就像来到公园里，给人们提供食物，告诉他们有关耶稣的福音。"

"看起来你们只是想继续提供食物。你们都希望他们待在外头，这样下次你们来的时候，就可以找到他们，但人们可不想待在这里。"

他回答说："我想来找他们，这就是我来这里的原因。"

"是的，你想在这里给人们施舍。你希望他们待在外面，这样当你想行善的时候，你就可以过来给他们一些吃的。"这也是为什么希瑟和机会中心的工作人员对有些志愿者恼火。我不禁联想到赫伯特·甘斯（Herbert Gans）分析贫困功能的一篇文章，尤其是贫困的第十种功能："贫困使得贵族（和一些基督徒）成为热衷行善的慈善家。"

"没有人愿意在此流浪，"我继续说，"你知道什么是最好的结局吗？如果一周七天，你们天天到这儿来，没有人在这里等着吃你们带来的饭菜，这就是最好的结局。难道这不应该是我们最起码的要求吗？难道这不是我们真的想要的吗？"

"是真的。"他冷静地回答。

"你确定？"我半开玩笑地问，不让心中的不平发泄出来。他说他确定，但承认他不知道该怎么做。

"是的，我们确定，我们确定。"

"那我们该怎么做呢？"

"我不知道，哥们儿，我也没什么能耐。我只能做我能做的。"他的意思是他有能力帮助流浪者生存下来，但没有能力帮助他们摆脱无家可归的状态。像他这样想的人很多。

"哦，得了吧，哥们儿，"我大声地说，"你跟随耶稣，有了他，一切皆有可能。他无所不能，力量无穷，不是吗？你是说你没有能力这么做吗？"我并不是在嘲讽他的信仰，因为我信仰的核心教义和他是相似的，只不过我们对《圣经》的理解有所不同。

"这值得考虑。"卡尔插话道，像是赞同我的看法。其实，我说的也不是什么深奥的道理，我只是表达他和其他无家可归者已有的看法。曾经有一名研究人员调查无家可归者，询问他们如何看待救助服务中的宗教成分。三分之一的受访者说，以修复人生为目标的宗教努力是虚伪的。他们指出，许多自称是基督教的团体也有不合理的规章制度，一旦无家可归者违反了这些规定，就得不到基本的生存资源。在他们看来，这与基督教的教义背道而驰。也有人认为这侵犯了他们的宗教隐私。在这项研究中，一半的受访者认为宗教内容往往是强加于人的。

J.T. 要离开的时候，和我礼貌地寒暄了几句，他感谢我和他聊天，我感谢他给我带来食物。

他们离开后，我跟着卡尔和其他几个人来到机会中心的停车场。有个黑人教堂，也提供吃的东西。我们刚在高出地面的水泥板上（也就是卡尔因为在此睡觉而被罚的地方）坐下来，随他们到来的传教士就开始讲道。他讲了大约 30 分钟，然后他们把带来的零食袋发给大家。

那些从来没在收容所过夜的人，可能要问，深夜的情况怎么样？施粥所和收容所都关门了，义工也都各自回家了，流浪汉如何打发漫漫长夜？

夜间这个时段，是流浪汉生活中我接触最少的部分。夜深人静，他们酗酒的酗酒，抽烟的抽烟。在夜幕的掩护下，他们在街上游荡，随心所欲。正如有个流浪汉所描述的那样，魔鬼牢牢地掌控着他们，迫使他们拾起原来想改掉的恶习，任凭他们耗尽自己的资源去追逐生活中稍纵即逝的快活。我听到了很多只有在夜间才会发生的事。由于没有暴露在白天的阳光下，他们在公园里的放荡行为和派对，一直持续到凌晨。我想留下来，但许多人表示他们不愿意让我看到他们生活的这部分。

我和雷、埃里克、威利待在一起，也见识了一些深夜生活。在机会中心工作的雷成了埃里克和威利的生活导师。我先是在机会中心认识了雷，通过他才认识了埃里克。埃里克和威利并不是特别喜欢机会中心。他们讨厌这个地方的条条框框，所以大部分时间都待在尤多拉·韦尔蒂图书馆。至少在图书馆，他们必须遵守的规章制度是针对所有读者，而不是针对无家可归的人。雷在机会中心上完班后，就到图书馆，和他们待上一个小时左右，然后一起去布道所吃晚饭（他们是布道所的常客）。晚饭后，他们在汽车站或史密斯公园打发余下的几个小时。雷领工资时，他们就去酒吧打台球。

在我认识雷几周后，他去哪儿我就跟他去哪儿。一天，我和雷一起去图书馆。图书馆的保安是个中年黑人，身材敦实，态度友好。晚饭后，雷把我介绍给他，告诉他我正在写一本关于杰克逊市的书。

雷开玩笑说："我和他说定了，如果这本书成为畅销书，他就得带我们大家去看尼克斯队或巨人队的篮球比赛。"

我们坐在图书馆休息室舒适的沙发上。雷读《圣经》，我读《乌木》(*Ebony*)① 杂志，威利看报纸，埃里克在电脑室玩游戏。图书馆安全舒适，对他们来说，是一个消磨时间的好去处。图书馆于晚上 9 点关门，所以我们在那儿待了一个小时后，大约 8 点 45 分就离开了。我们沿着州街，朝汽车站走去。

雷突然问道："呃，那家叫啥来着，今晚开门吗？"

"你说什么来着？"埃里克一头雾水。

"就是那家台球厅。"

"哦，我想还开着。他们每天开到凌晨 2 点，"接着雷问我："你打台球吗？"

"会呀，谁不会打，当然不是说任何人都能打得很好。"我回答说。

"你想打台球吗，威利？"

"哟，我还忒……忒想打台球。"

听他这么一回答，我们都笑了。他说话磕磕巴巴，字音模

---

① 在美国发行的月刊，主要介绍美国黑人新闻、文化和娱乐圈动态。
　　——译者注

糊。比如，他说"纽约"时，听起来像"纽瓦克"。

"好吧，如果你们都想玩，咱们可以找点乐子。"雷说。

雷那天领了工资。只要雷手上有点钱，他就会带威利和埃里克出去消遣一下。有时他们去麦当劳，有时去酒吧或台球厅。雷给我讲了一个偶然参加万圣节化装晚会的笑话。因为他们衣冠不整，参加晚会的人却以为他们特地装扮成这样，但其实他们穿的就是平常流浪的衣服。老雷说，他喜欢带他们去不同的地方，因为他们需要"摆脱一下他们的环境"。埃里克和威利长期流浪，而雷两头跑，时而有房子住，时而无家可归，但他始终相信即便流浪，那也只是暂时的。他之所以流落街头，是因为他开卡车的"饭碗"丢了，一时半会儿找不到工作。但是，他自己不是这么说的。他的解释是，因为他想了解无家可归者的经历，所以才露宿街头。作为牧师，就得亲身体验，才知道如何帮助他人。具体来说，他想指导埃里克和威利摆脱无家可归的困境。快到公交车站时，威利指给我们看一栋正在装修的大楼。

"我要把那栋楼买下来。"雷宣布。

"派什么用场？要装修成什么样的？"埃里克问道。

"要让这些夜猫子干活去，哥们儿，不过他们每天都得向我报告工作情况。"雷说。

威利和我只是听着。

"你打算让他们干什么活呢？"埃里克问道。

"不管什么活，只要我给你活干，你就得每周把工资交一部分给我。"

"那你拿这些钱做什么用呢？"

"我要存起来。"他解释说，帮助人们存钱，他们就可以摆脱流浪困境。

"只要你有一次没交给我，"他继续说，"我就把你给炒鱿鱼喽。"

我们继续往前走，威利说有个教堂正在分发罐头食品。埃里克也说有面包和金枪鱼。

"不过，我再也不去那里了，因为他们都怪怪的。"他补充道。

"我不是说过了吗？"埃里克说有次他去那里吃点东西，但看门的人粗鲁地将他拒之门外。既然他们不让去，他也不想去。

"那又怎样？再找个人说说，"雷用做父母的口气告诉埃里克，他想教育他们不要害怕权势，"再说了，一般情况下，看门的人哪有这个权力？"

我们去了市中心的一个台球厅，打了四轮台球。雷轻而易举地击败了我们所有人。他给自己、威利、埃里克和我买了两轮啤酒，我也请他们喝了一轮。当我们走出酒吧时，已经是十点半左右了。街道上空无一人，偶尔和我们擦肩而过的也都是些无家可归的人，他们在长椅上或角落里安置下来，准备过夜。他们指着一个人，告诉我这人从不去收容所，也从不去施粥所。"他从垃圾箱里捡东西吃，随便找个地方上厕所。"他们不肯告诉我他们要在哪里过夜。雷可能会待在靠近市中心的一条长凳上，埃里克可能会找间废弃的房子过夜，威利可能会睡在附近的一座桥下。

我们互相调侃取笑，彼此还算投合。雷讥笑我在台球厅不敢接近女人，埃里克奚落威利只喝了两杯啤酒就醉了。不过，偶尔我们也聊个严肃的话题，比如雷解释说，他带这些家伙去台球厅"让黑鬼摆脱一下乱七八糟的环境。你懂得我在说什么的。如果你明白我的用心，这些家伙就知道我的用心良苦，我说的恐怕只有他们俩懂得。我在这里遇到的每个人都改变了我。一旦他们有点钱，他们就躲在阴暗角落里，往烟枪里放些该死的东西。我不吸，我对他们说，你们吸吧，吸死你们"。然后，为了恢复我们刚才的乐观情绪，他又说："在你的书里，应该加上这样一句话：我在密西西比州的杰克逊市遇到了三个快乐的流浪汉。"听他这么一说，我们又笑了起来。

"我就他们俩朋友。"

"你们听，你们都听到了吗？"我说，"他根本没把我当朋友！"

"呃，我的意思是，我才刚认识你。不过，你可以和我们在一起。彼科，你是个混蛋，"他笑着说，"不过人倒也还不错。"

○ 挣扎在贫困线上

第6章
年轻的泽娜妮

比利在机会中心负责登记入住并维持秩序。几乎整整一年，他不是在街头露宿就是在收容所过夜，现在他正从无家可归的状态中摆脱出来。从周一到周五，他大都在工作，周末也至少有一天上班。所以尽管我侧重于了解流浪汉的生活，但我在机会中心也花了大量时间围着他转。某一天比利下班后，我请比利跟我出去逛逛。我想看看他下班后是怎么打发时间的。据说他常酗酒，喝醉了就变了一个人。工作之余和他们在一起，也是我在机会中心之外建立联系的一种方式。我认识他的时候，他和女儿住在一起。我想说不定他经常提到的四个女儿，适合并愿意参与我的研究。

那天比利和我出去，我跟他去把工资支票兑换成现钱。杰克逊市西边坑人的银行比比皆是，我们去了南加勒廷街那家，他们一下子扣走了他工资的5%作为手续费。人们真是想得周到，银行隔壁就有一家酒店，他在那里买了三罐24盎司的百威啤酒和一品脱塔卡伏特加，然后我们就去了他的住处。我们进去的时候，他最小的女儿泽娜妮（Zenani）正在客厅里和她的两个孩子玩耍。房间里光线昏暗，地毯破旧，污渍斑斑，两张黑色的旧皮沙发靠两面墙垂直摆开，还有一座老旧的壁炉，看起来好像几十年没用过了。空气中弥漫着香烟的气味。地板上放着装满烟灰的小烟灰缸。我在一张沙发上坐下，比利坐另一张沙发。他递给我一杯啤酒。泽娜妮坐在我正对面的扶手椅上，两个孩子继续在地板上玩耍。

我们刚坐下，泽娜妮就让她父亲带着外孙去商店给他们买点吃的。这是我第一次观察到他们的饮食方式。后来我又有机会，多次观察到这方面的情况。我花了很多时间和他们在一起，关注食物是如何进入他们生活的，以及食物如何与他们其他方面的需求竞争。我记下了他们可以吃得到的东西。即使他们经济状况不稳定，与斯马卡、查尔斯、老雷以及我接触过的其他无家可归的人相比，他们还是有更多的选择。所以，我也注意观察他们如何在可以吃得到的食物中作出选择。

比利虽不想出去，但还是同意带孩子们去。他示意他们和他一起出去，我也跟着。当我们穿过繁忙的街道时，他紧紧地拉着两个外孙的手，先是走到马路中间的安全岛，然后到了他们家对面的街角商店。这家商店是一幢色彩鲜艳的木质结构建筑。店主似乎是印度裔，他坐在由两块厚厚的玻璃板组成的柜台后面，玻璃板下方有一个用于交易的小圆洞。柜台前是三个装满啤酒和含糖饮料的大冰箱。孩子们好像知道他们想要什么，立即跑过去从后排的货架上拿了一袋奇多玉米棒（他们都喜欢火辣辣的味道），然后又跑到前面去拿法戈苏打水。他们在便利店购物驾轻就熟，可以看出他们应该经常在这儿买吃的。

回到家后，两个孩子在客厅中间继续玩耍，但他们被警告不许打扰大人。我们这些成年人开始谈论我的情况以及我来杰克逊市的目的。我回答他们的问题，并试探着征求他们的同意来参与我的研究。我向他们说明了我的计划，告诉他们我来这里是为了了解杰克逊市的生活，对他们教给我的任何东西我都乐于接受。

"那你为什么没有录音机？"比利喝了一口伏特加，问道。

"有，我一直在录一些东西。"

"所以，我说的都被你都录下来了？"他又问，这次喝的是啤酒。

"如果你同意，我也会录的。"

他哈哈大笑，然后说他根本就不介意。我请他带我到城里到处转转，这样除了机会中心，我还能认识这座城市的更多地方。他说，这件事好说。① 我也问过泽娜妮，她也说没问题。即使有他们的口头承诺，我也需要和他们交谈更多，才能真正融入他们，才能了解他们生活的内在逻辑。而且，暂时征得同意，并非一劳永逸。今天得到许可，并不等于天天都得到许可，因此我每周与他们确认一次，以确保我与他们相处，是经

---

① 过了一段时间，我发现向那些潜在研究参与者求教，而不是要求让我来"研究"他们，在许多情况下，这是一种更有成效的"融入"方式。

过他们许可的。

我们其实是在比利的大女儿雅米拉（Jamila）的公寓里，她从客厅旁的卧室走出来，和我们一起坐。她穿着一件长长的粉色浴袍，一直垂到脚踝。她看起来不太舒服，眼睑下垂，眼神蒙眬，可以看出她在服用某种药物。后来，我发现她从部队退伍回来后就开始依赖处方药。她在她父亲身边坐下来，和我寒暄了几句，但除了偶尔笑几声，我们交谈时，她都沉默寡言。

我在他们家做客，泽娜妮似乎比较自在。她接过话茬，调侃我的北方口音，问我是不是有女朋友，结婚了没有，有没有孩子，如果想要孩子，她可以帮我生几个。我们都笑她问问题直白，口无遮拦。她的家人不时打断我们的笑声："泽娜妮，你真是个大傻瓜！""你这疯丫头。"她主要是在开玩笑，但为了把握好分寸，我把我与泽娜妮以及她姐姐的关系构建成兄妹关系。久而久之，当着别人的面，她们都说我是她们的义弟。她们认为除了雅米拉，我在家里兄弟姐妹中是最聪明的。当泽娜妮问完问题后，我把话题转向了雅米拉。她说自己正在谈恋爱，要等两年后才能结婚。在此之前她不可能结婚，因为她的男朋友还在牢房里蹲着。听她这么一说，房间里又爆发出一阵笑声。"你们不要这样嘲笑我的男人。"她开玩笑地对家人喊道。

我啜饮着啤酒，比利则大口大口地喝伏特加，然后再喝点啤酒解解渴。我们刚喝了一个小时，他就开始喝第二品脱伏特加了。泽娜妮继续谈论她的恋情，说她过去好几次的经历都很糟糕，但这一次不同。

"有什么不同？"我问。

"我也说不准，"她双手不停地摆弄着，"嗯，"她抬头看着天花板，寻找合适的词儿，"就像 T.I. 和蒂妮（Tiny）。"她将自己的恋情与著名嘻哈歌手 T.I. 相比。这位歌手几度身陷囹圄，但婚姻关系并没有因此破裂。家人又一次笑她，她也和大家一起哈哈大笑。

我们不知不觉谈了两个小时，不时谈得开心大笑，但也谈到了世间的很多不幸，如监禁、疾苦、贫困、毒瘾，这些已经成为他们生活中的常态。我们看到了左右他们生活的社会经济体制。当我和他们在一起时，我还观察了这种体制如何支配某些食物资源，他们能有什么样的选择，以及他们如何应对种种遭遇，渡过种种难关。

那么，生活在贫困中的人们如何选择他们的食物？

即使研究食物选择的学者研究的对象不是穷人，他们也明确指出，影响人们选择的因素有很多。有些学者认为，人们的生活经历决定了选择的因素。还有一些学者认为，在特定的环境和特定的人群中，并不是所有因素的影响作用都一样，有些因素发挥的作用更为重要。这些因素包括食物的色、香、味、形，还有人们的食欲、饥饿感、社交能力、社会规范、体重控制、健康需求、食品价格、便利性以及传统习惯等。

那些关注贫困人口饮食习惯的人通常认为，穷人往往饥不择食，即使他们有选择，他们的选择也往往对健康不利。缺乏选择余地的原因，显然是在穷人的生活中，食物极度匮乏，"这些贫困地区的特点是，难以获得既有益健康又买得起的食物"。有充分证据表明，在低收入人口和非裔人口比例高的地区，超市、连锁店及大中型商场都比富裕的地区少。此外，非裔和拉丁裔也要走比中产阶级的非拉丁裔白人更远的路，才能到超市买菜。这些发现意义重大，因为超市和大型零售店的食物比小型零售店品种更多样，价格更便宜，也更有益健康。出于这些原因，一些研究人员将食物匮乏与影响健康的不良饮食习惯联系起来。

另一种解释是，穷人尤其是非裔美国人的饮食行为源于饮食传统。食品学者，特别是人类学家，很久以前就确定一日三餐对维护家庭关系至关重要。同样，家族的饮食习惯和习俗也左右了一个人的饮食方式。还有一些研究表明，饭菜是否可口，菜品之间有何区别，什么被视为美味佳肴，什么被视为粗茶淡饭，是随着家庭传统的发展而形成的并左右人一生的饮食习惯。在许多方面，过去的饮食传统，形成了所有人的饮食习惯，但非裔美国人的饮食习惯，特别是贫困人口的饮食习惯，却备受关注。正如人类学家和历史学家煞费苦心记录的那样（我在第 2 章已经介绍了其中的一些内容），饮食方式决定了他们如何在系统性压迫中寻找出路，甚至定义他们自己。

有关当代非裔美国人饮食习惯的作品，经常围绕能否把非裔美国人的不佳健康状况归咎于灵魂食物展开辩论。在 2012 年的纪录片《灵魂食物欲罢不能》(*Soul Food Junkies*)中，电影制作人拜伦·赫特（Byron Hurt）围绕他父亲对灵魂食物的"上瘾"来讨论黑人的不良饮食。他承认快餐在黑人贫困社区的泛滥是问题的一部分原因，但他总结说，"我们是一个灵魂食物成瘾的国家，"灵魂食物是非裔美国人不良饮食的真正罪魁祸首。此外，许多人相信灵魂食物仍然是主流，因为它对美国黑人具有文化意义。在为各种新闻媒体撰写的一系列文章中，政治评论员约翰·麦克沃特（John McWhorter）称食物匮缺是天方夜谭，并断定灵魂食物才是不健康饮食的始作俑者。

这两位有这样的观点，绝非偶然。他们只是表达了一种历久不衰的观念，认为南方的一切静止不变。这类观点假设贫困黑人仍然经常吃灵魂食物，而现做的灵魂食物，是不健康的。下面我对这两种假设进行了分析。

第二部分的第 6 章至第 8 章讨论了贫困黑人的食物选择问题。我借鉴了社会学理论来解释人们为什么会做他们通常所做的事情。各种理论家和哲学家称之为动机、意志、目的性、意向性、选择性、主动性或能动性。更具体地说，我使用并扩展了社会学家穆斯塔法·埃米尔拜尔（Mustafa Emirbayer）和安·米沙（Ann Mische）提出的一种新的研究方法，解释人们为什么倾向于做某些决定。在这些背景理论关照下，我尝试分析像泽娜妮这样的人是如何做出食物选择决定的。[1]

埃米尔拜尔和米沙认为，决策有三个要素：一是考虑并有选择地结合过去的模式，二是评估当前情况的可能性和局限性，三是为期望的未来可能性进行想象和规划。根据他们的说法，所有三个组成部分（过去、现在、未来）一直是共存的，但其中一个占主导地位。他们留给我们的问题是：在什么情况下，当中的一个要素比其他的更为重要？首先，贫困人口（尤其是黑人）如何决定他们吃什么？过去的模式是否决定了他们的食物选择？赫特和麦克沃特等坚持灵魂食物影响深远的观点，支持过去模式的论点。其次，人们目前的情况是否决定了他们的食物选择？那些认为食物匮乏直接关系到食物选择的学者，倾向于现实模式的思路。最后，贫困人口所做的食物选择决定是否受到预期后果（即未来的健康）的影响？对最后这种未来模式的观点，表示赞同的学者很少。

在第 6 章和第 7 章中，我将阐明我的论点：今天密西西比

---

[1]　我指的是埃米尔拜尔和米沙关于主体导向（agent orientation）的概念，它避开了行动社会学理论中的许多陷阱和冲突。首先，埃米尔拜尔和米沙认为目的和手段是共同构建的。事实上，正如他们所提到的，人们开始重视他们有能力实现的目标。其次，他们认为选择是间歇性地由物质条件、价值观、品味和性格决定的。最后，他们无须简单地列出哪些因素对于哪些选择更为重要。相反，他们设法理解各种因素如何在一个特定的环境中汇合。埃米拜尔和米沙：《什么是主体？》（*What is Agency？*），《美国社会学期刊》（American Journal of Sociology）第 103 卷，第 4 期（1998 年 1 月 1 日）：第 962-1023 页。

州的贫困黑人，是根据他们目前的需求以及环境的限制来选择食物的。贫困的生活状况决定了他们的饮食方式，但情况并不一定完全像那些认为食物匮乏的人所说的那样。对于杰克逊市的贫穷黑人来说，食品的方便性以及他们的经济能力决定他们怎么选择食物。当代贫困的状况、持续的压力和不稳定状况，与过去的饮食传统不可同日而语。依靠小型家庭农场，制作腌肉、腌制罐装酸菜的年代已经一去不复返。取而代之的是那些从街角商店、一元店和快餐店买来的食物，或用盒装和预包装食品做的饭菜。他们的一日三餐并不像大家想象的那样仍是食用灵魂食物。由于密西西比州黑人生活的迅速变化，其中一些传统没有被完全传承下来，所以认为南方一成不变的假设是大错特错的。即使是保持古老的黑人饮食传统的老一代黑人，也无法重新制作出他们曾经吃惯的食物。

泽娜妮的童年（食物）

比利出生于1955年，在密西西比州的牛顿县①长大。牛顿县是杰克逊市以东约105千米的一个乡村小城。比利的父母是再婚的，他的父母在上一次婚姻中都有孩子，但比利是和父亲

---

① 牛顿县是波士顿以西大约9.6千米处的一个县，本地人都喜欢称其为牛顿小镇，其实也是一个独立的小城市，相当于大城市的卫星城。
　　——编者注

安迪与母亲玛丽亲生的五个孩子一起长大的。"妈妈"是白人家庭的家政工人，而"爹爹"①冬天则在北方一家钢铁厂工作。后来，他的父亲放弃了季节性工作，常年和家人在一起，母亲也全职在家打理家务。

他对父母有美好的回忆，形容父亲是一个"顽固的混蛋"，为人古怪，但他的性格有"两面性"，有倔强固执的一面，也有和蔼可亲的一面。

"很多人不喜欢他，说他很刻薄。你注意到我说话的样子了吗？有其父必有其子啊。他是个惯会说狠话的混蛋，而且他的后兜总是插着一把手枪给自己助威。"

比利的父亲也会打人，但他以挣钱养家的一家之长自居，觉得暴力理所当然。"如果你这么看，他的确是个善良的人。因为他要抚养孩子，要帮助孩子。但除此之外，他不会帮任何人的，这点你可别指望他。"

当他谈到父亲如何照顾他和兄弟姐妹时，脸上洋溢着骄傲和幸福（比利有时会带女儿雅米拉到父亲坟前缅怀，图6.1）。他们可能并不总能得到他们想要的一切，但他们需要的都会得到。最关键的是，他们从不愁吃的。

"你看，父亲以前也养猪。街上好几户人家都养猪。如果你家杀了一头猪，或者乡下有户人家杀了一头，每个人都有份，猪肉被送到家家户户，那时就不会挨饿了。"这可能是一

---

① 这种称呼为比利个人用语习惯。——编者注

图 6.1　比利和女儿雅米拉在比利的父亲墓前

种浪漫的和选择性的回忆，因为有足够的证据证明，当时密西西比州的农村粮食不够吃。罗伯特·肯尼迪在南方之行时就目睹了当时缺粮的状况。或许他的家庭是个例外，不仅自己有饭吃，还能帮助那些吃不饱的。比利解释说，在密西西比州的农村贫困和就业不稳定的情况下，他家是如何保持衣食无忧的。

"你看，那时候，你打下的粮食，储存起来就足够过冬。等到夏天来了，你把剩下的吃掉再存新的，这样周而复始。冬天来了，你就杀头猪。一头猪再加上一头小牛，就有足够的肉吃了。"他们过的也还是穷日子，但与他的女儿现在所面临的情况不同，那时他家的饭菜相对而言还比较像样。

"所以，你们都参与其中了？你知道怎么杀猪和……"

"都参与了，都参与了，"他接过话题，"因为你不是在这儿土生土长的，所以你根本想象不出那时的情况。但是你看，那时这儿没别的活干。你要么离开这儿去找工作，要么尽你所能，靠地吃饭，或者去农场摘棉花。但是，我爸爸从来不去摘棉花。"

"所以，你也从来没有摘过棉花？"

"从来没有，"他斩钉截铁地回答，"农场的人过去常在周末开卡车过来，后面载着个黑人喊大家去打工，去摘棉花。以前学校还放两周假，让孩子去帮忙摘棉花。不，不，我从不去摘棉花，从不去。哦，我唯一去过的是祖父的那个农场。"

他们的生活还过得去，不想申请政府给的那点儿福利。或许，像范妮·卢·哈默^①（Fannie Lou Hamer）一样，他们家根本不信任福利制度。

"曾经有一种叫作'救济品'的福利，政府发给你一些牛奶、奶酪和面粉。我们从来没有去拿。我们一直有个小农场，父亲自己种庄稼，养牛养猪。"比利的家庭正处于一些学者所称的"农业大转型"的尾声，从1940年到1980年，农场的数量锐减至原来的十分之一。像他这样"几乎完全脱离农业"的黑人家庭，从此无法靠这片土地生存。

比利说母亲与父亲性格完全相反。"我真不知道他们是怎么走到一起的。她是一个非常善良的人。我不敢相信我会变成这样，因为其实我有一个名副其实的好母亲，"他继续说道，"无论你和谁谈起我妈妈，你听到的没有别的，只有夸她的。"比利对母亲最美好的回忆，是她的烹饪技巧，而她最拿手的是炸鱼。

"她是怎么做鲶鱼的？"我问他。杰克逊州立大学附近的山谷街有一家鱼屋，我们坐在外面的长椅上吃鲶鱼。他说过这家鱼屋的鲶鱼很好吃，但还是不如他妈妈做得好。

"鱼要刚从水里捞出来的，撒上很多黑胡椒和盐，炸得很脆很脆。"

"所以，你们是一起吃饭的吗？"

"是的，每个星期五，"他笑着，表情有些疑惑，好像我明知

---

① 范妮·卢·哈默（1917—1977），黑人民权活动家。——译者注

故问，"每个星期五，来的人很多，甚至是社区外的人，他们都知道我妈妈星期五做炸鱼。而且，不管谁来，她都欢迎。"

他继续说："妈妈很善良。她很会做零食，家里总有饼干吃。别人没东西吃的时候，我们还有面粉、猪油、糖和一点咸肉。她就把这些东西分给了左邻右舍，让每个人都吃饱。"

他记得他母亲去世时的情景。

"她如此怜悯众生，这让我心生敬畏。她太好了，我以为她永远不会去世，我万万没想到，她就这样走了。"

她的离世令人悲痛，因为这一切太突然了。

"我又气又难过。我不久前看到她还好好的，没有生病，什么病都没有，我很长一段时间都无法理解……从那时起，我就开始喝酒，越喝越多，越喝越多。"

比利的母亲去世的时候，他的妻子德博拉正怀着他们的第三个女儿。宝宝一出生，他们就用他母亲的名字玛丽，给她取名。

"但是，你知道，倒霉的事情总会发生。妈妈不会永远活着，我终于醒悟了。但是酒还是一直喝下去，一直喝到现在嗜酒如命，难以自拔了。一生就这么完蛋了！永远不会有什么平等，对密西西比州的穷光蛋来说更不会有平等。"他讲述自己人生故事的方式，让我们联想起小说家拉尔夫·埃利森（Ralph Ellison）解释忧郁的一段话："一股冲动，想要在痛苦的意识中，保留残酷经历的痛苦细节和片段，但是过去的一切剪不断，理还乱，于是你想超越它，不是得到理性的慰藉，而是突破理性的缝隙，发泄一种近乎悲伤、近乎喜悦情绪的冲动。"

比利的母亲去世时，他已经和德博拉结婚好几年了，住在她的家乡洛杉矶。德博拉为他们的生活带来了一段不同的饮食经历。她父亲来自阿肯色州，母亲来自密西西比州的劳伦斯，距离牛顿县只有几千米。德博拉的父母在十几岁的时候各自来到拉斯维加斯，然后找到了彼此。他们的家庭是第二次大迁移的一部分，当时美国西部日益成为南方黑人落脚的地方。她的父母在结婚几年后搬到洛杉矶并有了孩子。不幸的是，德博拉父母的婚姻并没有维持太久。她父亲并不像母亲所希望的那样志向远大，也许更重要的是，德博拉的母亲是个女同性恋，并找到了一个属于她，支持她的酷儿社区。她的父亲，有点心碎，有点尴尬，还有些恐同，并表现出对她母亲的不满。有一次，父亲殴打了母亲，还打伤了她的下巴。由于母亲的社区扬言要杀了他，父亲当天就逃回拉斯维加斯。他在那里再婚了，重建家庭，开始新的生活。因此，德博拉和她哥哥是由母亲抚养长大的，而她母亲的伴侣也常出现在他们的生活中。

德博拉的母亲不怎么做饭。"她只有国庆节、感恩节和圣诞节才亲自下厨……她是'红薯女王'。哦，天哪，她做的红薯入口即化。"在那些节日里，住在洛杉矶的亲戚聚一起烧火做饭。她的阿姨范妮，大伙儿管她叫大妈，很会做调味料。阿姨的绝活是做素菜，威尔叔叔最拿手的是做水果沙拉。但是，今天一切都变了，人们在当地的快餐店用餐，像杰克盒子、塔可钟、炸鱼店和烧烤店随处可见。

"基本上，这就是我们过的日子。所以，当我遇到我的丈夫时，我连水都不会烧。"

2016 年的夏天，在西杰克逊泽娜妮的公寓前，德博拉女士和我聊了这些。当时比利已经因癌症去世六个月了，他们家仍弥漫着悲伤的气氛。我和他们家人的所有谈话都是从对他的回忆开始的。但是，德博拉在情感上有些矛盾。她缅怀和她一起生活，一起分享欢乐的男人，但是她也没忘记曾经深受他的折磨，甚至挨打受虐。有一次，我们开车去牛顿县，开了大约一个小时。路上，她放弃了克制，释放了她的忧郁，咆哮辱骂着，倾吐了她的痛苦经历。这些经历仍然折磨着她，让她痛不欲生。但是，那天在泽娜妮的公寓前，在为我们遮挡夏日阳光的大树下，她平静而审慎。死亡将比利神圣化了，她对此很反感。她不想从他那里得到什么，但是她希望至今仍折磨着她的痛苦，不要和他一起被埋葬。

在她还是个少女的时候，尤其是在夏季，德博拉经常去密西西比州，探望住在劳伦斯的祖父母。在一次旅行中，她遇到了比利。"他非常有魅力，非常温文尔雅，而且他有工作。他老是给我钱，宠我，所以我觉得他不错。"她回忆道。一个又一个夏天过去了，他们对彼此一往情深。直到有一天，比利出现在洛杉矶宣布要娶德博拉。德博拉不顾母亲的反对意愿，嫁给了一个来自密西西比州的一个小镇的男人，她和比利搬到了和母亲家隔一条街的公寓里。他们结婚了，不久就有了第一个孩子雅米拉。他靠干粗活养家糊口，而她则操持家务。

比利在加州过得称心如意，只是怀念妈妈做的家常菜。

"我以前总是每天给妈妈打电话。当我告诉她我想吃她做的菜了，妈妈就说：'那个女孩会把你活活饿死的。'她说：'这样吧，我告诉你，找个机会，把她带来，我来教她怎么烧饭做菜。'就在那年夏天，我们飞回家。德博拉一看到妈妈，就对妈妈很钦佩，因为妈妈不仅会做饭，也会缝纫。妈妈开始教她缝纫衣服。那时，我们就只有雅米拉一个孩子。大家看到雅米拉这个卷发的、皮肤有点泛红的宝宝，都宠得不行。我对妈妈说，'您也教她做点什么菜吧。'"

比利和德博拉在加州有了第二个孩子后，搬回了密西西比州的牛顿县。比利说从这个时候开始，他们的婚姻出现了裂痕，而德博拉说，感情破裂实际上要早得多。在加州，他们的第一个孩子才出生三天，她就被比利踢倒在地。这是比利第一次打她。搬进比利在牛顿县的房子后，家暴更是愈演愈烈。

"他的父亲就在这栋房子里殴打他的母亲，也在这栋房子里死去。他非常爱他父亲，这就像因果报应或轮回。当他父亲在那栋房子里去世时，我才相信比利很像他父亲。我认为他父亲不想离开这里。可是，我初次遇到比利时，觉得他非常像他的母亲，非常和蔼可亲。我搬回那栋房子后，他打我简直像家常便饭，无所顾忌。"

德博拉在家暴庇护所中找到了慰藉。偶尔返回加利福尼亚，心情也会变好些。但是，比利的母亲是她最大的安慰。

"她和我的祖母都是我的精神支柱。我离开加利福尼亚后，她是我唯一的精神支柱。她被丈夫虐待，现在儿媳也被儿子虐待。作为母亲，每次她儿子打我时，她都会像电影《紫色》（*The Color Purple*）中的西莉一样，安慰我说一切都会好起来的。"她们依靠烹饪、分享食物和喂养子孙互相安慰。[①]

比利还有外遇，致使冲突和家暴愈演愈烈。在一次外遇曝光之后，德博拉和情妇科曼迪尔发生了争吵。后来，比利一家人搬到了杰克逊市。他们尝试了心理咨询和其他努力来修复他们的婚姻，但他们最终还是分居了。然而，比利对德博拉的殴打并没有因此停下，最糟糕的一次，比利竟然用上熨斗，德博拉被打得头破血流，还被送去医院急诊室缝了几针。

德博拉一直申请要与比利离婚。在那件事之后，法官不管比利签字不签字，批准了她的离婚申请。此外，法官要比利每月支付子女抚养费。但是，没过几个月，比利就再也不愿付抚养费了，他偷偷溜到别的地方去，先是去了牛顿县，然后去了路易斯安那，在那里住了将近 10 年。2010 年，也就是在我认识他的 18 个月前，他回到了杰克逊市。

类似泽娜妮父母的故事，尤其是有关饮食传统的故事，在

---

① 这印证了一些学者的研究结果，即食物在黑人女性如何定义自己、照顾自己和家庭、关心社区以及应对不平等方面的重要性。威廉姆斯–弗尔森（Williams-Forson）:《用鸡腿建房子：黑人女性、食物和力量》（*Building House out of Chicken legs: Black Women, Food and Power*），教堂山出版社，北卡罗来纳，北卡罗来纳大学出版社，2006。

描写黑人餐饮的著作中很常见。大部分关注非裔美国人饮食的
学术研究，记录了过去几十年非裔美国人烹饪和饮食习俗的美
好历史。大量的论著关注和研究，黑人在遭受不断压迫的情况
下养活自己的聪明才智。食品学者以美国黑人的饮食方式为分
析对象，挖掘南方黑人鲜为人知的生活历史，揭示南方的种族
动态，尤其是南方的三种族化。令人费解的是，很少有人关注
当今美国贫困黑人的饮食方式。

约翰·T. 埃奇（John T. Edge）的新书《美国南方食物史》
（*The Potlikker Papers*）也暴露了这一缺失。这部大作涵盖了
20 世纪 50 年代到 21 世纪 10 年代的历史。在前几章，尤其是
第三章"贫穷的权力"中，作者直接论述了美国贫困黑人的烹
饪和饮食习惯。但是，随着时间的推移，贫困黑人的经历在
书中逐渐消失，最终消失得无影无踪。在有关 21 世纪 10 年代
的章节里，作者向南方的贫困黑人、有机农场主和烧烤师傅致
意，因为他们给高端餐厅提供了食材。作者关注的是抵达南方
的移民的经历和食物。遗憾的是，这本书没有告诉我们今天南
方贫困黑人以什么为生，吃什么度日。这本书令人印象深刻，
但疏漏显而易见，不过，也颇具启发意义。这本书和其他类似
的书，在努力赞美和调和问题重重的历史，在展望充满希望的
未来的同时，却忘记了当今仍然充满挑战的时代。这种疏漏不
仅体现在针对美国黑人的食品研究上，也可以从南方研究对
"新"南方的重视程度中看出，这种重视自南北战争结束以来
就一直存在。

少女泽娜妮

（图 6.2）

比利的离世，给他们一家带来了平静，但也使这个家庭陷入了贫穷的境地，成了城市的贫困人口。德博拉成为一家之主，也成了唯一的经济支柱。就在这个时候，四女儿泽娜妮离家出走，她才十几岁就怀孕了。在采访比利两天后，我坐下来和泽娜妮聊了聊她的生活。我们坐在杰克逊市中心一家三明治店的玻璃窗旁。

谈话一开始，我就询问她有关她父母之间的关系。"真是个混账东西，"她咬了口三明治，愤愤不平地说，"他一天到晚就知道打我妈妈。"我没有说什么，她倒先提起了熨斗那件事。尽管父亲常殴打母亲，但泽娜妮对自己童年的回忆还是正面的："年轻的时候，他们关系非常好。你知道吗？尽管我的父母遇到了不少困难，但他们关系一直很好。我们也不会问父母要这要那。不管他们吵了多少次架，我们从不会缺穿少用。如果他还在，我可能也不会那么快跑出来，但我们从来没有离开过他。我们那个家庭总是管教我们的。如果我说明白了，你也该听明白了。还有什么好说的呢？我妈妈尽力了。"

她说她喜欢上学，"我认识所有的同学，同学也都认识我。我们放学回家时，妈妈总是准备好饭菜。都是些灵魂食物，你知道的，就是炸鸡和青豆那些基本食物。"父亲离开后，对她来说什么是"基本食物"就不一样了。她的母亲不得不加班加点

图 6.2　2012 年的泽娜妮

工作，独自抚养所有的女儿，所以不难想象，她们家的饭菜也不如往常了。单身母亲和养家糊口的挑战让她们付出了代价。

父亲离开后不久，泽娜妮从家里搬了出来。也就是在这个时候，她遇到了特雷西（Tracy），也就是她所说的初恋情人。

"有一天我站在街角，他看到了我，"她回忆道，"我们开始攀谈起来，互换了电话号码，然后我们就联系上了……他对我很好。我们的关系也是时好时坏。或者说，他也是个混账，但特雷西就是那样，你明白我的意思吗？他比我大很多，所以他比我更有经验。所以，你可以想象一个 15 岁的少女和一个 23 岁的大小伙子的关系会是什么样的。"

我想象不出……

她搬出去和特雷西住在一起。他满足了她的需要，从学习用品到衣服和珠宝首饰，应有尽有。靠着她"小时候"过早地从父母那里得到的家政训练，她生活可以自理，包括做饭和打扫卫生。特雷西在大街小巷里做些黑市买卖。据泽娜妮估计，他一个月能赚几千美元。这些是他们关系较好的时候。泽娜妮责怪他在外面搞女人的时候，尤其是他夜不归宿，凌晨五六点才回来的时候，不好的情绪就开始蔓延。如果她多问一句，他们就会吵起来，她甚至会挨几下打。

"其实，我和你说过，我从来都不怕他。我才 15 岁，他已经快 24 岁了。你可以想象一个 24 岁的人打一个 15 岁的女孩会怎样。是的，我们打过架，但他不喜欢对我动拳脚，把我打得鼻青脸肿的，你知道吗？我嫉恨过他一次，当时我就在想，会好起来的，会好起来的，等等。可是从那以后，关系越来越糟了。"

她还不到 16 岁时，发现自己怀孕了。这出乎意料，但她的家人并没有感到惊慌失措，因为她的三个姐姐中，也有两个十几岁就生了孩子的。

"怀孕对你有什么影响？"

"怀孕让我认识到责任、现实，这孩子永远是你的。当我做了母亲，我一辈子就不得不照顾这个孩子。我不能像以前那样自由自在了。我以前想起床就起床，想出门就出门，你知道我在说什么吗？现在再也没有这样的日子了。"

"那你准备好了吗？"

"没有，没完全准备好，但我也有所准备。"上学压力太大了，所以她退学了。她的男朋友特雷西，在她怀孕期间大都在她身边支持她，但在他们的女儿出生前特雷西就锒铛入狱了。孩子出生后，她搬回了家，但在他被关押期间，他们仍然保持着关系。她每隔一周去看他一次。幸亏有他的朋友资助，他还能给些钱抚养孩子。他从监狱出来后，他们又恢复了以前的样子。特雷西的父亲死在监狱里，他的母亲是一个瘾君子，也被判了五年徒刑，还在服刑。所以，在某种意义上，他除了和泽娜妮的关系，一无所有，至少泽娜妮是这样理解他们在一起的原因的。

不到两年，她怀上了第二个孩子，这次是儿子。

"我想要这个儿子，但我之前并没有计划要，我也没有计划要女儿，但特蕾西（Tracey）和特雷文（Trayveon）都来了。

有了特雷文，我就发誓永远不要再有孩子了，好吧，我不说永远，就说不要再有孩子了。"就像第一次一样，当他们的儿子出生时，父亲特雷西就被抓走了。

"我想当好妈妈，同时也去上学，这很不容易。虽然我有家人的支持，但自己还是个孩子，当妈妈很不容易……2008年，我退学了。2010年12月12日，我获得了高中同等学历证书……在那之后，我没有去工作。我只是想规划一下我的人生，弄明白我该从哪里开始。我有了学历证书，一年之后（2011年），我进了海恩斯社区学院。我读了一年，就没有再读下去。现在是2012年了，我一直在找工作。我的生活起起落落，但你知道，我就是这样一路走过来。"

要了解泽娜妮和其他像她一样的人是如何一路走过来的，首先要了解他们如何养活自己和家人，这就是本书接下来两章的主题。无论是书籍还是杂志、播客，从来都没有好好讨论过他们的饮食方式。在学术会议上，也没有专家小组研讨今天密西西比州贫穷的黑人如何养活自己。即使有这样的讨论，他们的食物也不会被视为黑人饮食传统的一部分，而是被视为食品工业的弃儿。但是，作为美国黑人饮食传统的一部分，这些食物表现的是一种精神，而不是内容。如果像历史学家奥佩曾经描述的那样，灵魂食物从"昔日南方黑人用于果腹的食品，一跃成为革命性高级美食，进入上层非裔美国人的大雅之堂"，那么在同样的食物传统中，火辣辣的奇多、吉菲玉米面包和开心乐园套餐，则是今天美国南方贫困黑人赖以生存的食物。

第 7 章
今天的泽娜妮

泽娜妮的公寓，有人破门而入。虽然只有她的手机被盗走，但这件事让她非常不安，因为她认为那个人可能会来伤害她。在这之前她一直想搬家，这件事发生后，搬家更是当务之急。

一天，我和她一起开车出去，听到她在电话里告诉一个朋友家中被盗窃的事。"我在想我倒霉的孩子们，"她伤心忧郁地说，"万一他想强暴我怎么办？"她在和一位男性朋友交谈，"你知道我在说什么吗？我那两个倒霉的孩子也在家。那家伙可能会有这样的想法：我不能留下任何证人，我要先干掉孩子。"泽娜妮和朋友谈论了这个地方发生过的几起入室盗窃案件。她说，这件事让她非常震惊，她害怕一个人待在公寓里，再也不想在那里过夜。接连几个晚上，她都和她姐姐住在一起。我去找泽娜妮了解情况时，她在忙着找另一个地方住。

找住房

社会科学家早就观察到城市低收入家庭频繁搬迁的现象。在我进行实地调查期间，泽娜妮搬了三次家。自 2013 年以来，她又搬了 4 次，不过都在方圆 25 千米之内。频繁搬迁会带来各种后果，比如青少年暴力发生率高，邻里关系不牢靠，对儿童成长也不利等。一生中频繁搬迁也会带来健康风险，包括过早性行为、少女怀孕、自杀倾向、吸烟和酗酒。住房不稳定和恶劣的住房条件也会影响食物选择。

密西西比州的春日，一派生机勃勃的景象。我陪着泽娜妮去找新的住处。

我们开车经过西杰克逊。"那边有。"她边说，边指着一栋旧红砖公寓楼的出租牌。不过，她马上又说这房子看起来有些"破烂不堪"，所以我们继续往前开。

"随便什么地方，我都搬去。"她斩钉截铁，因为没有一个地方比她现在住的更糟了，她根本不想回去住。

我问她："你现在住的地方是什么样子的？"我们一边谈话，一边睁大眼睛，看还有没有出租房。

"那是一间分租房。我买了一个电炉，用它做饭。那不是人住的地方，我连洗个澡都得去姐姐家。只有我和孩子住那儿，真是太可怕了。我不能让他们再回去住那样的地方。"这个地区空置的房子原来是杰克逊中产阶级白人的，后来他们搬到郊区，再后来中等收入的黑人搬了进来，但是，大约 10 年前黑人也搬走了。

她指了指另一个出租的地方，但她很快想起隔一条街就住着（经常和她吵架的）前男友的姐姐，所以我们继续往前开。过了一会儿，她让我在一个公寓前把车停下来。虽然没有看到出租标志，但她从一个熟人那儿得知这里有空房。

"看起来不错，对吧？可以住吧？"我尽管不太赞同，还是点了点头。

"我在这附近长大，所以，要我回去住那个有人破门而入的地方？打死我也不会回去。"她向自己发誓。她和房管办公室的人沟通了一下，了解到两间卧室的房租是一个月385美元，她还付得起。可惜几年前她和房管经理有过争执，所以可能租不到。我们又开车转了几个街区，但没有找到合适的。

和全国成千上万的人一样，泽娜妮也感受到了租赁住房短缺的压力，经济衰退导致房屋止赎率急剧上升，首当其冲的是小型租赁房产的业主。自2009年以来，租金的上涨速度超过了最低工资的增长，平价住房供不应求。根据城市研究所2014年的一份报告，每100个极低收入群体的租房者中，只有29套经济适用房可供出租。在这个国家，没有一个县的低收入租房者和经济适用房达到供需平衡。在杰克逊所在的密西西比州的海因兹县，这一比例稍好一些，每100个超低收入的租客有33套经济适用房。因为这是一个房东说了算的市场，要是租户有过一点儿不良记录，就意味着申请被回绝。更麻烦的是，有孩子的家庭经常被拒之门外。一项基于密西西比海湾海岸的审计研究发现，70%的有孩子家庭在找住房时遭到歧视。租赁市场紧缩，租金上涨，以房东为主导的租赁市场，以及对有孩子家庭的歧视，所有这些因素都对泽娜妮不利。

泽娜妮决定在她母亲和姐姐家附近找一间公寓，这样如果她碰到困难，至少有个照应。大约一星期后，她邀请我去参观她的新家。那是一栋白色的两居室房子，位于玫瑰街，有前院、门廊、大客厅和厨房。室内的木地板漆成了红色。那两张有红色斑点的沙发，是从她之前住的地方搬过来的。厨房就在客厅的走廊尽头，还算宽敞，有冰箱和炉子。不过倒霉的是，冰箱和炉子都坏了。尽管如此，泽娜妮还是选择了这套公寓，因为她和房主兼经理戴维斯先生（泽娜妮家族的朋友）是老熟人，也就是说她的租房记录不会影响她，而且她也租得起。更何况她的母亲就住在梅尔巴街，只要走五分钟就可以去找她。虽然有些设施必不可少，但她宁可不要，因为她觉得用母亲的冰箱储存食物，用自己带过来的炉子做饭，就可以对付了。

她的决定与处在同样境况中的其他人没有什么不同。除了受到体制的束缚，低收入家庭往往只能住在深度贫困的社区。根据对巴尔的摩市的一项研究，这些社区提供了帮助他们克服困境的措施支持。不幸的是，社区所提供的措施支持无法避免生活在贫困区的种种后果。没过几天，泽娜妮就发现用她母亲的厨房是行不通的，光是喂孩子吃顿饭都很麻烦。

德博拉已经独自生活了一段时间。就在泽娜妮搬到附近的时候，德博拉把生病的兄弟从加州接过来和她一起住。泽娜妮的父亲比利辞掉了在机会中心的工作，还有的说他被解雇了（这要看你问的是谁），搬到了德博拉的家里，帮助照顾她生病的兄弟。正因为如此，德博拉曾经独自居住的一居室公寓，现在三个成年人要挤着住。泽娜妮和孩子搬到了附近，德博拉的居住空间，尤其是厨房，一下子要容纳六个人，这还不包括时不时过来串门的亲戚（图7.1）。

社会学家只要稍加关注，就知道亲戚之间互相关照，一直是城市贫民在资源不足的情况下生存的方式之一。卡罗尔·斯塔克（Carol Stack）的《我们所有的亲人》（*All Our Kin*）巧妙地展示了公寓中的非裔美国人是如何依靠"互通有无"来维持生计的，她说"这种对贫困的适应能力，具有独特的创造性"。最近的研究告诉我们，这些互相扶持的关系网，现今以不同的形式出现。今天的城市不再依赖长期形成的固定关系，而是依赖临时构成的关系[①]。

我在杰克逊市目睹了一幕幕亲戚互相帮衬的情景。没有亲戚朋友和左邻右舍的帮助，泽娜妮根本无法生存。据我观察，他们彼此之间的联系虽然不能说是暂时的，但也很难长期维持下去。[②]因为他们资源有限，所以在互相帮助中，也往往力不从心。泽娜妮并不总是清楚她的家人能帮她到什么程度，反之亦然，所以，她不确定他们是不是尽力在帮她。有时她的家人

[①]　临时构成的关系是"人们刚认识时建立的关系"，其特点是加速和模拟亲密关系，一起度过大量……的时间，互惠或半互惠地进行资源交换，以及维持的时间（通常）相对不长。德斯蒙德：《用完即弃的联结和城市中的穷人》（*Disposable Ties and Urban Poor*），《美国社会学期刊》，第117卷第5期，（2012年3月1日），第1311页。

[②]　关系维持的时间（短期与长期）或关系的深度（亲属或一次性关系）似乎都无关紧要。根据我的观察，主要是他们都生活在如此不稳定的环境中，能够为彼此做的也有限。

图 7.1　德博拉女士和女儿乔琪及几个外孙

已经尽其所能，但还是会不断产生"没有全力支持"的误解，造成了相互之间的不信任甚至冲突。尤其是在泽娜妮努力养活自己和孩子的过程中，我观察到了这一点。

有一次，我把车停在德博拉家时，看到泽娜妮的姐姐玛丽和孩子，坐在她母亲门前的水泥台阶上，各自享用着刨冰。比利和佩里舅舅（德博拉生病的兄弟）在客厅里看着老西部片。德博拉在餐厅用笔记本电脑上网。两三年前，她从附近的杰克逊州立大学获得了商业学士学位，现在正忙着找工作。

德博拉看到我进来时，挪了挪桌子上的东西，给我腾出地方坐下。几分钟后，泽娜妮也来了。她原来要去教堂炸鸡快餐店吃饭，但现在她宣布要自己做饭。她母亲赞同，并说她还想要一些炸鸡翅。"你能再做一些面包卷吗？我想要一些面包卷。"泽娜妮欣然同意，给每个人做了足够的食物。孩子们一闻到香味，就冲进去厨房吃。除了面包卷和鸡翅，她还炸了一些鸡肝，让我尝尝。我们一起吃饭，但不是同时吃，也不是在同一张桌子上吃。炉子上一做好什么，我们就拿什么来吃。看到我第一次吃炸鸡肝的样子，他们都觉得很好玩。

转天，德博拉家的情景没什么不同。比利在西部电影频道播出的《伯南扎的牛仔》（Bonanza）和《动物星球》（Animal Planet）之间来回切换。德博拉在餐桌旁的电脑上找工作。她参加了一家投资公司的第一轮面试，但发现她没有进入下一轮，回到了原点。德博拉和这栋房子的常客，包括比利、泽娜妮和玛丽，都没有工作，不过他们都在积极找工作。

"今天女儿和外孙都不在家吗，德博拉女士？"我走到她桌旁的座位上，问道。

"不在，我把他们都赶走了，这样我才能静下心来。"

我进来时，她正在吃东西，但她还想给自己做一个汉堡。

"我们没有面包了，泽娜妮把一整条面包都顺走了。她怎么可以这样呢？"她抱怨道。比利微笑着，避开这个话题。

"所以，我们只能吃汉堡肉饼，"她继续说，"你们都想吃吗？"

佩里想来点，但比利不想吃。

"你想吃吗？"她问我。

"不，德博拉女士，我不饿。"

"别不好意思啊。"

"我没不好意思。我昨天在这里吃了。我饿了就吃，你知道的。"我确实和他们一起吃饭，但我吃得不多不少，正好维持我和他们的关系。吃得太多了，会造成他们的经济负担；太少的话，又好像瞧不起他们了。

德博拉热锅下油，炸了一些冷冻土豆块，配上汉堡肉饼，过了一会儿，泽娜妮和玛丽带着她们的四个孩子走进了门。她们都想知道母亲在做什么吃的，问能不能给她们一些。

"我不喜欢你们个个都来这里，把我的东西都吃光了，"她抱怨道，"我和你们大多数人一样没有工作，但我一直在给你们和孩子吃的。"不想听妈妈唠叨，泽娜妮跑到外面抽烟，我也跟着她出去。

"也不知道她在唠叨什么，把我的情绪都搞坏了。要不是在家做不了饭，我才不来呢。"泽娜妮经常说她情绪紧张，这是因为生活的担子压得她喘不过气。她只能靠吸烟、喝酒、出去玩来缓解压力，但这充其量只是暂时的缓解，而且往往适得其反，使她的处境恶化。

这是经济适用房危机的众多代价之一。泽娜妮付出的代价就是不能在自家做饭。我们听到她的孩子在里头打闹。德博拉受不了吵闹，就让泽娜妮和玛丽各自把孩子带回家去，让她静一静。泽娜妮回到自己的公寓，给孩子们做了一些金枪鱼三明治。

有一天，我没预先通知就到泽娜妮的公寓去。我还没来得及把车停好，她就跳上我的车，让我带她去她姐姐的公寓。到了她姐姐家，她直接走到冰箱前，"翻箱倒柜"找吃的。雅米拉听到外头的动静，就从卧室里出来。她看上去好像一整天都没有离开过卧室，睡眼惺忪，边朝我们走来，边揉着双眼。

"你们在做什么？我都不知道你们在这里。"

泽娜妮回答说，她来给孩子们拿点吃的。

"不行不行，绝对不行。你不能就这么过来拿走我的食物。这些吃的只够维持到月底。"那天才19号。泽娜妮继续拿，对姐姐的话充耳不闻。

"泽娜妮，我是认真的。我需要那里面的东西。"

泽娜妮突然停了下来，示意我带她去她母亲那里。她知道姐姐会尽她所能帮助她，所以她并不难过，也许只是失望。有几次，我看到雅米拉帮助她的妹妹，给她们钱，让她们用她的食品券卡，甚至把家里的食物拿给她们。我还从泽娜妮那里了解到，那时雅米拉在军队服役，她一听到妹妹因怀孕无法工作，就把大部分津贴都花在了她们身上。今天如果雅米拉不愿意给食物，那也是有她的苦衷。

泽娜妮决定去她母亲家碰碰运气，但我们到那里时，门锁着，进不去。她敲了敲门，没有人应声。无奈之下，她摇了摇门把手，但门打不开，她心烦意乱的。在我们开车返回她住处的途中，她把头扭开，只是盯着窗外看。回到公寓后，她在冰箱的后角找到了两块冷冻鸡肉。幸好，她搬进来一个月后，房东修好了冰箱。她在平底锅里放了些油，给孩子们炸了鸡。有时她在家里找不到吃的，就数着零钱，去附近的街角商店给孩子们买薯片和汽水。

找工作

当比尔·克林顿兑现他竞选总统的承诺，结束我们所熟悉的福利制度时，泽娜妮正赶上当了母亲。在她有孩子之前，"抚养未成年儿童家庭援助"[①]（AFDC）变成了"贫困家庭临时援助"[②]（TANF）。这个项目由联邦政府拨款，州政府捐款，为有

[①] 抚养未成年儿童家庭援助，即 Aid to Families with Dependent Children，简称 AFDC。——编者注
[②] 贫困家庭临时援助即 Temporary Assistance for Needy Families，简称 TANF。——编者注

需要的家庭提供现金援助。与以往的福利项目不同，TANF 的目标更广泛，不仅是为有需要的家庭提供援助。事实上，该计划的四个目标之一就是"通过促进就业准备、工作和婚姻，结束贫困父母对政府福利的依赖"。由于该项目完全由各州管理，各州以各自认为合适的方式解释这些目标，因此受援助家庭获得的经济利益存在很大差异。

TANF 为低收入家庭提供保障的作用逐年明显减弱。1996年，每 100 个有子女的贫困家庭中，有 68 个得到 TANF 的现金救济。到 2010 年，每 100 个有子女的贫困家庭中只有 27个家庭获得了现金救济。尽管 1996 年的福利改革刺激许多人实现了从依靠福利为生到工作谋生的转变，但其严格的福利年限，尤其是相关的处罚措施，反而加深了一些家庭的贫困。1995 年，AFDC 使 62% 的儿童摆脱了极度贫困，没有这些帮助他们将处于贫困人口的底层；但到 2005 年，TANF 的这一数字仅为 21%。这些比例也因州而异，并且加深了种族差异，那些TANF 福利最差的州，黑人人口比别的州更多。[①] 美国南部各州中就包含一些福利最差的州。密西西比州为家庭提供的 TANF救济的经济福利最差。

在泽娜妮生活的时代，最低工资和低薪只能满足贫困人口

---

① 根据华盛顿哥伦比亚特区预算和政策优先中心的报告，55% 的黑人儿童生活在福利水平低于贫困线 20% 的州，而白人儿童的这一比例为 40%。

生活所需的一部分。皮尤研究中心（Pew Research Center）的数据显示，一个有两个孩子的成年人每年的最低工资收入为15080美元，但他需要18769美元才能勉强生活在贫困线之上。作为一名密西西比州的年轻黑人女性，泽娜妮正好代表了低薪工人。低薪的定义是："一个工人必须全职、全年工作，挣到的工资才能超过联邦规定的四口之家的贫困门槛。"在我做这些调查的大部分时间里，泽娜妮正好都处在失业状态。她在我到杰克逊市之前有工作，在我离开后也找到了工作。她是占据总数66%的一年失业至少26周，且生活在贫困中的单身父母之一。

没有工作，泽娜妮只好靠各种经济来源维持生计。2012年我在杰克逊市期间，她每月从TANF领取大约500美元，从补充收入保障计划①获得约400美元，这是她为她的一个孩子领取的福利。几个月后，她又从男友那里收到了200美元。男友虽然坐牢，但在监狱的自助餐厅打工还有点儿收入。总的来说，她每个月的钱从零到1100美元不等。她每月支付500美元的房租和水电费，其他费用（比如手机费）约100美元。她将其余的钱用于自己和孩子的基本需求和食物。月初，她赶紧还清账单、债务和人情。为了感谢我有时开车接送她，她执意

---

① 补充收入保障计划是美国非缴费型福利制度中最大的现金福利计划。这是一项联邦救助计划，在全国范围内向最需要帮助的老人、盲人和残疾人提供最低收入保障，被誉为社会安全网。——编者注

请我去一家墨西哥餐馆吃饭。有个女人帮了她的忙，为了答谢她，她给她的狗买了一些狗粮。可是，到了月中，她又得勒紧裤腰带过日子了。

当泽娜妮缺钱时，她就会和几个女性朋友一起去孟菲斯或附近的其他城市，跳舞赚外快。大多数时候，她和朋友被雇去为一些活动表演，比如单身派对。有时，她在夜总会跳舞。有一天晚上，她哄孩子睡觉后，跟我谈起了她生活中的这一部分。

"我们几个女孩，昨晚刚谈起这事。最难受的是熬通宵，熬那么长时间，才能挣到大约 500 美元。"

"但是，我记得你说过几个小时你就能赚几百美元？"我问道。

"这得看你和谁在一起，你明白我的意思吗？"她解释说，每位舞者通常会向夜总会收取 150 美元基础费用，然后就是靠额外的小费了，小费决定整夜收入多少。

"万一你去了那地方，他们舍不得花钱怎么办？这差事太难了。表面上很轻松，其实很不容易。所以，这就是我们收取 150 美元预付款的原因，离开舞池你还可以赚到钱，"然后她巧妙地补充道，"或者，你知道，你问那个家伙是否想做点什么。"

我猜测她为了钱和一些男人发生了性关系。随之而来的尴尬沉默证实了我的怀疑。

沉默了片刻，她又说："我明白，这不是件光彩的事，但我知道如果我遇到合适的男人，身上又有钱，我也不会拒绝他。"

我问她:"(和你跳舞的人)会不尊重人吗?"

"有时候,如果他们不尊重我,我就必须告诉他们规矩些,比如'如果你不停下来,我就走了'。但大多数时候,他们都很规矩。有时,他们很小气。我说小气,就是小气。你本以为'拿到150美元后,可能还会再拿几张20美元的钞票',可是碰到倒霉的时候,天都亮了,我可能只赚了40美元的小费。我想至少也得赚个200美元吧,这样,熬了一整夜后回家才算不是什么糟糕的事。"

我们聊天的时候,她父亲正躺在旁边的沙发上看凯尔特人队的篮球比赛。我们知道他其实也在听我们的谈话,因为他偶尔会插话说:"泽娜妮,没人相信你那些屁话!"也许是出于尴尬,他插的话都在指责泽娜妮撒谎。

她不理睬父亲。"有些女孩做这行是为了赚学费,有些是为了付房贷,还有一些有老皮条客,"她向我保证,她没有皮条客,"皮条客有时很刻薄,他们根本不在乎你累不累。"

接着,她更多地谈到了情绪劳动。"你真的得喝一杯,进入另一种心态。离开你的自身。你想象着'好吧,我现在是另一个人了'。就像,我要把我的本体搁在这里,而进入另一种身体状况,"如果她觉得这些男人没有吸引力,那么保持这种心态尤为重要,"面对丑陋的男人,你只能忍气吞声,"但她又说,"有些丑男人嘴很甜,还有些丑男人是好男人,他们出手比较大方。"

"不过,我不会以此为职业。"她继续说。我不知道她是想说服自己还是说服我。"我不会一直做下去，其实我一直瞒着我男友。"她告诉男朋友她以前跳过舞，但他不知道她还在跳舞。"如果他知道了，我的颜面就不知要往哪儿搁了。他以为我有一份稳定的工作。到了秋天，我还得打三份倒霉的工。我真不想干了，"她为她生命中的这段经历感到遗憾，但她为之辩解，"我不在乎人们怎么想，我只是不想让人误以为这是我自找的。有的朋友也讨厌我做这种事。但是，你知道，我也是走投无路了。我不能回到我妈妈身边，也不能依赖我的姐姐。她们现在几乎不想要我了，所以我真的是狗屎不如，我只是想攒点钱买车……如果有人帮我，我也不至于去那种地方。我只想和男友一起过安稳的生活，而不必为了得到生活中的某些东西，让自己去那种地方。我相信这一天会到来的。"

她想找到一份工作不仅仅是说说而已。在和泽娜妮相处期间，我观察并帮助她寻找和申请工作。如果她运气好获得面试机会，我会陪她去。她刚开始找工作时，我陪她去了美国卫生与公众服务部。泽娜妮的补充营养援助计划（SNAP）福利被取消了，因为她被发现在倒卖这些福利。她确实卖了一些来支付手机费。她预约与他们面谈，要求恢复这项福利，并通过TANF申请工作。要想继续获得TANF福利，还有个附加的条件，那就是找工作。事实上，这个项目的核心宗旨是通过就业计划使家庭摆脱贫困。遗憾的是，这个承诺很少实现。

我们到美国卫生与公众服务部办公室没等多久，泽娜妮就被叫到后面去见一个社工。她示意我和她一起进来。社工正在

和一个看起来约 35 岁、又矮又胖的黑人妇女谈话。这位社工
很有礼貌，但在我们约谈的 30 分钟前半段，她几乎没有对我
们说一句话，只是埋头在电脑上工作。每隔一段时间，她会向
泽娜妮要一份证件，比如出生证明之类的，这时泽娜妮就从她
的文件夹里拿出她要的证件。泽娜妮偶尔会打断她，问她一些
问题，比如她如何能够通过美国卫生与公众服务部找到一份工
作，或者找到工作后，会不会影响她目前的福利。

当这位社工还在忙她手头上的工作时，泽娜妮低声对她
说，即使通过了 TANF 项目，她也需要找一份工作。就像她姐
姐那样，她想为孩子申请日托券。因为她付不起一个孩子每天
80 美元的日托费，所以她的孩子上不了托儿所。她说她曾在一
家日托中心工作过，这不是她头一回和这个项目打交道，她不
想把所有的希望都寄托在这个项目上。她希望实现这个计划的
目标，但是就像许多人一样，即使参与这个项目，还是很难找
到工作。约谈快结束时，我得知她在三个月内仍然没有资格领
取食品券，但她可以为她的孩子领取。因此，一个月她只能领
到 257 美元，而不是一家三口该得到的 378 美元。她还报名参
加了 TANF 就业计划，明天就得报到参加入职培训，然后他们
才会安排她工作。

从美国卫生与公众服务部出来后，我们顺便去退伍军人医
院看她姐姐雅米拉。雅米拉在医院的自助餐厅工作。她说，餐
厅可能在招聘，但泽娜妮要自己上网找，并在网上申请。

"妈妈还有互联网吗？"雅米拉问道。

"嗯……嗯，"泽娜妮回应道，"你下班后过来，帮我申请。"雅米拉同意了，但哀叹还得忍受母亲不停的唠叨。

第二天我遇到泽娜妮，她告诉我，她申请了退伍军人医院的工作，但找不到车送她去美国卫生与公众服务部参加 TANF 就业培训。交通不便是她面临的另一个困难，也使其他问题更加复杂。经过许可，她用妈妈的笔记本电脑和互联网继续找工作。她让我帮她填写沃尔玛的工作申请（图 7.2）。当她在申请页面上签字的时候，我才意识到，原以为 30 分钟左右就可以搞定的事，足足花了两个小时。除了填写基本情况，在提交正式申请之前，她还得做一份由 4 部分、65 道题组成的多项选择问卷，用以衡量她的道德品质。第一部分是关于客户和员工关系的问题；第二部分询问在不同情况的工作效力和效率；第三部分包括职业道德、个人决策、行为和道德的自我分析；第四部分的问题是关于过去的工作经历。这简直要把申请人折腾得筋疲力尽，让你想要半途而废。我感觉这是故意制造麻烦。

几天后，我们去了距离杰克逊市 13 千米的弗洛德，在一家老人公寓填写工作申请表，然后又去了韦恩就业中心和里奇兰的尊盛酒店。过了一天，我帮她申请了一元店及其他几家零售连锁店的职位。每隔几天，她就会申请工作：保安公司、杰克逊州立大学的餐厅、机场、日托中心、杰克逊市中心和北杰克逊的酒店，以及大学医院的保洁工作。我们还参加了一次招聘会，她投了几份求职信。每次提交申请后，我们都会打电话和拜访这些地方的人事部门，询问他们是否收到了申请。然

图 7.2　和泽娜妮讨论怎么申请工作

后，如果她运气好，接到邀请面试的电话，我就带她去面试。有一次，当我们在大厅等候面试时，她一反常态地保持沉默。在巨大的压力下，她不仅筋疲力尽，而且非常紧张。她问我如何能在这种情况下保持冷静。我想她其实是在问自己。为什么她充满活力的个性在求职面试时荡然无存了？为什么她的表现能力在这样的场合中消失殆尽了？我无法给她一个答复。我们尴尬地沉默着坐着，直到我讲了一个愚蠢笑话，才把她逗笑了。

泽娜妮的孩子上学时，我经常和她一起去找工作。如果我们从早上开始，都只顾着忙手头的任务，甚至会忘记在早上或下午吃点东西。当我们俩都饿得难以忍受，我们就去找最近的食品摊贩。例如，在弗洛德填完申请表后，我们跑到莱克兰大道的麦当劳去买四分之一磅的汉堡，由她请客。大约一周后，我们去温恩就业中心，在55号州际公路附近的一家名叫D船长的海鲜快餐店吃午饭，这次我来请客。

事实证明，当她找完工作回到家时，抚养孩子是一个更大的挑战。首先泽娜妮把大部分精力用来解决她认为更紧迫、更直接的问题，比如找到合适的住房或工作。她经常围绕这些问题安排她的一天，而从来没有以同样的紧迫感来解决自己和家人的吃饭问题。也就是说，我从来没有观察到她围绕着他们要吃什么来安排她的一天（图7.3所示为泽娜妮和她最小的孩子在一起的照片）。

这也许反映了食物与其他需求相比的重要性。尽管事实并

图 7.3　泽娜妮和她最小的孩子

非如此，养活自己似乎比其他问题更容易解决。食物，尤其是不健康的食物，既便宜又方便。无论好坏，食品工业帮你都做到了。与大多数其他国家相比，美国人一个月的工资，花在食物上的钱，特别是花在自己做饭上的钱，比大多数国家少。而且，在过去的几十年里，食品成本在人们的月收入中的占比越来越低，尽管中产阶级中收入位于前20%的家庭，比收入位于后20%的家庭的下降幅度更大。但是，能轻松养活自己只是一种表面现象。事实上，吃饭问题远远没有解决，也从未真正得到过解决。这个问题仍然存在并与其他问题交织在一起，如住房、交通、孩子入托和就业的问题。而且，如果不解决吃饭问题，我们解决其他问题的能力也会受到影响。

　　那么，在这种情况下，泽娜妮是如何选择食物的？我上面谈到的泽娜妮生活中的一些细节清楚地告诉我们，对于泽娜妮，也许还有其他贫困的人来说，当前情况的要求，决定了她对食物的选择。很明显，她的食物选择是她根据目前的情况和能力做出的。也就是说，"在相当多的模糊、不确定和冲突的情况下"做出的决定，"做法和目的有时互相矛盾。一旦事与愿违，还需要改变策略和方向"。

　　回到社会理论家如何思考不同的决策方法上来，埃米尔拜耳和米沙提出，当现实情况主导决策时，人们首先分析情况，找出问题和问题的特征，判断之前的方案是否能解决当前的问题，或者确定新的策略是否能更有效地解决问题，经过深思熟虑，做出决定，然后付诸行动。泽娜妮能迅速找出问题。尽管她不想去面对，饥饿在某种程度上显然成了一个问题，一个不能被忽视或回避的问题。对于泽娜妮来说，上半个月，当她还有点儿钱的时候，这也不是一个特别严重的问题。过了上半个月，当她囊空如洗时，饥饿就成了一个无法即时解决的问题。当家里揭不开锅时，她往往束手无策，只能用老办法：去她妈妈或姐姐那里找吃的。如果这个办法不能解决问题，她就走下一步，在她的橱柜里找剩下的食物。如果找不到，她就会利用一切可以利用的资源。然后下一步，再下一步，直到问题解决，只不过，同样的问题过几个小时又会出现。

泽娜妮的饮食决定，往往没有遵循过去的饮食传统。在她家的餐桌上，灵魂食物极为少见，她也很少按照过去的黑人食物传统来为家人准备餐食。部分原因是，她在十几岁的时候，父母离异加上自己早孕。这之后，灵魂食物不再是她生活的一部分。这并不是说她不喜欢这些食物，只能说，灵魂食物不再是生存食物，而是富有仪式感的食物。作为密西西比州的黑人，烹饪和享用灵魂食物是她种族身份的一部分。但是，灵魂食物再也不像她小时候那样，是她和孩子的"基本食物"。尽管她和孩子今天吃的东西，和曾经的灵魂食物一样，是生存食物，但不是黑人的标志性食物。今天黑人赖以生存的食品不是黑人创造的，而是由跨国食品公司加工生产的，没有任何象征意义。

当各种健康倡导者鼓励穷人改善饮食习惯时，他们往往忽略了这一点，即当前的状况是如何影响食物决定的。他们以为，只要指导得当，又有决心，穷人在做决定的时候，就会把健康因素考虑进去。而且，在不改变自身条件的情况下，他们可以做到这一点。换句话说，他们假定在相同的情况下，人们可以从一个由当前环境限制所主导的决定，切换到由未来（健康期望）所主导的决定。他们的假设通常是，如果低收入家庭学会如何烹饪、如何购物或如何制订膳食计划，他们就会对吃什么做出更好的决定。或者，更难以自圆其说的是，如果贫穷的母亲关心自己的健康，她们就会做出正确的决定。泽娜妮和其他父母一样当然关心自己的健康和孩子的未来，但她所处的环境让她很难按照自己的愿望选择食物。只有我们考虑贫困生活，特别是食物稀缺的生活，如何对未来的思考和规划产生负面影响，我们的研究才有实际意义。

　　稀缺心理学的基本前提是，人们时刻牵挂着他们缺乏的东西，而且，"如果你面对匮乏，你最终可能会陷入某种狭隘的心理隧道"。泽娜妮缺乏的是经济资源，所以她的隧道视野引导她找工作。这种狭隘的视野可能有好处，但也可能产生可怕的后果。当人们专注于他们缺乏的东西时，他们往往就做不好别的事情。为什么会这样？这项理论的支持者认为，稀缺限制也会扭曲了我们大脑的"带宽"，也就是在任何时候的心智能力。当人们面临极度稀缺时，他们的大脑带宽会受到相当于缺少一夜睡眠或 13 个智商点的阻碍，这使他们几乎没有精力去做别的事情。无论是缺少钱的穷人或是缺少时间的公司总裁，这些发现对于他们一样适用。以泽娜妮的情况来说，她不能在寻找工作和应对贫困生活的种种压力的同时，又遵照健康倡导者提出的所有营养建议。她的带宽经常被这一切耗尽，并且还不断产生新的压力和挫败感。我常常观察到，她变得神经兮兮的，但有一个晚上特别明显。

事情是这样的，泽娜妮在图书馆填完工作申请表后，我们回到她的房子，泽娜妮的姐姐玛丽在洗衣机旁洗衣服。那时，玛丽和泽娜妮，以及她们的孩子，都与雅米拉住在一起。玛丽的大女儿贝贝和其他孩子在餐厅玩耍。孩子们正在追赶并抚摸他们找到的一只狗。过了一会儿，贝贝想用微波炉烤香肠，这是一种普通的希尔郡波兰香肠。泽娜妮的女儿陶特也学着烤了些。他们可能从学校回家后就没吃过东西。那时已是下午5点左右。他们把香肠热好后，就围在我坐着的餐桌旁吃饭。他们把香肠烤过头了，硬邦邦的，还冒着热气，他们没法用塑料叉子切。

较小的孩子，特雷文（泽娜妮的儿子）和艾丽斯（玛丽的女儿）站在一旁，求姐姐给一点，但大孩子不愿分享，所以这两个小孩开始大哭，好让母亲给他们打抱不平。"给她一些，贝贝！"玛丽喊道。贝贝正使劲地吃。因为香肠还很烫，她想把香肠切成小块，但切不断，所以她把整根香肠抓起来咬。咬了三次，她才咬了一段分给艾丽斯。她想再咬一段给特雷文，但再也咬不动了。

"就让他自己咬吧！"看到那男孩可怜兮兮地盯着香肠，我建议道。她把香肠递给了他。他使劲咬了一大块。但几乎是同时，他烫到了嘴，又把它吐了出来。他吐着气，好让自己受一些。然后他咬了一小口，咀嚼起来，但他的脸也皱了起来。

"你不喜欢吗?"贝贝问道。

他摇了摇头表示不喜欢。但是,他把刚才咬下来的那块都吃掉了,显然他饿了。早些时候,他把我逼到墙角,要我带他去商店买点吃的。他诉苦道:"一天下来,我什么也没吃。"我知道他在说谎,但这与事实也差不多。

"我没有吃早饭。"特雷文说。

"不过,你在学校吃了饭,对吧?"我追问道。

"吃了。"他承认。

"你吃了什么?"

"比萨。"然后,他两眼直盯着我,用六岁孩子所能表现出的严肃语气恳求道:"求求你,带我去买点吃的吧。"

我不想告诉他我做不到,所以转身离开了他。他跟着我。上次,我已经屈服于自己的同情心,但这一次,我打算坚持一下,看看这个家庭如何解决家里缺乏食物的问题。

没有出手帮忙解决眼前的需求是我在研究中面临的道德问题之一。看着年幼的孩子挨饿而无动于衷,似乎缺乏同情心。但作为一名民族志学家,我的工作是观察和了解他们生活的内在规律。因此,我如果像以前那样介入他们的生活,拿出我的信用卡,然后把孩子带去店里买吃的,就很大程度限制了我能了解到的事实。不过,即使这些理由可以自圆其说,面对饿坏了的小男孩,我应该二话不说,把他抱上车,带他去一个他可以想吃什么就吃什么,想吃多少就吃多少的地方吃东西,唯有这样心里才会舒坦些。

下午6点左右，比利（泽娜妮的父亲）和"画家"（他们家的朋友）回来了。他们在建筑工地做临时工。他们刚从杜兰特和科修斯科之间一个小镇的教堂工作回来。"画家"因为擅长建筑绘画而得名，他一直住在雅米拉的公寓里，因为雅米拉每周只收60美元房租，比他在公寓里每周80美元的租金要低。他并不介意住在流浪汉收容所，因为收容所是免费的，但当他下班回来时，收容所往往已经满了，而且已经关闭了。比利当时也住在这里。那天他走进来时，身上一股酒气。

"爸爸，你杯子里装的是什么呀？"雅米拉开玩笑地问。

"这只是嗯……呃……"他看着杯子，然后又回头看着她。

大家都安静下来，等待他的回答。"橙汁。"他脱口而出。听到他的回答，整屋子的人齐声大笑起来，因为我们都知道他没说实话。

泽娜妮猜想"画家"和比利可能领了工资，就想从"画家"那里弄点钱买吃的。她没有理会父亲，因为她知道钱可能都被他花去买酒了。

"你也知道我不是天天都有钱领的，""画家"回应雅米拉，"我存了一些钱。我拿出几块钱，给他们弄点吃的。我不能看着他们挨饿。"他是土生土长的密西西比州印第安诺拉人，所以他有明显的德尔塔口音。他出5美元请孩子们吃东西。这当然不够，不过他倒带了个头，大伙都来凑份子。

当泽娜妮和屋里那些人碰碰运气的时候，玛丽已经出去给孩子找点吃的了。她回来就宣布，今天孩子们有面条吃了，她还说是从妹妹那里弄来的。

"你为什么要给孩子们吃面条？"泽娜妮一听到面条就生气了，但是我们谁也不知道她为什么发火。

"你到底在说什么呢？我刚给孩子们弄了点吃的，你就生气了。至少他们不会饿着肚子睡觉呀。"

"他们需要吃些肉！"她们越说越快，越说越气。

"他们不那么需要吃肉，至少他们有吃的。泽娜妮，气死我了！"她和我们一样对泽娜妮发的无明火感到不解。

"他们也不需要在睡觉前吃面条，然后去上学，然后告诉别人，然后别人再报告给美国卫生与公众服务部的人！"泽娜妮怒不可遏。他们似乎一直生活在美国卫生与公众服务部和美国儿童保护署的眼皮底下。作为穷人和黑人，在这个州，他们的一举一动似乎非常显眼。

"那就别给你的孩子吃面条了！"玛丽打断她的话，走进后面的房间。她还在说气话，但我听不清楚她在说什么。玛丽的女儿爱丽斯趴在地板上哭，说她不想要面条。

泽娜妮一定听到了玛丽说的话，所以她回应了。"你不是这里唯一竭尽全力养家的人，"她对她吼道，"我才是！"

"但你不能这般怨我。我出去给孩子弄到了面条。我自己明白我是不是尽力了，但你又说什么他们要吃肉。他们又不会饿着肚子睡觉。"

"他们真的还要吃肉，玛丽！"

"我没有肉给他们吃！"

这时，她更加懊恼。"乔琪没给我肉，我哪来的肉给他们吃！我哪来的钱？"

泽娜妮没再说什么。就连她也知道，经常被嘲笑像条大懒虫的玛丽，今天的确已经尽力了。一种无能为力的挫败感，让她们情绪爆发，其实与面条或肉基本无关。爱丽斯一直在哭。她的哭声和大人们未消的余怒填补了暂时的沉默。

"别哭哭啼啼的，爱丽斯！"玛丽喊道。

特雷文跳到我的腿上，和我玩起了打架的游戏，好像什么事也没发生过似的。

"我赢了。"

"你没赢。"

过了一会儿，他问道："我可以去你家吗？"

"不，你不能去我家。你有自己的家。"我和气地回答。

他妈妈就和他隔两个座位，听到了他的声音，厉声说："你给我坐下，别再玩什么烦人的游戏了。"

屋里渐渐平静下来了，泽娜妮道出了她为什么对玛丽这么生气。为了不让"画家"听到，她压低声音对雅米拉解释说，她以为自己快要说服"画家"掏钱去肯德基买炸鸡了，但半路杀出个玛丽，说她弄到吃的了，把她的计划全搞砸了。她之所以发这么大的火，不仅仅是因为她觉得孩子要有肉吃，也因为错过了潜在的资源。如果玛丽没有搅进来说今晚吃面条，那他们晚上就有炸鸡吃，明天晚上还有面条吃。她很不开心，因为她现在还得找吃的。

坐在客厅里的雅米拉发现国旗不见了。她是退伍军人，参加过几次军事行动，最后一次是在伊拉克。她矛盾地谈到了自己的服役经历，既骄傲又后悔。她把国旗挂在客厅的壁炉上，让人感到骄傲。

"国旗在哪儿呢？"她问道。

没有人回应。当她看到美国国旗和放国旗的盒子都扔在地板上时，她顿时感到很气愤。

"谁把旗弄破了？"她声嘶力竭地叫嚷着，打破了暂时的平静。她的嚷嚷把我们都吓了一跳，但孩子们更是惊恐万分，几个小屁孩都被吓哭了，立刻矢口否认。

"不是我，不是我。"他们呜咽着说。

"哼，总得有人站出来承认，信不信由你！"雅米拉冲出门，去拿一条足以吓唬孩子的鞭子。她一出门，所有的孩子就躲得无影无踪了。玛丽的孩子们跑进他们的卧室。泽娜妮的两个孩子躲在她身后。他们吓坏了。雅米拉拿着一根油光水亮的鞭子回来了。

"哪个混蛋打破了我放总统奖旗的盒子？我的奖章呢？"她降低了声调，严肃地解释她为什么这么生气。"我告诉过你们不要乱动，这些奖品是花钱买不到的。我不知道跟你们说多少回了。你们要的，我能给的都给了，你们要怎么闹都行，但只有这些奖品，对我来说非常重要，你们却非要弄坏了不可。我的奖章在哪里呢？"

泽娜妮向雅米拉解释，整件事的经过原来是这样的：约一小时前，所有的孩子都在玩耍，后来大人要他们打扫房间。因为泽娜妮的女儿陶特用了一把比她还高的扫帚，所以当她扫到挂着国旗的壁炉边时，扫帚一头碰到了国旗盒，把它从壁炉架子上拽了下来。盒子掉了下来，散开在地上。她试着把盒子放回去，但是她够不着壁炉架，所以她就把盒子放在了餐桌上。放在盒子旁的奖章也掉了下来，但她没有注意到。泽娜妮的儿子特雷文捡起奖章，戴在脖子上，出去跑了一圈。过了一会儿，奖章从绶带上脱落了。

听了泽娜妮的解释，雅米拉就没再说什么了。她在地上找到了奖牌，把国旗放回盒子，把盒子拿进自己的卧室。玛丽对刚发生的事还耿耿于怀，加上之前和泽娜妮争吵的余怒未消，于是一把抓起雅米拉的鞭子，大声训斥她的孩子。凯莱布首当其冲，他光着膀子，妈妈打他时，鞭子直接打到身上。我小的时候，也挨过打，看到那个小男孩挣扎了一下，感同身受。贝贝也被臭骂了一顿，爱丽斯也受了牵连，尽管事发时她压根就不在那儿。

发生了这件事后，比利喝醉了，而且还在喝，比利对泽娜妮说，她早就该听他的，多关心关心自己的孩子。"爸爸，那是两码事，用不着你管。我的孩子我会管。况且，不是一直都由我一个人管吗？"

雅米拉从卧室里走出来："你们都来吃点东西，准备睡觉。都快9点了。"

孩子们明天还得上学。雅米拉回到了妈妈的角色，她还经常照顾外甥外甥女，就像他们是自己的孩子一样。她把餐厅的桌子收拾干净，然后吩咐贝贝去做面条。陶特按妈妈教他的，给自己做了一碗面条。贝贝也做了一碗给特雷文吃。大家围着桌子吃饭，然后三三两两回后面的房间里睡觉。特雷文仍然焦躁不安，无法入睡。

"过来，宝贝。让我摇着你睡觉。"

他一头钻进了他妈妈的怀抱。妈妈紧紧地抱住他，在他的后脑勺上亲了一下，来回摇晃着他，让他平静下来。片刻后，他爬下来，进卧室睡觉去了。

屋里又恢复了平静，至少看起来是这样。泽娜妮还在为明天给孩子吃什么发愁呢。她借我的手机打了几个电话，因为她的手机被雅米拉拿去用了。他们都还在忙着找一些食物或者钱，或两者兼有。雅米拉的电话没打成，但手机一挂，电话铃就响了。

"喂，请问您是哪位？"雅米拉问道。

我们都听着。

"你是从通讯录的哪页上查到我的号码的？不是我……哦，你一定是在找我妹妹。"

她把手机递给泽娜妮。寒暄了一两句之后，泽娜妮口气变了，好像在讨好电话那头的人，不想错过什么机会似的。

"150 美元……是的，30 分钟，但是你知道时间并不重要……是的，一直做下去直到……你懂的，好吧，回头见。"

她起身进卧室。几分钟后，她出门了。

第 8 章
比娅女士

2016 年 6 月的一天，我们把车开到一个停车场，坐在那里，继续我们的谈话。车没熄火，直到我意识到我们会在那里多待一会儿，才把它关掉。我于 2012 年秋天离开了杰克逊市，这是我回来后的第一个星期。我正在重新了解泽娜妮的生活。她有了第三个孩子，现在还不到一岁。我有很多问题要问她。因为我上次在这里和她建立了良好的关系，我离开后我们也保持着联系，所以我就开门见山，直截了当问了问题。她的回答也毫不掩饰，直言不讳，在我看来，这是最诚实坦率的。谈到贫困的压力，特别是贫困如何影响她的食物选择时，她说得很详细，但有些抽象。有些方面，情况有所好转；但有些方面，则每况愈下。

"好像有点不可思议，回头一看，我真的已经走了很长的路。但是，我不走回头路。好像……有人从背后推了你一把……我必须一点一点地接受现实的一切。我没办法规划什么人生，不过我已经好久没有过以前那种生活了。"

她曾经被诱惑了，但现在已不再为了钱和朋友到城外去跳舞。她说，说实在的，她怀念赚外快带来的意外之财。她现在有了一份工作，但收入不足以养活自己和家人。所以，她陷入了困境。

"钱来得快时，东西吃完了，我就一次花上一百美元买菜，从来没有好好计划。但现在，不能那样……一美元我得当十美元花。"

她目前的工作，每两周赚的工资是 400 美元。幸亏有美国住房和城市发展部的证明，房租本来是每月 800 美元，她只需付 100 美元，那也是他们发现她有工作才要付的。因为当她签租约时，她怀有身孕，又没有工作，所以基本上免交房租。扣除水电费和其他杂费，她还剩下约 200 美元来养活家人，买婴儿尿布和其他生活用品。她跟我说话的语气就好像她在尽力说服我。我关掉了汽车的引擎。我的身体朝前，而她坐在汽车的前座上，离我尽可能远，侧身对着我，一直在说她的压力好大。

"告诉我压力有多大。"

"这就像当你有了孩子，要承担责任，而你养不起他们那样的压力。我昨晚正愁着晚饭怎么解决，就碰运气去刷了银行卡，结果出现了负数，"她干脆一吐为快，"但是，我刚开了这个账户，这就是说我必须付双倍的钱，这是他们的手续费，一次就是 20 美元，你明白我的意思吧。"她承认，她真不知道那天晚上他们要拿什么填饱肚子。工作，又是另一个压力。她母亲不能帮忙照看孩子，她付不起每天 175 美元的夏季日托费，她要么去上班，把孩子扔家里，要么待在家里，没钱挣。

　　她停了一下，深吸了几口气，然后，好像不敢相信自己会告诉我，却又脱口而出："特雷文告诉我他想跟他爸爸在一起。"特雷文的父亲几年前走了，他希望能和父亲葬在一起。"我问他，'为什么？'他回答说，'妈妈，因为你压力太大了。'这话伤透了我的心，真的触及我的灵魂……事情不应该是这样的，不该这样。"

　　她对我吐出了满肚子苦水，我深感同情，这不仅是因为我对她、她的家人和孩子非常了解，还因为她言之有理，与众多学者有关贫困生活的论述不谋而合。支离破碎、动荡不安的生活，从各方面困扰着她，搞得她精疲力竭，几近崩溃。

　　听着泽娜妮的讲述，我想起了比娅女士，她也是我在杰克逊市认识的一个生活在贫困中的妇女。她是一位60多岁的祖母，抚养着四个孩子：两个孙子还有一个养子和一个侄子。她的情况比泽娜妮稳定一些。她有两份兼职工作，正在偿还房子的抵押贷款。她可以按月领取食物券，尽管有时多，有时少。比娅不像泽娜妮那样担心如何养活自己和家人。她对食物的选择是不同的。她的冰箱和冰柜里总是装满了食物，她每天都自己做饭。她定期购买食品杂货，一日三餐也略有计划。此外，比娅女士经常烹饪可以算是灵魂食物的饭菜。她的餐桌上经常有玉米面包、猪颈骨、鲑鱼丸子、青菜和炸鸡等主食主菜。

　　相对稳定的经济状况让比娅女士能静下心来，考虑、选择和烹制传统食物，吸取传统饮食精华。当我于2016年回到杰克逊市时，比娅已经失去了她的房子和工作。她租了一栋房子，在一家临时中介公司工作。她的经济状况与泽娜妮非常相似，但她的食物选择却与泽娜妮截然不同。她过去的饮食习惯每每左右她对食物的选择。

为什么会出现这种情况？比娅女士的故事对我们关于食物选择和贫困的讨论有什么帮助呢？这一章（第8章）旨在说明，不同年代的贫穷黑人，受到灵魂食物和其他黑人食物传统的影响程度不同。灵魂食物是比娅生活的主要组成部分，但对泽娜妮来说似乎可有可无。在下面的章节里，我们还讨论了当代密西西比州城市的贫困状况，如何改变了甚至像比娅这样的女士烹制灵魂食物的方法。

威利·比娅

比娅女士，在九个兄弟姐妹中排行第五，她有四个姐姐。她的父母给她取名为威利·比娅。我猜她父亲一直想要一个男孩，但暂时还没有。她排行第七的弟弟呱呱坠地时，也叫威利，全名是威利·弗兰克。小时候，大家通常叫她比娅，叫弟弟威利。

听说我的研究项目后，杰克逊市的一位社区活动家介绍我和她认识，并一直用肯定的语气说她"与众不同"。无论生活多么艰难，她都能以乐观的态度面对。她的故事经常被用来宣传黑人在生活中的坚强毅力，淡化他们的苦难悲情。她声色俱厉，但心地善良，心直口快，富有同情心。我去她家辅导她的儿子杰里迈亚。他一出生，比娅女士就收养了他。那时，她在医院接受子宫肌瘤切除手术，失去了生育能力，但也就是在那里她遇到了杰里迈亚的生母。比娅还有一个女儿叫阿迈卡或迈卡，是她唯一的亲生孩子。比娅就住在附近看起来像是用旧车库改建的一个公寓里。除了杰里迈亚，比娅还照顾迈卡的两个儿子，抚养他们成长。同时，她还收养了一个侄儿。比娅女士就是这样的人，收养了很多孩子，用她有限的资源来帮助他们。她的确"与众不同"。

2012 年，她住在自己拥有的一栋房子里，离华盛顿扩展区的吉姆希尔高中不远。华盛顿扩展区，当地人往往叫成"扩区"。她是杰克逊市公立学校的校车司机（图 8.1），清晨送孩子上学，下午接孩子回家。空档时间，她在当地一家日托中心的厨房里工作。她为她自己和她照顾的孩子领取了食物券。她有两辆车，不是出于奢侈，而是因为她不知道当她需要的时候，哪辆车还能开得动。

2012 年 2 月底，在我第一次见到她的两天后，我顺路去帮杰里迈亚学习。穿过门廊，从前门进去，就到了她家的厨房。水槽和炉子被放在一个 L 形的柜台里。厨房隔壁的房间，是一个小小的电脑桌工作区，有一张沙发和一台笨重的旧大屏幕电视。在她朴素而整洁的家里，到处摆着家人的照片。比娅的家规也很严格：不能大吵大闹，也不许顶嘴。在墙角，我看到一份家务清单，上面列出了每个家庭成员要做的家务。

寒暄了几句后，我请她允许我带杰里迈亚去图书馆市中

图 8.1　比娅女士和她开的校车

心的分馆，我就是在那里和那些无家可归的人待在一起的。杰里迈亚从来没有去过那里。在我们往返图书馆的路上，杰里迈亚表现得很腼腆，我想让他开口说说话，但他还是静静坐在车上。我又去了一两次比娅家，发现杰里迈亚并不喜欢我做他的辅导老师，或者根本不想有什么辅导老师。但是，我还是经常去比娅女士家，因为她经常邀请我去。我和迪昂特、达卡里（她的两个孙子）以及鲁本（她的侄子）这些孩子一起玩。我还在厨房里看着她做饭。因为她的个性，她觉得我也需要有人照顾。她请我在她家吃饭的次数我都数不过来了（图 8.2）。

当比娅借鉴过去经验的时候，她总会想起 20 世纪 60 年代她在密西西比州莱克星顿的家，那时所有的菜都是她母亲做的。

一天早上，她站在厨房的炉台旁对我说：“我们起床的时候，炉子上总摆着妈妈做好的早饭。”他们早餐吃烤面包和熏肉，或者香肠和粗燕麦粥。“玉米粥是凉的，但她总是把早餐准备好。”她妈妈早上 5 点起床做好早饭，再去上班。她在一家日托中心工作，然后在一家医院的妇产科做助理护士。“她每天早上都这样，每天给我爸爸准备好午饭，天天如此！她慢慢地、强调地重复道。晚饭是她妈妈在下午 3 点半下班回来后做的。她对晚餐最美好的回忆是吃卷心菜、青菜、玉米面包、红薯和炸鸡。”

“您是在家里学会做饭的吗？”

“也可以算是吧，但我不下厨帮忙，我最小的妹妹丽芙才下厨帮忙，因为，我爸爸口味很古怪，他只吃丽芙和多尔做的饭菜。"多尔也是她四个姐姐当中的一个。

高中毕业后，比娅搬到堪萨斯城和她姐姐住，开始自己做饭吃。她姐姐做两份工作并在教堂做志愿者，用比娅女士的话来说，她是"那种喜欢边看电视边吃饭的女孩"（图8.3）。那是20世纪70年代中期，斯旺森刚刚推出了"饿汉餐"，并在广告中宣传冷冻速食是一种物美价廉的替代品。比娅女士对此不以为然。她一边回忆以前吃什么样的晚餐，一边自己做饭吃。她做了一些和她妈妈做的一样的饭菜，像是玉米面包、羽衣甘蓝和黑眼豌豆什么的，但她坦承，大部分食材取自罐头。从她这一番话中，我们可以想象那时她妈妈用的食材更为新鲜。在堪萨斯城，她买不到那些新鲜的食材，所以她因地制宜，把过去的经历与现实情况相结合。

一直到2012年，她也还是这样买菜做饭。比娅在当地食品杂货店买菜，这家店在防御街，离她家大约六千米半。她这个月13号领到大约600美元食品券后，就去多买了一些东西。她多次谈到家里存了不少吃的，还邀请我和她一起去买菜。我利用这个机会，也跟着她学买东西。

当我们经过她经常光顾的著名的"自选五"促销货架时，她解释说，花19.99美元就可以买到五样东西。"自选五"组合最受欢迎的是肉类，但也可以选水果和蔬菜。一些中产阶级家庭也光顾我们买菜的这家店，但他们老是抱怨促销的食品质量不好，简直可以扔掉，但比娅女士没有那么挑剔。她买了三套

图 8.2   比娅女士和女儿在厨房谈话

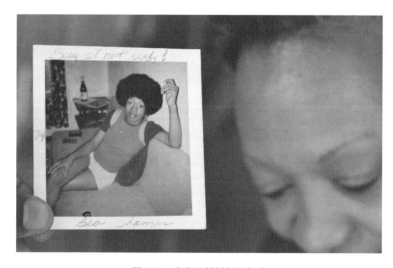

图 8.3   年轻时的比娅女士

"自选五"，有肉，有水果，还有蔬菜。当我说西兰花不是我最喜欢的蔬菜时，她夸口说她的孩子很喜欢吃西兰花。如果碰到打折，同一件东西，比娅女士经常会买好几份。当她看到卡夫烧烤酱只要88美分时，她一下子买了五瓶。她还买了四瓶减价的芥末，一大包冷冻排骨，三盒冷冻香肠饼干三明治当早餐，还有四罐鲑鱼做炸丸子。这些和她妈妈以前用的食材相去甚远。一天，在厨房里，她分享了她小时候在夏天采摘新鲜蔬菜的美好回忆。那时，他们还把菜装在罐里，腌制酸菜，准备过冬。

华盛顿扩展区

　　一个星期日的早上，当我到达比娅家的时候，她家里最小的孩子迪昂特在车库前面的车道上。我走到他身后，把他抱了起来。我问他去不去教堂，他咕哝着说去就去。这男孩胖墩墩的，虽然才八岁，看起来就像个橄榄球后卫。我问他比娅女士在不在家，他点了点头。他和弟弟很早就起来，和他们的母亲迈卡在一起。我是应她的邀请，和他们一家一起上教堂的。

　　一进门，一股浓郁的熏肉香味就扑鼻而来。比娅女士穿着蓝色及膝西服套装，准备出门了。当时大约是早上8点35分。鲁本和杰里迈亚刚刚起床。杰里迈亚愉快地向我打招呼。我问他那篇和我一起修改的作文写得怎么样了。他回答说："如果我按时交，就会得到个'优'。"早餐时，比娅女士为我们准备了培根三明治，也就是几片培根夹在白面包片之间。

吃完饭后，我们爬上了她的绿色面包车。那辆车就像她的移动办公室，里面有各种各样的笔、信纸，还有瓶装水，总之，她所需要的小玩意儿应有尽有。她说车上的收音机坏了，可能是电路接触不良，时好时坏。"车一碰到某些地方，收音机就又自己响了。"我们开车去密西西比州的特里镇，这个镇在杰克逊市以南大约 32 千米的地方。她前夫的父亲在那儿的教堂当牧师。将近 20 年来，她一直到这个教堂祷告，她每周都会开车去，因为这儿能让她想起密西西比州的列克星敦这个她从小长大的地方。

我们到达时，比娅女士的主日学班上有十几个人，四男八女。在我们之后又进来了六个人。那天读的经文是约翰福音第 1 章的第 1 节至第 14 节。每个人都站起来念一节经文。轮到我时，比娅女士递给我一本《圣经》让我接着读。然后，传教士凯瑟牧师（教会的创始人，也是比娅女士前夫的父亲，七十多岁）开始讲道。他穿着七分袖格子灰色西装。他逐节讲解我们刚读过经文，还不时引用其他经文来讲解。讲道结束时，在主日学校上课的孩子们加入了我们的查经班。他们站在教室前面，一个接一个地回答有关圣经课的问题，展示他们所学到的东西。

然后是大约十分钟的通知。一项通知说有人捐赠了碎麦片，需要的人可以将麦片拿回家。宣布消息的人开玩笑说他不喜欢那种麦片，因为它吃起来像草一样粗糙，但想要的可以拿走。他凭借牧师的象征性力量来表达他的不满。

"你们都知道，凯瑟牧师和我都不喜欢吃这些东西，除非是油炸的并且是甜的，所以对我来说，碎麦片真的不好吃。"

"不过对你有好处，这是膳食纤维的良好来源。"坐在前面的一个男士开玩笑地插话。

"哦，是的，是的，对你绝对有好处。我只是说我不喜欢这种味道。"他又发布了一个通知，请求为一名 19 岁小伙子祈祷，因为他的血糖水平太高了，正在住院。

上完主日学校后，我们去主圣殿参加正式的礼拜仪式。几盏枝形吊灯照亮了整个殿堂空间。比娅女士让我们坐在左边中间的一排。她问我为什么不在主日学校作自我介绍，并明确告诉我，可以在礼拜时作个介绍。我不想作自我介绍，但她不买我的账。所以，在开场圣歌和通知之后，正好他们要求新来教堂的人作自我介绍，我就照她的意思，自我介绍一下。那个 19 岁的高血糖少年，在通知里再次被提到。然后，一位串讲的牧师在毫无准备的情况下布道。教会的信徒在他讲道的整个过程中都哼鸣吟诵，内容既有赞美，也有告诫。礼拜结束后，走出教堂，我看到门口摆着一些碎麦片，有十几盒。当我们出来时，有七八个人还在教堂里，大部分教众已经离开了。

教会通知提到了健康饮食，这方面的对话在比娅的生活中不少。她的一些姐妹患有糖尿病，所以她耳闻目睹了健康状况不佳的后果。参加杰克逊州立大学和其他非营利组织的社区外展项目和育儿课程的人不多，但比娅女士是当中的一位。这些项目包括健康方面的课程。而且，她经常与社区活动家和社会工作者联系，但即使是她，也不能把健康食品作为一日三餐的首选。不过，她按照一些健康倡导者的建议，自己做饭。可惜的是，她能买得到并且买得起的食材有限，所以她只能尽力而为。贫困的生活，即使相对稳定，有时也不得不违背健康理念。这一点，她和泽娜妮有共同之处。一旦她的经济来源不稳定，情况就变得更糟了。

从教堂回家后，比娅女士给我们做了炸鸡、豌豆和白米饭吃。除了鸡肉，这些菜她昨天就都做好了。

住在比娅女士家

"我昨晚给你做了些猪排。"猪排是油炸的。

"哦，可惜我昨晚没在这儿吃，那我今天早上就吃。"我回答道。那是 2016 年，比娅住在城里的最南端，离拜拉姆^①比到杰克逊市区还近。她住的房子里有一间空卧室，所以她问我想不想租这个房间。我欣然同意，并分担了家庭开支。和她生活在一起，我可以更仔细地观察她目前的环境是如何影响她的饮食习惯的。

我从浴室出来后，她做了一个半生荷包蛋和一份炒鸡蛋。她问我想要哪一个。我选了炒蛋。她用烤箱烤猪排，我则切了

---

① 杰克逊南边的小城，人口约有 1.5 万。——译者注。

些葡萄干面包。她边煎培根，边对我说："你也来一点，够我们两个人吃的。"她用平底锅剪了六片培根。我称赞说猪排很香，她没有异议，说道："加了一些调料，味道正好。"她用的是托尼·查切尔牌的原汁原味克里奥尔香料。在我们谈论猪排的时候，她还给我看了她冰箱的库存。她说她现在从一元店买了不少吃的。我不知道她会去一元店买东西，但当时她的生活很艰难。

"迈卡让我买的。这盒男爵比萨一块钱，这块牛排一块钱，这些鸡肉饼干也是一块钱。"她带这些去上班。如果她午饭吃这些，就不必在单位的自动贩卖机里花 2 美元买同样的东西。她还说她不像以前那样经常做饭了。

"我做了些饭，可以吃上三四天。有些天我连炉子都不开。她不用照顾孩子了。迈卡带着孩子们度暑假，杰里迈亚现在自己过，鲁本也回他母亲那儿去了。"

比娅的女房东，现在搬去芝加哥住了。房东的孩子过去常常乘比娅开的校车上学。当孩子们告诉比娅他们要搬家时，比娅给那位房东打了电话。当时，比娅正在找地方住。因为她失去了工作，无力偿还贷款，银行取消了她房子的赎回权。尽管她已经尽力了，但在 2012 年，她还是无法满足两份工作对她的要求。学区安排她开校车到更多地方接小孩上学，结果接完小孩后就来不及去日托所上班，所以她只好放弃日托所的工作。后来，学区又减少了她的工作时间，可是她也不能再回日托所上班了。最后，她连在学区开校车的饭碗也丢了。比娅向那个搬到芝加哥的房东解释了她的情况，房东同意把房子租给比娅。比娅现在在一家临时机构工作。这时，她的临时工作就要结束了，所以她必须找别的工作。她希望他们能安排她去沃尔玛上班。她目前的经济状况不稳定，与泽娜妮的情况差不多。

她端了一盘饭菜给我，用幽默的口气，认真地说："孩子，你知道我是不会给你端盘子的。下次自己来吧。"

"好的，女士。"我答应她。

我吃了黄油米饭、炒鸡蛋和炸猪排，味道比我通常吃的要咸些。她吃了单面荷包蛋和培根。她盛了一些米饭，但没有吃。我们边吃，她边告诉我一些房子的事情。她想从那位女士那里把房子买下来，但她当时的经济条件不允许。她搬进来后，发现天花板和自来水管道都需要修。她付了钱请人来修，不过她保留了所有收据，希望房东从房租中扣除这些费用。

比娅在去上班之前，带了一些食物到迈卡家给孩子们。尽管比娅的外孙没和她住，她仍然在他们的成长过程中发挥了积极的作用，确保他们能吃得饱。迈卡不像她妈妈那样养育孩子。她做饭少，叫外卖多，出去吃饭也是经常的事。我常听到比娅骂她女儿不好好做饭："老给孩子吃一大堆垃圾。"

他们的不同之处揭示了比娅选择食物方式的不同。对她来说，即使生病了，要吃饭就得自己做饭。出去吃饭只是偶尔的活动，而不是日常活动。她在成长过程中吃的都是家里做的饭。在堪萨斯城和姐姐住在一起时，她自己做饭吃，也给儿女和外孙做饭吃。这是根深蒂固的观念，即使收入不稳定造成的生活压力，把她搞得精疲力竭，也没有阻止她做饭。她从小就知道要吃饭就得做饭。有人研究过去的习惯，也就是在生活中形成的习惯，如何影响我们的行为，得出这样的结论："无论是社会结构，或者是心理特征，本身都不能决定行为习惯。相反，在积极应对历史形势时，人们发展出相对稳定的互动模式。"换句话说，一个人在生活中养成的习惯，会成为预测行为的稳定因素。人们的行为不一定与他们的品质有关，也不只是他们对社会环境作出的反应。比娅女士继续用她以前的方式做饭，即使她的经济状况看起来和泽娜妮差不多，是因为她已经习惯了。这是一种"前反思意向性"，是在应用她认为理所当然的知识，是她解决自己和家人吃饭问题时的本能反应。泽娜妮和迈卡都不是这样。泽娜妮没有形成这样的习惯来解决家人的吃饭问题。迈卡也许有这样的习惯，但今天的食品供应系统，使她不做饭，反而更容易让家人吃上饭。

我帮比娅女士把要给迈卡的菜装上她的绿色面包车。我们到那里时，迈卡还在睡觉。比娅女士有她女儿家的钥匙，所以她开了门，直接去厨房。

"我应该把菜搁在哪儿？"她朝女儿的卧室叫嚷道。

"谁会做饭呢？"迈卡应了一声。

"你呀！还不给我起床！"比娅女士回敬女儿道。

迈卡从卧室里出来，一副睡眼惺忪的样子。

她跟我打招呼，我也跟她寒暄了几句。我刚才在车道上看到她的新车，就顺口称赞一下。鲁本的母亲，也就是比娅的妹妹，当时也在迈卡家。她的一条腿血液循环不良，要出去只能坐在轮椅上。

之后，比娅去上班了。

一天早上，我进入餐厅时，比娅女士也在那儿。她穿着一件粉红色的长袍，长袍刚过膝盖，我第一次注意到她腿上有两个文身：一条腿上有朵花，另一条腿上有只虎。看她一脸沉思的样子，可能比我先起来了，她抽了根烟或喝了杯咖啡，坐着想什么心事好一会儿了，也许还在为可能随时失业而发愁。

她径直走向厨房。她的外孙暑假来家里玩几天，家里比平时热闹多了。他们也很早就起床玩电子游戏。在我走进厨房之前，比娅女士已经把煎饼面糊搅好了。炉子上有一只平底锅。她最小的外孙子迪昂特自告奋勇帮忙做早餐。她让迪昂特算一下，我们有四个人，如果每个人都想要两个鸡蛋，一共需要多少个鸡蛋。他花了一点时间做乘法，得出的答案是八个鸡蛋，但很不巧，冰箱里只有四个。当他向姥姥报告这件事时，姥姥让他放心，有四个就够了。

"四个就够了，每个人都有一个。"

她打了鸡蛋，加了一些黄油。然后，她在平底锅上做了煎饼，用刚才用过的油半煎。煎好饼后，迪昂特帮忙切香肠。

他们做饭时，迪昂特说他哥哥达卡里很少帮忙做饭。比娅女士说她知道，也许是想要强调烹饪的重要性，她又说："他不会做饭，他根本就不会做，他饿了只能出去买吃的。这样下去，他会饿死的。"

达卡里坐在沙发上玩手机。他听到他们在议论他，但并不在乎。好久没见到他们哥俩了，他们长大了。迪昂特现在看起来更像硕壮的后卫，而不是一个跑锋。达卡里长高了，但体重也增加了，也许是一个高大的前锋。他走路有点跛，这表明他的关节无法支撑他的体重。比娅很担心他的体重，所以只要比娅看到他跛着脚，就会趁机数落一下女儿："迈卡没让孩子吃好。"

尽管比娅担心外孙可能会吃光所有的东西，她还是让那两个男孩先吃。我吃了两块煎饼，一些炒鸡蛋，我觉得相当于一个鸡蛋、两块香肠的分量。我们一起围着厨房的桌子吃饭。迪昂特先像大家一样拿着叉子，然后用刀切香肠。过了一会儿，他索性放下刀，用手吃。他用叉子按住煎饼，用手撕了一块。我们给比娅女士留了一些，但我没有看到她吃。

做好早餐，她就到后面的房间，过了一会儿才出来。她已经换好衣服，准备出去。她示意我跟她一起走，并大声吩咐俩外孙把剩下的食物收起来，打扫打扫厨房。我帮她一起去找烟草店，我从没见过她抽烟，但她的卧室里有烟味。我们开车经过烟草店，店门还没开，于是我们开去加油站。在去加油站的路上，她告诉我有人在单位里搞她的鬼。她在工厂的一条生产线上工作。当她向主管提到她的手受伤了时，她被重新分配了工作。可恨的是，她的同事向经理抱怨说，比娅根本不想工作。几天后，工厂通知她不要回来上班了，但她还是去了，因为她迫切需要这份工作。她的经理允许她重新上岗，但让她上晚班，要从下午2点做到晚上10点，她很讨厌做这一班。她每两周领250美元工资。她每次从工资中拿出40美元用于缴纳有线电视费和电费，100美元用于缴纳房租。这样一来，她就提前支付了所有的费用。她把剩下的钱花在了其他家庭必需品上，包括食品杂货。

我们开着车四处兜风。在车上，她收到了她姐妹、弟弟还有女儿的邀请，请她去赌场玩。这是一个摆脱压力的机会，也是一个赢钱的机会，所以她接受了他们的邀请，并邀我也一起去。最初我不想去，但后来改变了主意。

迈卡和我在一台老虎机上找到了比娅。据她女儿说，她经常玩这一台，因为这一台让她爱不释手。只见她坐在那儿，手里拿着一杯酒，聚精会神地盯着屏幕。"哇，这是'沙滩性爱'。"她像女孩一样咯咯地笑。对于像比娅这样为求温饱而苦苦挣扎的人来说，赌场是一个很有诱惑力的地方。音乐、廉价饮料和游戏让他们暂时忘却了生活中的痛苦。但他们赌的是现金，这又提醒了他们的财务状况。无论输赢，他们都不得不承认自己其实没有多少钱。这种既刺激又压抑的游戏，很容易让人铤而走险。

比娅女士喝完饮料后，点燃了一支烟。我把入口处送的那张10美元代用券转送给了她。她让我按了几下按钮。我看到她手里拿着一个绿色的小精灵。我笑着问这是不是她的幸运符。她有点儿尴尬，没有理会我的问题，继续玩游戏。她用左手敲了一下按钮，用右手揉了揉小精灵，然后自言自语道："我想要一大笔钱，很大一笔。"每一回合，她都会说这一回合，她赢了多少。她一局赢了5美元，另一局赢了6美元。当有加分环节，并且她赢了一大笔钱，通常是10美元或20美元时，她会笑得很开心。

但是后来，比娅女士的手气开始走下坡路。她没有再赢过一块钱，而她之前赢的也全输光了。"它们不再喜欢我们了。"她重复道。她决定再赌一把，希望能有意外收获。这让我想起了泽娜妮。去夜总会赚外快与来赌场赌博似乎风马牛不相及，但是，一个获得一笔意外之财，减轻他们经济压力的机会，诱使他们从事这些冒险行为。

我不忍看着她再一次受挫，所以先走开了，她继续赌。大约20分钟后，我又转了回来，她的样子和我离开时没什么两样，她还是采取同样的步骤，一手揉着精灵，一手按着按钮。我不知道这局进展如何，是赢是输。

当我走近时，她一手抓住我的胳膊，说道："拿着我的钱票，去那边帮我取钱。"

我看了看屏幕。她赢了约350美元。我说这比她两周的收入还多。

"可不是嘛！"她回答说。

我拿着她的钱票，把它塞进自动取款机，取了3张100美元的钞票，1张50美元的钞票，4张1美元的钞票。我转回来把钱一一交给她，她笑嘻嘻地接过钱。在我去取钱时，她又赢了12美元。

　　她立即把 12 美元也取走。"如果我不见好就收，它们只会把赢的钱再吃掉。"她匆忙离开老虎机，就好像她偷了那笔钱似的。在大约 30 分钟内，她赢了整整两周加上加班才能赚到的钱。她告诉我她打算把钱加到她的账户里付房租。因为她不知道是否会在 7 月底之后找到工作，所以她正在攒钱，尽可能多地预支房租。她赢的钱只够支付半个多月的房租。

　　我们一回到家，她就用慢炖锅烧牛排。晚餐，我们吃牛排、土豆泥还有面包卷。

○ 中产阶级

第9章
戴维斯一家与烧烤店

一天，人们聚集在兰普金斯烧烤店。50来个黑人母亲和祖母聚集在一起，商讨如果她们的孩子在学校受到不公正的处分，他们将如何与学区领导交涉。

站在她们前面演讲是个加州白人。他叫杰德，脸型偏长，个子高，身材消瘦。他以南方贫困法律中心倡导者的身份进行宣传。大多数黑人妇女都非常了解他，信任他。这种跨种族的信任在密西西比州实属难得。她们可能经常请他吃饭。比娅女士迟到了，但我确信她曾多次请杰德吃过饭。正是杰德介绍我和比娅女士认识的。

杰德详细地向她们介绍了成功提起诉讼的每一个步骤，告诉这些女听众她们所不熟悉的官僚程序。他具有白人的信念，但当听众质疑和纠正他时，他不反驳。这就是为什么他能赢得并一直受到这座城市中许多有社会正义感的人尊重。举办这次活动的餐厅老板梅尔文和莫妮克·戴维斯夫妇也很尊重他。也就是在那个星期六，我来找戴维斯夫妇，并在他们的餐馆帮忙。①

---

① 这项研究的参与者在城市的同一区域生活或工作，但他们很少发生冲突。这种情况并不多见。他们的城市生活体现了一种旧观念，也就是虽然大家住在一起，但却在社交上疏远。

我到那儿时，戴维斯家的六个孩子，小梅尔文、詹姆斯、查尔斯、阿娃、本杰明和丹尼尔都在那儿，最大的 18 岁，最小的 7 岁。"活都干完了吗？"我问道。该做的活都做完了后，我老这么问，成为大家不断取笑的对象。那天他们的活更多。杰德的活动结束后，我们要招待所有参加者。梅尔文平常是一个轻松愉快的人，但现在他已经进入工作状态，不断地发号施令。他的工作态度融合了中产阶级和工人阶级的情感。

"梅尔文，"梅尔文对他的大儿子说，"你来切玉米面包。"

他叫我把盘子拿出来，本杰明去找手套，詹姆斯去做别的什么事。七岁的丹尼尔在厨房里跑来跑去，既不是时候，也不是地方，他真不该这样乱跑。但他不知道该做什么好，不过待会儿他就知道了。

"你想挨揍吗？"梅尔文对本杰明吼道。

光是父亲低沉的嗓音，就差点把他吓哭。他点了点头，却没说："不想。"他怕得不知所措。孩子惊慌失措的样子让我们这些旁观者忍俊不禁。

"你想挨揍吗？"梅尔文先生重复了一遍。

"不想。"丹尼尔说。这次他答对了，一边说不，一边摇头。

"那还不滚出去和其他孩子玩？"

丹尼尔赶紧从厨房跑出去。

"梅尔文，你在哪儿？"

"我在切玉米面包呢。"

"切完后，就过来窗口帮忙吧。"

梅尔文听错了。他以为叫他把玉米面包拿到窗口。

"你拿玉米面包做什么？我是这么告诉你的吗？"

他想回答，但没有他说话的机会。

"我不是这么跟你说的。"他父亲脱口而出。他说话的声音和语气让人想起丹泽尔·华盛顿（Denzel Washington）在电影《记住泰坦》（*Remember the Titans*）中扮演的布恩教练（Coach Boone）。

桌子上的盘子我全摆错了，只好再重新摆好。我低着头，回避他的目光。梅尔文先生的威严对我和对他的孩子同样有效。查尔斯的任务是将盘子递给梅尔文先生，梅尔文先生将玉米棒放在每个盘子上，然后配上熏鸡肉和烤豆。梅尔文把盘子递给窗外的人。我们组成流水作业线，传递饭菜，招待了所有来开会的人，一共50人左右。

比娅女士光顾着说话，还没有拿到饭菜，所以当我们不忙时，我给她拿了一盘。比娅女士带来的那俩男孩都不吃，他们说不喜欢那种味道。

"闻着都想吐。"一个唐突无礼地说，另一个在一旁笑。

看着我责备的目光，那个笑着的男孩忙说道："只不过，这些菜的味道和姥姥做的不一样。"他的解释有点与众不同。

我常在他们家蹭饭吃，颇有同感。他感受到的，不仅是食物的味道差别，还有等级的区分。这种不同阶层的品味差异，正是第三部分的第9章至第11章所要探讨的。

招待了每个人后，我自己也端了一盘饭菜。我坐在用餐区前排的一张桌子上。孩子们端着盘子来和我坐在一起。我们忘掉了工作的疲劳，边吃边谈笑。老板梅尔文又恢复了原来兴高采烈的样子，与我们同乐。阿娃的母亲也来了，她女儿为她拿了两穗玉米。只有那个七岁的孩子丹尼尔不见踪影。原来，他在办公室睡着了。

谈话间，我成了他们的笑柄，他们笑我是非洲人。我轻微的口音表明我与美国南方黑人不同，于是他们就夸大了这种区别。几年前，我刚移民来美国上初中时，我会觉得他们的笑话很别扭，但在这儿，我与他们同欢共乐。他们的笑话是善意的，我在伊利诺伊州农村和纽约州北部都听到过取笑我的话，那更是刻薄。不过，这也告诉我，孩子们对他们现在居住的城里的黑人界限有着深刻的理解。他们也是新来的南方黑人，没有一个是在南方土生土长的，所以他们不仅从观察中，而且从经验中体会到，成为不同类型的黑人意味着什么。在我和他们在一起的日子里，我听到他们说自己处于黑人地域的边缘，因为他们是返乡移民的孩子，皮肤比较白，而且也是中产阶级。在他们的生活中，阶级与种族是如何交织在一起的，是第9章至第11章的另一个主题。

那天之后，我更频繁地回到兰普金斯烧烤店帮厨，每周3天，每天4小时，一直持续了大约8周。莫妮克女士和梅尔文先生的子女常来店里帮忙，大约过了两个星期，我和他们熟了，相处的时间也多了，后来我也常去他们家找他们。大约从2012年5月到11月，以及2016年夏天，我是他们家的常客。

当飓风艾萨克就要袭击密西西比海岸时，我在他们家留宿。

戴维斯一家人和查尔斯

2012 年 4 月的一天上午，我第一次去兰普金斯烧烤店做志愿者。到烧烤店的时候，大约十点，我去办公室和莫妮克打招呼。办公室其实就是自助餐吧台后面的一个长长的小房间，一台电脑摆在房内的左后角，旁边是一张米色沙发，显得有些凌乱。办公室里到处堆满文件，还有一些不该属于办公室的东西，一把铲子、一把螺丝刀、一个空番茄酱瓶子、一个废旧电池，还有一本漫画书。在一片混乱中，我看到了他们烧烤店的历史。那上面的传单，是当年他们邀请音乐家来演出时做的广告。人们付 5 美元的入场费，就可以来听演唱，还可以领取一份免费的手撕猪肉三明治。墙角里存放着餐馆开张的简报。办公室给人的印象是，他们的家庭生活已经融入了餐饮事业，反之亦然，工作与生活已难分彼此。

从她的黑眼圈可以看出，她压力大，睡眠不足。她忧郁的情绪也说明了这一点，因为莫妮克平时总是乐观、健谈，并把甜美的微笑挂在脸上。我的直觉是正确的。在热情的拥抱之后，我坐在她办公桌旁的沙发上，听她相当坦率地谈起他们所面临的困难。在之前的几个月里，店里的客户人数从每周 300 名减少到了 100 名左右。他们不再邀请音乐家在周末晚上来演出，因为那样已不能赢利。她现在负担不起广告费用了，所以她经常招待当地报纸的工作人员，换取一些免费广告。承办活动餐饮是目前最赚钱的服务，承办活动的盈利帮他们支付的餐馆费用比堂食还多。

莫妮克女士把我领出办公室，向我解释了餐厅开门前必须做的所有准备工作。我的第一个任务是擦拭餐桌，整理桌椅，扫地。卡米拉（Camilla）负责管理收银台。她一边放着灵魂音乐，一边跟着唱，创造了一个愉快的工作环境。清理好用餐区后，我看着卡米拉泡茶。她泡的茶总是太甜，莫妮克不喜欢喝，觉得不健康。

这是我第一次看到莫妮克如何考虑一个人应该吃（和喝）什么。从那时起，我观察和记录了所有她认为好的和健康的食物。我从她作为餐馆老板、朋友和成长中孩子的母亲所做的决定中看到了她考虑的因素。我注意到不同的因素如何影响她的饮食决定，以及她生活的社会经济和文化背景如何使她有可能调控这些影响因素。我很快就了解到，对莫妮克来说，健康因素是她选择食物时必不可少的一部分。我到餐馆几周后，莫妮克看到我直接从烹饪锅里吃剩下的奶酪通心粉时，警告我说，和他们一起工作，我很容易长胖。走出厨房的时候，她建议我多吃蔬菜。当我开玩笑地回答说我要吃一些油炸的青西红柿时，她带着严母般的笑容回答说："那样不算吃蔬菜。油炸一下，就把食材所有的养分都炸没了。"

餐厅前面的区域，用他们的行话说是用餐区。我在前面做好准备工作后，就去了后面，那儿是罗伯特和肯尼的地盘。如果从连接用餐区的过道走到厨房，就可以看到炉台位于厨房的中间，左边是一个熏肉炉。梅尔文先生说，这是密西西比州最大的熏肉炉。因为熏肉是密西西比州美食的重要组成部分，如果这真是台最大的熏肉炉，那这家烧烤店可真不一般。鸡肉要熏 3 个小时，牛腩要熏至少 10 个小时呢。右边靠墙有个洗涤槽。墙角边，还有台音箱，正在播放本市最热门的 99 杰姆兹电台的嘻哈音乐。罗伯特是个主厨，他长着一张圆脸，中等身材，性格内向。肯尼是个勤杂工，皮肤呈棕色，身材消瘦，非常能干。他洗盘子、扫地，需要做什么他就做什么。他在餐厅的组织结构中处于最底层，但如果他一天不来上班，大家就会觉得这里缺他不可。

我当肯尼的学徒。虽然我在这儿只是无偿帮工，不过可能会对他的有偿职位造成威胁，所以我必须确保自己不会影响他的饭碗，他教我如何做准备工作，将水调到合适的温度，在每个水槽放入适量的洗涤剂，以及洗刷用来熏排骨的锅、盘和架子。他指点我如何提高效率。例如，如果在洗碗时忘了戴橡胶手套（好几次我就是这么干的），那么手会因在温水中浸泡太久起皱，而且会被洗碗刷扎到。也许是作为一个好学徒的奖励，平时说话温和内向的肯尼向我透露了餐厅的内部运作情况以及员工之间的关系。早在我观察他们的活动之前，我就从肯尼那里了解到，罗伯特经常对梅尔文先生的健忘感到无奈，梅尔文每次从食品杂货店采购回来，总是忘了买一两种关键的食材。

　　第一天快到营业时间的时候，我帮罗伯特从厨房把银色自助餐盘端到服务台，在餐盘中放好让人垂涎的烟熏鸡和开胃小菜。罗伯特在餐盘下点上小火苗，加热保温。万事俱备，就等着顾客来。这一天很平淡，顾客来来去去，不算太忙，但也没闲着。因为我还在当学徒工，所以大部分时间我都插不了手，但我做了一些最简单的工作，清扫掉在地上的食物，擦桌子，扔垃圾，等等。

　　卡米拉在前面伴着灵魂音乐唱歌表演，罗伯特在后面跟着嘻哈音乐点头哼唱。下午两点左右，顾客渐渐散去，我和卡米拉、莫妮克，还有两位顾客聚集在用餐区。这两位顾客也是戴维斯夫妇的好朋友。罗伯特和肯尼要么在后面吃饭（如果他们吃的话），要么就待在后院，抽烟、开玩笑。我从没见过他们在用餐区用餐。他们之所以不来，可能是因为莫妮克是他们的老板，工作时和他们一起吃饭实在太尴尬了。或者是因为他们认为餐厅的前面不属于他们的地盘，因为他们只负责后厨区域。我把他们之间的距离看作是阶级差异的实例。罗伯特和肯尼完全属于工人阶层，而莫妮克和她的朋友们则属于中产阶级。研究美国南部的学者往往对种族内部不同阶级的动态视而不见，对密西西比州黑人的各种经历一概而论。这当然是件轻而易举的事，因为这个州是全国最穷的州，而在密西西比州，黑人的贫困率最高（30.5%）。然而，一概而论无助于我们的研究，反而模糊了人们对杰克逊这种地方的黑人生活的理解。在本书的这一部分和下一部分，我对这种研究倾向提出异议。

通常，在顾客离开后，莫妮克、梅尔文会和朋友享受漫长悠闲的午餐，讨论政治、种族问题，以及他们从美国国家公共电台或《纽约时报》（New York Times）上听到或读到的东西。这一次，特蕾西（莫妮克的朋友）、卡米拉和查尔斯（戴维斯一家的老顾客和好朋友）讨论了肤色歧视问题。我也在一旁听着。特蕾西顺着之前的谈论，开启这个话题，谈到了她祖母和姨祖母的肤色差异。特蕾西还说了因为人们认定她是黑皮肤的，因此，和她相处过的男人都不喜欢她。随着讨论的展开，查尔斯和卡米拉开始了他们的对话，由卡米拉先讲她家人的肤色。查尔斯聚精会神地听着，小心地从鸡腿上啃下最后一点肉。我第一次见到他的时候，他胖得不太正常，身高才 1.70 米，体重约 181 千克。他光顾这家餐厅，为我观察莫妮克的饮食意识提供了更多机会。莫妮克总是劝查尔斯多吃蔬菜，常常在他的盘子多放些青豆，但是有时也会给他吃肥嫩多汁的牛腩。

后来，每次查尔斯来吃饭，我都抽空坐下来和他交谈。我和他继续就种族、选举政治、体育、电影和电视交换了意见。他是一位知识分子，具有百科全书般的头脑，谈起密西西比州文化历史时如数家珍。在他对当天新闻的评论中，他引用的参考资料非常广泛，很多地方超出了我对南方的了解，教给了我很多东西。那时，他是密西西比州艺术中心的专业摄影师。有几次我还跟着他出去拍摄照片。有一段时间，查尔斯没来兰普金斯吃饭。后来我们又联系上，再次见面时，我了解到他因健康问题，不得不彻底改变饮食习惯。他现在是素食者。我们又在吃饭的时候聊天，但都是在镇上能烹制素菜的餐馆见面。而且，有几次傍晚我去他住的公寓拜访他，也看到他根据素菜菜谱做晚饭。全书的第 11 章，重点讲述了我与查尔斯相处的日子。

　　在这项研究中，我以戴维斯一家和查尔斯的经历，来描述中产阶级的生活。严格地说，他们是下层中产阶级的美国黑人，所以我将把他们与本书第四部分所讨论的上层中产阶级黑人区分开来①。我将他们的中产阶级经历视为一种靠工资为生的经历。虽然有些人经济拮据，但他们有足够的经济资源，过着体面的生活。此外，他们能够依靠自己的教育背景和关系网自给自足。他们的阶级地位是关系性的。在密西西比州的社会和经济环境中，他们的关系网，尤其是他们与相同或高于他们阶级地位的人的关系，在一定意义上决定了他们的阶级地位。这些关系网使他们能够获得贫困人口无法获得的资源。总而言之，本书中的"阶级"可以说是一种主观定位，是对经济生活机会的一种关系性解释。

---

① 这一部分黑人就像玛丽·帕蒂洛 - 麦克考伊（Mary Pattillo-McCoy）《黑色尖桩篱笆：黑人中产阶级的特权和风险》（*Black Picket Fences: Privilege and Peril Among the Black Middle Class*）（芝加哥：芝加哥大学出版社，2000）中写得那样；第四部分的中产阶级则更像出现在卡恩·R.拉西（Karyn R. Lacy）的《蓝筹黑人：种族阶级和新兴黑人中产阶级的社会地位》（*Blue-Chip Black: Race,Class and Status in the New Black Middle Class*）中写得那种（伯克利：加州大学出版社，2007）。

美国中产阶级中的黑人与白人不同。首先，由于家长式的白人至上主义政策系统性地阻碍了他们的经济发展，他们向上流动的历史进程比较缓慢。其次，尽管黑人已经跻身中产阶级，但他们并没有像白人中产阶级那样从经济状况的改善中获益。举个例子来说，和同等收入白人的社区相比，中产阶级黑人居住的社区往往比较贫困。这两种区别都决定了他们如何享用一日三餐。前者之所以重要，是因为今天黑人中产阶级家庭祖祖辈辈生活在水深火热之中，知道贫困生活意味着什么，熟悉并喜爱贫穷黑人的生存食物。后者之所以重要，是因为在一个重新被隔离的当代美国，他们所居住的社区越贫穷，获得健康多样美食的机会就越少。

对于那些摆脱了贫困的黑人来说，他们应该被迎接到一个新的阶层，在那里享受经济进步的成果，品尝不同风味的食物。但是，中产阶级的黑人很快发现他们处于一个模糊地带。在美国，人们认为所有的中产阶级都是白人，所有的黑人都是穷人，而黑人中产阶级则被夹在他们的种族和阶级之间。这种中间性是美国黑人和中产阶级的第三个独特属性。① 除此之外，中产阶级黑人往往还会有另一种遭遇，贫穷的黑人难免会质疑

---

① 如同一位理论家所说，他们过着"次等的生活"。中产阶级意识形态一方面避开贵族社会秩序，支持所有公民向上流动的可能性，另一方面也具有建立在种族、阶级、性别和其他社会标志上的排他性。底层中产阶级，就像黑人中产阶级一样，是在开放社会和向上流动的承诺下才获得中产阶级地位的，但这个地位却因歧视而被排斥。

他们的种族身份。他们对在经济方面向上流动的愿望，常常被误解为跟着白人往上爬的种族流动愿望，被解读为他们抛弃了黑人的身份。因此，黑人中产阶级很容易遭受双重排斥，一方面他们的阶级地位遭受（白人）中产阶级的排挤，另一方面他们的种族地位遭受（贫穷的）美国黑人的拒绝。我会进一步分析这一切如何影响像查尔斯和戴维斯这样的人对食物的看法。

食物观

黑人下层中产阶级的成员如何决定他们吃什么？由于他们享有的阶级特权，他们在经济和其他方面相对稳定，因此他们的食物选择范围更为广泛。他们在社会经济体制中虽谈不上游刃有余，但也不必像贫困人员那样耗尽时间、精力和资源。具体来说，因为他们有稳定的住房和工作，他们不必花太多时间找房子住或找工作做。有了更多的时间和精力，他们在食物选择中会考虑到各种不同的因素。在我解释泽娜妮和比娅女士的食物选择，以及她们过去、现在和未来的食物决策因素的重要性后，我在这里要强调的是，她们的食物选择不仅包括过去或现在的因素，还包括对未来期望的预测。那么，他们如何控制各种潜在的影响因素呢？我们可以从研究人们的食物观中找到这个问题的答案，这是食物讨论中一个重要但经常被忽视的部分，尤其在食物选择方面没有得到足够的重视。

社会学家试图解释人们的行为，研究意识的重要性，观察不同的行为如何成为常规和习惯。在这里，我将食物选择视为行为，并把它与其他行为放在一起讨论，了解各种观念（例如，健康和环境）如何成为食品决策的一部分，以及新的观念如何被接受，并顺理成章融入人们的决策中。理论家安东尼·吉登斯（Anthony Giddens）强调，意识存在于多种层面：在实践意识层面上，行动者将他们认为理所当然的实践意识和无意识动机带入他们的行动；在话语意识层面，行动者积极地、本能地将新观念引入他们的行动中。

我对食物意识的探索遵循这样的思路：既关注实践层面的意识，也重视话语意识层面的观念。在我看来，日常饮食的安排，与是否参与节食的决定一样重要；莫妮克女士和她家人的日常选择，与是否遵循生酮饮食①的决定一样重要。况且，食物意识并不存在于一个人的头脑中，而是存在于社会环境中，通常是由种族和阶级决定的。仅凭理性无法权衡哪些食物对人的健康或环境有益，因为饮食往往被卷入日常生活的纠纷中。

基于这些想法，我从以下几个方面来讨论像莫妮克女士和查尔斯这样的黑人是如何决定他们吃什么的。我认为，由于他们比穷人有更多的时间和资源，他们的决定不只是基于当前的情况。虽然他们目前的情况也重要，但不是主导。例如，由

① 生酮饮食，指的就是低碳水、高脂肪的饮食方案。——编者注

于他们的阶级地位，他们有资源去发现、品尝不同的口味。比如，他们从日本料理中发现的新口味可以增添生活情趣。此外，对未来的期望，也会影响他们对食物的选择。比如，希望成为素食主义者，就得考虑资源问题。我通过观察他们的实践意识，观察他们的日常安排和生活习惯，以及他们接受的新知识、新习惯来分析这些观念。并且，我将剖析这些观念是如何与他们独特的种族和阶级环境相适应的。下层中产阶级的黑人不能和白人住在同样的社区里，没有像白人社区那样的让他们活出自己的品位的生活娱乐设施。更重要的是，他们后天养成的中产阶级品味，与他们经过挣扎达成的种族身份有千丝万缕的联系。

反思灵魂食物

"我们今天有很多活，彼科。我们要熏170块排骨。然后我们还要差不多再熏70块。"我一走进兰普金斯烧烤店，梅尔文先生就这样跟我打招呼。

"那我今天得学熏肉吗？"我问道。

"是啊，你今天就得学。"

他没有再交代什么，就跑出去忙他的事，把我交给了罗伯特。肯尼不在，罗伯特指了指一水槽需要洗刷的盘子。通常，我讨厌刷盘子的苦差事，但在兰普金斯烧烤店，我觉得机会难得，因为刷盘子让我感觉到我在这儿存在的意义。在厨房角落里，我可以观察来来往往的人，而不会碍手碍脚的。我可以帮上忙，但这不是必不可少的。不管有没有我，这些盘子都会洗好。而且，因为洗盘子是单干，不需要和别人打交道，我可以细心观察我想要了解的人的一举一动。这给我提供了一个心理空间，可以更细致入微地聆听他们谈话的顺序和节奏，言谈的语气词，以及观察非语言暗示的微妙之处，简而言之，那就是佐拉·尼尔·赫斯顿（Zora NealeHurston）所捕捉到的南方黑人的表情之美。

莫妮克女士走进厨房，看到我在里面很惊讶。

她用低沉、柔和的声音叫我："彼科……"听她的口音，北方人会觉得她是南方人，而南方人会认出她不是土生土长的南方人。"我不知道你在这里。"

"是啊，我像风一样吹来了。"

她真的很高兴见到我，也许也因为那天店里有两名员工没来上班。

"你的女友和她母亲来玩得开心吗？"她问起我那时的女友。

"她们玩得很开心。我劝说她们马上搬到这里。"

"我们就该一个个地改变人们的想法。"让外地人相信密西西比州是个好地方，已经成为她人生使命的一部分。她用自己的方式，挑战国家想象中的南部形象。

"所以，他们喜欢这里，对吧？"罗伯特插进来问。他不怎么跟我说话，所以我有点儿惊讶。他偶尔和我谈一两句话，通常是和工作相关的。他停下手上的活，等着我回答他。他不动声色地看着我，但好像不是随便问问。

"是啊，她们挺喜欢这儿。因为，你知道，这儿的房子比较便宜，所有的东西都便宜些，所以如果你在这里赚的钱和在北方赚的差不多，那你的钱就比较经花。"

他接受了我含糊不清的回答。"嗯嗯……嗯。"他和平时一样，随口应了一声。第一个"嗯"就像一个长音符，然后是一个断音。"是的，你说得对。"他补充道。

很快，我们就又各忙各的了。我问他我想问的问题，他经常用一个字来回答。他既不是不友好，也不是对我的存在不屑一顾，但尽管我尽力了，他也从来没有对我真正敞开心扉。我想更多地了解他和他的家人，了解他是如何学会烹饪，如何在戴维斯家的餐馆找到工作的，以及他对食物的看法，但我总是和他谈不拢。也许这是因为我忽视了社会学家欧文·戈夫曼（Erving Goffman）的看法：如果民族志学家与上级有密切关系，他们就无法融入下属群体。我无法与罗伯特打成一片，也许是由于我与他的老板太接近了。这也算是一种代价吧。就像他没有和莫妮克以及她的朋友在餐厅吃饭一样，他也没有和我充分交流。这一现象反映了阶级差异对种族内部的互动造成的影响。

那天我把后面的活干完后，就去用餐区帮莫妮克女士的忙。早些时候，我向罗伯特打听卡米拉女士的情况，得知她生病住院了。她有心脏病病史。

罗伯特说，别担心，不碍事的。"她不会有事的。但你知道是什么情况吗？卡米拉不能再喝酒了，医生告诉她不要再喝那么多酒了，可她就是听不进去。"

她的缺勤意味着别人有更多的工作要做，而且她的工作主要落在莫妮克女士身上。因为这家餐馆赢利不多，她只好找了份兼职。那天，她向兼职的那家公司请了假，确保兰普金斯顺利经营。在她拖地时，我把桌子整理好。

梅尔文先生出去采购，回来后也在帮忙。在擦桌子的间隙，他接到一位客户的电话，那位客户下了个大订单，我一来，他就告诉了我。除了他们点的130块熏排骨外，他们还想要半锅烤豆、半锅豆沙拉、20块熏鸡和一盘桃子馅饼。当他们来取餐时，梅尔文先生正在照料前来用餐的顾客，罗伯特忙着熏肉烤豆，所以我负责配送排骨。

按照梅尔文先生的吩咐，我准备好130块熏排骨，给兰金县的顾客准备订单。他们是白人，兰金县是杰克逊以北的一个富裕县。他们对我的"北方"口音感到好奇，和我交谈，问我在杰克逊市都做些什么。我告诉他们我从事社会学研究，其中一位女士说："是吗，那很好呀。我们这里肯定需要一些这样的研究。"我得知他们在做一项公民领导力的培训项目。他们为筹款晚宴订一些熏排骨，准备用筹集的资金赞助一个教育项目，这个项目还向他们所在学区的优秀学生颁奖。他们告诉我他们很喜欢兰普金斯，因为这里的菜香味浓郁。

顾客渐渐走了，一天最忙的时候也过去了。莫妮克女士在自助餐台周围打扫卫生，梅尔文先生则重新整理剩下的烤肉。他们向我解释，也许也是向他们自己解释顾客减少的原因，以及提供网上订餐服务的理由。从他们的议论中，可以看出他们对食物的看法与潜在顾客的看法不尽相同，不管这些差别是真实的还是想象的。这些都是了解他们食物意识的窗口。而且，他们的议论体现了他们如何在生活和工作的共同体中想象阶级与种族自我（图9.1）。

莫妮克先说："如果你没有青菜和玉米面包，顾客就不高兴。"

"是的，可是你们有这些东西呀。"我反驳道。

"我们有，但我们不想有这些东西，"梅尔文和莫妮克异口同声地回答。

"但最终我们还是不要有青菜。我们只想做三明治和炸薯条。这才是我想要的。"莫妮克进一步解释道。早些时候，他们曾暗示，他们的餐厅不愿被人们看成是一家灵魂食品餐厅。我要弄明白，他们到底是什么意思。

"如果你说的是'灵魂食物'，那你就一定得有青菜和玉米面包……"我也参与了讨论，但他们俩插进来，帮我把话说完："如果你没这些东西，他们就会嘲笑你。他们会说怪话，然后头也不回地走了。"梅尔文压低声音嘟囔着，尽量让莫妮克给出更充分的回答。莫妮克女士又在我刚才列举的菜式中加上更多内容。

"奶酪通心粉和烤红薯，就像过星期天那样，就像大妈做的菜那样，就像……"她修正自己的话，但在她未完成的话语

图 9.1　梅尔文先生和莫妮克女士在他们家的门廊里

中，我听出她想描绘出昔日黑人女族长为一大家人做一顿丰盛饭菜的形象，"就像你对星期日传统南方烹饪的印象那样。"

"如果你没有样样准备齐全，黑人掉头就走。"梅尔文先生接过话题。

"还有沙拉调料，"莫妮克女士也加了一句，"如果沙拉调料不是应有尽有，他们也会立马走人。"

"是的，他们出去以后还会破口大骂，骂你是狗杂种什么的。"梅尔文先生又说道。莫妮克一听，扑哧地笑了。看来，他可能有点儿添油加醋。

对于人们的期望，梅尔文先生接着说："你可能以为我在开玩笑。"他皱着眉头，抿着嘴唇，一脸严肃，说明他是认真的。他擦了擦柜台，顿了顿，"排队取餐的人一看到我就不爽，他们觉得我太白了，哪懂得什么烹调呢。"他停下来盯着我，看我是否相信他说的话。

"现在，我总是对他说的话持保留态度。"我一边说，一边看着莫妮克女士，看我该不该信他的。"那是真的。"她肯定地说。

梅尔文先生接着说，"好像煎饼粉纸盒里应该跳出个大妈来。"他指的是杰迈玛阿姨[①]（Aunt Jemima）的形象。

[①] 百事旗下的"杰迈玛阿姨"品牌于 1888—1889 年推出，以友善的黑人妇女在白人家庭中当佣人的形象为标志，直至 2021 年才正式更名为"珍珠研磨"（Pearl Milling）。——译者注

　　莫妮克女士继续说道："另外，大家都以为自己也能烹制灵魂食物，所以人们总是将我们的菜与他们记忆中或者是他们基因中的期望进行比较，所以，他们的期望总是过高。"她选择"基因"这个词，也许是隐喻的。我的理解是，她指的是某种可望而不可即的"地道"菜品。

　　"这是不可能的，因为众口难调啊。"梅尔文先生又说道。莫妮克女士和梅尔文先生希望把他们的餐馆打造成一家烧烤店，而不是灵魂食品餐厅。

　　我问他们该如何对待人们对烧烤店的期望时，他们给了两个不同的回答。首先，从技术上讲，人们不能在家里烧烤，至少不能像餐馆那样烧烤。大多数人可以在烤架上直接烤肉，但他们没有熏肉炉这种设备来加热熏烤肉食。

　　其次，莫妮克女士解释说，"人们对烧烤有不同的期望，所以会宽容一些。他们愿意尝尝鲜。比起烧烤，顾客心目中的灵魂食物太明确具体了。"她觉得，他们的大熏肉炉每次熏烤出来的肉都是原汁原味。言谈之中也隐含着他们的无奈，因为住在城里另一头的（较富的）白人，比住在餐馆附近的（较穷的）黑人对他们的菜式更感兴趣。

　　梅尔文先生又说："那些想要吃点儿好吃的，出来换换口味的，我们对他们没有意见。但是，那些不喜欢尝试的，只会去麦当劳的人，我们对他们确有看法。"

　　他太太赞同他。"如果你想结识有趣的朋友，聊得开心，吃点好吃的烧烤，那就来吧。就这么简单……大家来捧场时，我们也会做出拿手好菜。我们需要他们，越多越好。"

下班后，我开车从餐厅的停车场出来，我的思绪仍停留在与莫妮克女士和梅尔文先生的谈话上。在雷蒙路和特里路的交叉口，红灯拦住了我。我一直想弄明白他们对灵魂食物的态度。或者可以这样解读：在重返家乡看似友好的感情之下，他们眼里已经没有南方，唯有黑人回归移民的势利眼。即使按照奥佩的说法，灵魂食品是"资产阶级非裔美国人的高级美食"，它也代表了南方贫困黑人的一些东西。我和泽娜妮一家在一起时，在他们的厨房里、餐桌上，我发现现在美国南方贫困黑人并不经常吃灵魂食物。尽管如此，灵魂食物毕竟享有盛誉，或许是黑人、穷人和南方人生存的象征。汽车从我车旁呼啸而过，我思绪万千，车开得比别人都慢。

那些愤而离开兰普金斯烧烤店的黑人，可能是因为吃不到他们想吃的东西而感到失望。他们之所以感到难过，还因为他们认为兰普金斯烧烤店的黑人老板，虽然他们没有表露出来，但已放弃了灵魂食物及其象征意义。尽管餐厅离他们很近，但在社会关系上和他们很疏远。贫困的生活，使他们无法体验和享受梅尔文和莫妮克制作的美味佳肴。他们没有扩展食物意识的奢望，没有遍尝美食的闲情逸致。就像泽娜妮和比娅一样，她们只能把时间和资源用在解决迫在眉睫的日常生计中。当他们来到兰普金斯时，他们想吃到他们想要的、吃惯的和喜欢吃的东西。他们愤然离开是希望梅尔文和莫妮克能幡然醒悟。

　　我把左手伸出驾驶座的车窗外，想抓住什么东西，但只有风从指缝间流过。我的右手握住方向盘，避开了南杰克逊路上的坑坑洼洼。又是一个红灯。我往杰克逊州立大学的方向开去。我盯着后视镜，回头看了看车后的餐厅，开始彻底思考这件事。对这些返乡的下层中产阶级黑人来说，灵魂食物到底意味着什么？他们对灵魂食物的理解与贫困黑人有什么不同？分析这个问题，尤其是通过比较不同阶层黑人的饮食方式来分析，是我分层研究方法的优势之一。绿灯亮了，穿过80号高速公路后，特里路就变成了大学路。

　　梅尔文和莫妮克并非不懂得，灵魂食物对南方黑人来说具有重要的象征意义。毕竟，他们在南方有很深的根基，现在又以南方为家。但是，对他们来说，好吃的食物比灵魂食物更重要。就像抱有在经济方面向上流动的志向，并不意味着摒弃黑人或攀附白人一样，他们有志于制作其他菜系的美食，并不一定意味着摒弃了灵魂食物。对他们来说，兰普金斯烧烤店是一个为杰克逊黑人开的餐馆。也许他们不知不觉地想象，自己的餐厅是为和他们一样的人开的。因为这些人的生活并不贫困，他们不是有什么吃什么，他们有足够的心理空间来考虑其他方面的因素。目标客户中也包括了各种背景的中产阶级，比如从兰金县来买熏排骨的那些白人。他们希望这家餐馆是为像他们自己、查尔斯和我这样的黑人而开的。这是他们尝试扩大阶级品味的一种方式，希望这家餐馆成为南方黑人中产阶级的象征。

　　可惜，他们的餐馆开错地方了，要是开在一个大家有钱可以尝试新口味的地方，他们就能赚到钱。遗憾的是，戴维斯一家没有经济能力在城里的其他地方开餐馆。

第 10 章
在戴维斯家与阿娃一起烹饪

　　莫妮克和戴维斯家最小的孩子丹尼尔，在前院等待梅尔文先生的消息。他带小梅尔文去参加学术能力评估考试（SAT）的时候，车在高速公路上抛锚了。我去帮梅尔文先生的忙，由我带小梅尔文去参加考试。我回到他们家时，向莫妮克女士讲了事情经过。她请我喝咖啡。

　　"我没加牛奶，孩子们把牛奶都喝光了。"

　　牛奶是他们的主要饮品，所以总是供不应求。他们喝很多牛奶，主要是因为除了水，牛奶是家里唯一的饮品。莫妮克不买果汁，她说果汁"其实就是糖水"。牛奶喝完了，孩子们只能喝水，等父母再去超市买牛奶。前天，丹尼尔告诉我他们一周要喝两加仑牛奶。我们坐在客厅里，我喝着莫妮克女士给我的加糖黑咖啡。一台老式的白色博士音箱播放着美国国家公共电台的背景音乐。阿娃和四岁的本杰明都问我为什么要喝咖啡，因为有一次我来他们家，他们问了我一大堆问题，我随口说我不喜欢咖啡。

　　"大人有时也会改变主意。"莫妮克为我辩解。

　　我边喝咖啡，边拿了个橘子。

"我不知道孩子们有没有告诉你，我每次过来都会吃个橘子。"我的承认是一种微妙的方式，证实我与他们打成一片，甚至在他们家都会自己拿水果吃。我不见外，令她很开心。

"摆在这儿就是让大家吃的呀。"她回答说，表示她欢迎我到他们家来，"我尽量在家里摆些水果。大家看到水果，就会吃。"

"你为什么这么喜欢吃橘子？"丹尼尔问我。我剥橘子皮时，他站在我跟前。

"因为好吃呀。"我回答道。

"因为吃橘子对你有好处。"莫妮克几乎和我同时回答。她反复强调水果的重要性，让丹尼尔铭记在心。因为与这个话题有关，我顺便说丹尼尔和本杰明所在的山核桃公园小学也给孩子们吃苹果，但奇怪的是，苹果是用塑料包装的。我想抛砖引玉，让她就她所在社区的水果和蔬菜的供应情况和质量问题，谈谈更多的看法。

"你去过附近的麦克达德①吗？那里面的水果都是用塑料包装的，我搞不懂。而且，因为我大部分时间都在城里的另一头，在北边上班，我注意到那里的麦克达德店里的水果却很少用塑料包装。我想人家不要的水果，就往我们这里送。这就是为什么这儿的水果还用塑料包装起来，"她继续说，"我理解有些东西，比如美发产品，店里有不同价位的商品，这对我们来

_____

① 当地的一家食品连锁品牌。——编者注

说还有必要，但我不明白为什么要给我们不一样的农产品。原来的生菜、卷心莴苣，到处都一样，但现在给我们的不一样，我觉得恶心，它们咬下去都是水，根本没有营养。"她没有错。我通过对社区水果和蔬菜的质量、货源和价格的研究经常发现，在城镇的低收入地区出售的农产品质量较低。

天亮的时候莫妮克女士把我们都赶到外面去。我和她坐在屋前门廊的摇椅上，看着本杰明和丹尼尔在屋前的草坪上互相追逐。夏日清晨清新的微风吹得树叶沙沙作响。阳光灿烂，但还不太热。我们谈到了前天参加的一个公共论坛，讨论了杰克逊最近几轮公立学校重划选片的问题。那时，谈论杰克逊的政治已经成了我们的家常便饭。戴维斯一家所居住的贫困社区经常成为我们的话题。他们之所以熟悉这些情况，是因为他们有时间去关注，也是因为，作为中产阶级，以这种方式能与那些生活贫困的人保持密切联系。莫妮克还很关心国际政治。

"耶！爸爸回来了！爸爸回来了。爸爸，你真了不起。快过来给点儿爱吧。"这是莫妮克在紧张的早晨安慰梅尔文的方式。他走过来吻了她。

"阿娃，给你爸爸倒杯咖啡。"

阿娃很快就回来了，端着一杯用透明玻璃杯装的咖啡。"没有多少牛奶了。"她抱歉地说。

"放糖了吗？"梅尔文先生问道。

"放了。"

"好，谢谢！"他喝了一口，呼了口气道，"你们去玩吧。

大人在说话呢。"

那天他们接了一项很重要的外包餐饮承办订单，晌午时，莫妮克组织全家前往餐厅。那天正好也是星期六，所以餐厅活动也是家庭活动。四个较小的孩子挤在我的车里，老二詹姆斯坐他父母的车。在餐馆里，水槽里的盘子看起来好像好几天没洗过，所以当他们各忙各的时候，我戴上了刷盘子的手套也忙了起来。梅尔文先生和詹姆斯去商店采购几样东西。老三查尔斯调制柠檬汁，阿娃和莫妮克女士去办公室整理单据账本。阿娃是她母亲的助手。

"彼科，"梅尔文先生回来后对我喊道，"赶紧把这个地方清洗干净，我们要切鸡块，现在这比洗碗更重要。我们要尽快把鸡块放进烟熏炉里熏。詹姆斯，去那边把鸡准备好。"

我把四个水槽中的最后两槽盘子都洗好了，把柜台也擦洗干净了。詹姆斯忙着备鸡块。这时，莫妮克女士让我去考场接小梅尔文。我接小梅尔文回来后，又和詹姆斯一起调制了几十只鸡腿，准备熏烤。

现在已经过了中午，有些孩子喊饿了。最小的丹尼尔想吃猪肉三明治，小梅尔文也想吃。如果让孩子们吃三明治，莫妮克很容易就可以让他们吃饱。但是，她没有这么做。她可能不想让她的孩子吃掉餐厅的利润。但是，她想的似乎不止这些。

"爸爸很快就要回来了。他一回来，我们就决定要吃什么。"果然，梅尔文很快又从山姆会员店回来了。他一屁股坐在办公室的沙发上。

"好吧，老公，我们得决定中午吃什么。你想吃什么呢？"她这样问说明她能主动选择要吃什么。那些在收容所吃饭的流浪汉几乎别无选择，他们如果不吃那里的饭，就只能挨饿。泽娜妮也几乎是饥不择食，能得到什么她就吃什么，也给孩子喂同样的东西。比娅也没什么选择余地，店里有什么打折的，她就多买一些往冰箱里放，冰箱里有什么，她就为孙子准备什么吃的。

但是，对于莫妮克女士来说，她需要考虑不同的选择方案，才能为家人的餐食做出有意识的决定。在大多数情况下，她的决定是在实际意识层面上的，是日常生活决定不可分割的一部分，是由理所当然的、看不见摸不着的意识左右的。她不是循规蹈矩地按规定食谱或饮食方案来决定一日三餐的。她有她的偏好和口味，所以有时也不完全出自健康的考虑。尽管莫妮克女士倾向于吃更健康的食物，但她并没有完全禁止孩子吃不健康的食物。事实上，他们有"垃圾食品日"，这天孩子们可以随心所欲，吃一下平时受限的食品。

"老公，我们给孩子吃什么呢？"莫妮克女士又重复了一遍。

梅尔文先生心不在焉地听着，忙着看面前小电视机上播放的连续剧《法律与秩序》(*Law and Order*)。

"小梅尔文，去厨房看看每个人都想吃什么。"他对儿子说。

"你想吃什么，阿娃？"小梅尔文开始执行任务。

"我叫你去厨房问！"

小梅尔文走到厨房一个个问。几分钟后，他带回来这几个建议：猪排、馄饨和巧克力麦片。

"这些都不行，"莫妮克女士否决道，"妈妈不同意这些建议。我们要吃一些新鲜冷盘，一些午餐肉。"她说到做到，家人吃什么只有她说了算。

"好的，那我们去买些火腿吧。"阿娃顺从她妈妈。

"我们可以买一些火腿，但不是那种填满了硝酸盐的火腿。我们再来点火鸡吧。好了，老公，我们要去店里买一些午餐肉、西红柿和生菜。"

我们都从办公室出来，梅尔文先生告诉大家，山姆会员店的经理给了他几袋肉桂卷。因为他经常光顾这家店，所以他认识大部分的店员。梅尔文告诉大家："经理说，'不收你的钱，如果你想要，你就拿去，反正我过几天也会把它们扔掉的。质量保证没有问题。'所以，我就拿回来了。"

这是"女主持人"牌肉桂卷。我和孩子们的眼睛都为之一亮，但莫妮克显然不太高兴。她已经成功地引导孩子选择了相对健康的午餐，但梅尔文从山姆店里带来的东西让她的努力落空了。我们每人都拿了一卷。

莫妮克的食物选择符合周边现实情况，也与她所处的社会和文化结构有千丝万缕的关系。梅尔文先生和莫妮克女士去买午餐肉时，我没有和他们一起去。但是，根据他们离开的时间长短来算，我猜他们去的店，离他们在南杰克逊开的餐厅不远。因此，莫妮克（以及她的家人）吃什么，是由她买得起的以及在附近买得到的东西所决定的。而且，对于下层中产阶级黑人来说，他们身边的人并不总是像他们所希望的那样有健康意识。

从店里回来不久，莫妮克和阿娃就开始在餐厅厨房的一个大柜台上做三明治。男孩都没来帮忙，而只顾着玩耍、聊天，或者一起做他们想做的事。三明治是用汉堡面包做的，夹着火鸡午餐肉、生菜、西红柿和蛋黄酱。

"每人一块三明治。"莫妮克招呼大家。

"彼科，你的三明治就在我这里，"阿娃让我放心，"你要水还是根汁汽水？"

"我不知道。你要什么？"

"我要喝根汁汽水。"她回答说。

"嗯，那我也想要根汁汽水。"

她母亲买了一箱一打装的大 K 牌根汁汽水，她拿出了一罐给我。她和兄弟姐妹们难得喝到汽水，所以他们都喝得津津有味。

"好吧，去拿吃的，然后去外面吃。"莫妮克示意我们都出去，这样她就有时间回到办公室去做手头上的事。他们每人拿了一块三明治、一张餐巾纸和一罐根汁汽水走了出去。我跟着丹尼尔、阿娃和詹姆斯，他们已经烤好了肉和面包。我们朝一棵大树走去，坐在树荫下的杂草上享用起来（图 10.1）。

吃完饭后，大家都去忙自己的事情了，准备着承办的餐饮

图 10.1　丹尼尔吃三明治

订单。丹尼尔早就被警告过，大人忙的时候，不要来吵。他不听，所以被带到后面去训斥一番。詹姆斯把鸡块从熏烤炉里取出来。梅尔文没买装鸡块的铝制托盘的盖子，所以他们只好用塑料箔片盖好。一共有八个托盘：六个装着烟熏鸡肉，两个装着煮熟的玉米。餐车装好后，托盘又被包装了好几层，确保汤汁不会溢出来，梅尔文先生又仔细检查一遍。詹姆斯、梅尔文先生、莫妮克女士和我都上了卡车去送餐。我们前往杰克逊北部的一个社区中心，在悬莫斯路和北侧大道附近，把饭菜送到一家正在团聚的黑人家庭。他们已经习惯了把餐食从较贫穷的南杰克逊送到较富裕的北杰克逊。这让他们更清楚地认识到，如果他们的餐厅位于更靠北的地方，他们会更成功。我们到了那里，开始把食物从车上搬下来，这时梅尔文先生又快乐如常，他告诉我们他坚持要把食物盖好的道理。

"你看，彼科。"他指着一个没有盖好的小盘，风太大，把盖在上面的东西都吹掉了。"我知道你觉得我太挑剔了。"

"没有，我什么也没说。"我回答道。

"不过，我知道你是这么想的。"他补充道。

"就是嘛，你就是这么想的。"詹姆斯附和他，想给我找麻烦。

我们开车回他们的餐厅，经过法里什街。这条昔日繁华的商业街如今荒废贫穷。梅尔文先生问莫妮克女士是否想去大约翰餐厅吃个三明治。大苹果酒店到今天仍然被人们称为大约翰之家，得名于墨西哥移民胡安·"大约翰"·莫拉。1939 年，莫拉把街角的玉米肉馅饼生意搬到了法里什街的一个沿街商铺。美国全国有色人种协进会的办公室离他的店不远，他的小餐馆因此成了这个协会活动的场所。戴维斯夫妇是吉诺·李的好朋友，吉诺是餐馆第四代老板，他的餐馆现在主打的仍是远近闻名的"熏肉和猪耳"——熏香肠三明治和猪耳朵三明治。这是那条街上为数不多还在营业的商家之一。

莫妮克不想吃三明治。

"我想吃三明治，彼科也想吃。我们去吃吧。"詹姆斯把我拉上，来说服她母亲。

"不，不吃三明治了。你们都已经吃了太多加工肉类了。"

他们都不再争了，因为他们知道母亲说了算。

车继续往前开，大家默不作声。莫妮克突然要求："老公，回餐厅前我们去买点啤酒吧。"

詹姆斯抓住这个机会，指出他母亲对食物决定的矛盾之处："等等，你不想吃香肠三明治，但你想喝啤酒吗？啤酒对你有什么好处？"

"是的，你说得对。我也怀疑喝啤酒更有好处。"我开玩笑地站在詹姆斯一边。莫妮克女士也跟着笑了起来。

"啤酒业拯救了几代人。"梅尔文先生为他的妻子辩护。

"熏肉业拯救了整条法里什街。"詹姆斯回应道。他的父母哈哈大笑，因为他们知道儿子说得一点儿也没错。

本章的第一节从实际生活中介绍了莫妮克女士的食物意识。在下一节中，我们还会进一步介绍，但我们要重点探讨她新的考虑因素以及她在话语意义上的食物意识，怎么最终变成常识的。重要的是，我们也会看到她如何把自己对食物的看法，教给子女，尤其是她的女儿。她教阿娃学会承担家人准备好一日三餐的责任。这一探索佐证了我们所熟知的家庭烹饪和饮食中的性别性质，并揭示了维持这种结构的社会化过程。

和阿娃一起做饭

我到他们家的时候，狗叫了起来。本杰明，那个排行倒数第二的孩子，看到我在门口，又惊又喜。我们相互拥抱。他长高了。他向大家宣布我回家了，然后跑回去看他正在看的电视节目。我穿过很少有人使用的客厅和餐厅，看到小梅尔文正戴着耳机盯着电脑。他还没有听到本杰明宣布我的到来，当我们目光相遇时，他才激动地跳起来迎接我。

"你还活着，彼科！"他开玩笑地叫道，"怕是有一百年没见到你了。"

近四年来，我们一直保持联系，但这是我自 2012 年 11 月离开后第一次回来，现在已经是 2016 年 6 月了。我离开后，小梅尔文高中毕业，进了迈阿密大学，但他在迈阿密的情况不太好，所以又回来了。他知道我熟悉迈阿密。当我问起这件事时，他尴尬地垂下了眼睛。小梅尔文是个有天赋的年轻人。他的大学入学考试考得很好，我上次来的时候，都看到常春藤盟校给他发了录取通知书。他想跟我解释为什么没在迈阿密大学读下去，但说得有点儿磕磕巴巴。我们穿过厨房来到后面的电视室，他说太难读下去了。后来，他回到老家，进入杰克逊州立大学学习。

丹尼尔是戴维斯家最小的孩子，他在专心地看电影，所以没怎么在意我。阿娃躺在沙发上，一半的注意力都在看电影。她有一份暑期工作，但那天她没有去上班，因为她感冒刚好。我跟着她进餐厅，想跟她聊聊。

阿娃是排在中间的孩子，也是六个兄弟姐妹中唯一的女孩（图 10.2 为阿娃，图 10.3 为她的三个健壮的兄弟）。她在家很文静，但也不是好欺负的。面对众多男孩，她知道在必要时如何维护自己的权利。她说她这是单枪匹马对付"五人帮"。她有时对自己也不是很有信心，不确定自己到底有多聪明漂亮。她一边向我介绍她的学习、社交生活和艺术创作的近况，一边下厨房准备做饭。这立即提醒我，她家里的饭大都是她做的。我问她为什么都是她在做饭，她回答说因为她不喜欢洗碗，所以她要做饭，由她哥哥弟弟洗碗。这样的安排已经与母亲达成了协议。她正在日益被"社会化"，承担为家人准备一日三餐的工作。她可能没有意识到，也许永远不会意识到，这就是性别社会化的要害。

从人们研究这个问题开始，甚至很可能在此之前，女性就一直负责做一家人的饭，以及承担各种各样的家务劳动。研究人员以小时来衡量家务劳动强度，有调查证据表明，在 20 世纪的前 10 年，女性每周花 44 小时做饭。到 20 世纪 20 年代，

图 10.2　阿娃

图 10.3　戴维斯家的三个男孩在换轮胎

减少到 30 小时，50 年代是 20 小时，然后是 10 小时（1975 年）。不过，这些数字因阶级而异，富有的女性通常会雇用贫穷的女性来承担这些家务。在南方，黑人妇女往往不仅要给自己的家人做饭，还要给富裕的白人家庭准备饭菜。

有几个因素可以解释妇女花在做饭上的时间逐渐减少。首先，技术进步，比如炉台、冰箱和微波炉的发明，使家务劳动效率更高。其次，更重要的是，女性在劳动力中的角色发生了变化，尤其是在第二次世界大战之后。就像美国黑人女性几十年前那样，许多其他种族的美国女性也要挣钱养家，她们就没有那么多的时间花在做饭上。另外，饮食日趋简单，特别是 20世纪中叶战争期间更精简的膳食方式也改变了家庭烹饪。当然，美国饮食文化的转变、电视晚餐的引入、外出就餐的习惯和快餐店的规模扩大这些因素也很重要。尽管如此，妇女仍然得负责给家人准备膳食，但大部分劳动力都被外包了。到 1998年，家庭开支中用于伙食的钱，有近一半花在下馆子、叫外卖了。

最近，人们重燃了自己在家做饭的热情。医学专家、名厨和电视节目推广一种更广泛（带有阶级性）的饮食文化，将回归烹饪视为解决各种社会问题的好办法，其中最重要的是健康问题。莫妮克女士和她的家人参与了这一新的文化转变，其中很大一部分原因是相信在家做饭的种种好处。今天男人做饭也比以往任何时候都多。但是，就像在戴维斯家一样，尽管梅尔文先生和儿子也可以下厨做饭，但饭大都还是妻子和女儿做

的。根据皮尤研究中心 2019 年的一份报告，在有孩子的家庭
中，80% 的饭菜是由女性准备的。大多数研究人员研究这种模
式的内在动力（包括女性如何持家），但很少有人研究工作、
期望和做饭的压力是如何转移到女性身上的。很少有学者研
究，为家人做饭的责任是如何从母亲（或监护人）转移到将成
为母亲（或监护人）的女儿身上的。从阿娃身上，我看到了与
烹饪有关的社会再生产机制。

阿娃告诉我她的家人是怎么决定晚餐吃什么的："是这样的，
如果你仔细想想，其实没有多少东西是晚餐吃的。"她说，脸上
带着孩子气的笑容，好像她让我认识了新事物。她把昨天剩下
的整鸡放进烤箱。这是她昨天做的，昨晚没有吃完，所以今晚
她把鸡热一热，当作晚餐。除了考虑"晚餐食物"，阿娃和她的
母亲还考虑了别的因素，用她的话来说，就是"健康的东西"。
他们每个月买两次菜，一号和十五号她的父母领工资，他们就
去买菜。她说她看了奈飞（Netflix）网络的一些美食节目，接着
告诉我他们是如何选择吃的。

"你知道的，"她开始让我接受更多的事情，"食品工业……"
她对食品工业的弊病、政府的角色、无处不在的糖、大规
模养殖和肉类生产行业，以及快餐店的突出和主导地位进行了
抨击。她侃侃而谈，就像是经过排练一样。她还提到名厨和美
食专家主持的健康饮食生活方式的电视节目。她对食物的看法
和她母亲如出一辙。她哥哥弟弟也都看了这些纪录片，但阿娃
把学到的东西付诸实践，融入日常生活中。

　　我观察到，他们不断改变食物意识以适应他们模糊的阶级地位。从阿娃身上，我还看到了她在其他方面的兴趣与她的种族和阶级意识也分不开。

　　我三天后又回来，这一天似乎过得很悠闲。下午三点左右，她的父母都还没有下班回家。我不在这儿时，他们把兰普金斯烧烤店关了，因为再开下去也赚不到钱。莫妮克现在在一家非营利的天主教机构工作，梅尔文是一家保险公司的合同工。阿娃的哥哥姐姐也去做各种各样的暑期兼职了。她和两个最小的弟弟丹尼尔和本杰明待在家里，他们还太小，不能打工。当我走进来时，阿娃正在录制一个节食的视频。她说无论是睡觉或是醒来，她都能体会到糖具有强烈的成瘾性，也能感觉到即使是无脂食物也含糖。她又给我上了一堂小课，然后，可能是无聊吧，她拿起我的手机，用手写笔画画。其中一幅是她的自画像，以一种卡通的审美形式，表现了她的卷发、夸张的嘴唇和突出的瞳孔。在另一页上，她画了一幅向日葵花园的远景，还有盛开的花朵。她画完后，把手机递还给我，然后走开了。她知道我已经是她艺术作品的粉丝，所以她没有等着看我是否会被打动。

　　晚饭时间快到了，阿娃溜进厨房，从冰箱里拿出肉。根据他们的用餐计划，她要准备俄式炖牛肉。她看到冰箱里还有掰开的牛油果，就说要做牛油果酱。小梅尔文也下班回来了，我和他聊了一会儿。过了20分钟，阿娃带着她的烹饪作品，以及她在烤箱里烤好的碎玉米饼从厨房出来了。她做的牛油果酱，无论是外观还是质地，都可以与任何一家得州 – 墨西哥

（Tex-Mex）小吃店媲美。而且，味道也好极了。我说我愿意付8.5美元买一份。尽管我的出价很便宜，她还是把我的话当作是捧场。我们一起吃这些小吃。

之后，阿娃提醒小梅尔文，轮到他洗碗了。他洗盘子时，阿娃洗洋葱切大蒜，准备把它们和牛肉一起蒸。我和他们的小弟弟丹尼尔旁观。自来水哗哗流，盘子叮当响，菜刀与砧板啪嚓啪嚓碰撞，像是有节奏的背景音乐。阿娃还从她最喜欢的音乐专辑坎耶·韦斯特（Kanye West）的《超轻光束》（*Ultralight Beam*）中，挑了说唱歌手钱斯（Chance the Rapper）演唱的一首歌让我们听。

我问大家："所以，除了阿娃，这屋子里还有其他人会做饭吗？"

"查尔斯的厨艺非常非常棒。"阿娃很快回答，尽管我故意将问题指向男孩。小梅尔文不知道在嘟嘟囔囔些什么，但丹尼尔举手说话。

"你会做饭吗？"我把注意力转向他。

"不会。"

"为什么不会呢？"

"因为我不想做饭。"他最小，口无遮拦，说的都是心里话，要不就是鹦鹉学舌。他俏皮地笑着，这意味着要么他故意说一些不该说的话，要么他有句俏皮话要说——他喜欢讲点好笑的。当我问他为什么不想做饭时，他回答说："我是做工的，不是做饭的。"我哈哈大笑。因为丹尼尔的回答似乎让他哥哥很尴尬，他哥哥就想把大家的注意力从丹尼尔身上转移开。

"你答错了，但没关系。"小梅尔文不假思索地说。

"那谁说他答对了？"我一边微笑着应答，一边在心里记下了他那半开玩笑的话中的分量。

"是詹姆斯告诉他的。"小梅尔文回答道。

丹尼尔离开厨房后，客厅静得出奇。柯克·富兰克林（Kirk Franklin）的插曲响了，虽然有点儿不合时宜，但正好填满了寂静空间。我纳闷阿娃是不是在想着，为什么做家务不能算是一项工作呢？如果她真的在想，她应该加入几十年来一直在思考这个问题的女权主义学者的行列。不到十岁的丹尼尔都已经深信不疑，在外面工作肯定比在家里做家务更有价值。

"你听到你弟弟说什么了吗？"我问阿娃。

"有啊，我听到了。"她的回答好像不太肯定。

她打开一罐蘑菇倒进锅里，"罐头里有味精吗？"我和她开玩笑。她刚才看的节食的视频短片，说到了味精对健康的影响。不过，张锡镐大厨说那是故意诋毁味精的。[①]她看了罐头上的说明，里面的确含有味精成分。

"你知道你这是在给家人吃可卡因吗？"我开玩笑地重复着在短片中听到的那句老生常谈。

"可他们喜欢吃。"她也开玩笑地回答。

----

① 尽管有大量证据表明并非如此，但许多食物都加了味精，包括在多力多滋玉米片等不健康食品中，所以味精被认定是非天然的，不健康的调味料。

　　阿娃当时对味精持无所谓的态度，并不是她不相信她所学到的东西了。像她的母亲一样，她的食物意识，包括她所接受的健康食品建议，都活跃在她的生活背景之下。即使她对味精的说法深信不疑，但她厨房里只有一罐蘑菇。她家附近的杂货店可能只卖这样的东西。在她家附近根本找不到一家健康食品店。即使在当地的食品连锁商店麦克达德，也就是莫妮克女士抱怨的那家，能买到不含味精的蘑菇罐头，也可能会在北杰克逊的店里买到含有味精的。所以，她也是有什么食材就做什么。她在网上找到的食谱说，只需要半罐蘑菇，但她倒的时候，一不留神把整罐都倒进了锅里。梅尔文下班了，对阿娃的烹饪做出了非常专业的评价。他微笑地点评阿娃用的食材搭配分量，说分量不对嘛，可能没有用量杯量好，用量勺没舀准。不过，阿娃好像并不在乎。

　　小梅尔文洗完碗后，离开了厨房，幽默地说："我已经履行了我的社会职责。"他可能回到餐厅的电脑桌，据我观察，那是他的地盘。对他来说，厨房只是完成分配任务的地方。他知道该怎么整理好厨具餐具，而且总是把锅碗瓢盆摆得整整齐齐，但他到那里只是为了履行他的职责而已。

　　厨房的空间对阿娃来讲就完全不一样了。她在那里自由自在，就像在自己的小天地里一样。她的四肢自由伸展，躯干自由活动。听听音乐，聊聊天，或者只是待在那里，她感到很休闲舒适。我敢肯定，她在厨房里的这种安逸感，是从她在那里打发时间的过程中养成的。她已习惯了这个空间。她逐渐变成了一个女人，在厨房消磨时光是她逐渐成熟的一部分。[1]

她根据食谱做意大利面，不过，她犹豫了一会儿，认为自己好像忘记了一个步骤。其实该做的她都做了。食谱不在她面前，但这些步骤她已经烂熟于心，所以我随便问她问题，似乎也不会打扰她做饭。例如，当汤姆·希根森（Tom Higgenson）演唱的《嘿，黛利拉》（*Hey There*，Delilah）引起我的好奇时，我问她这个乐队的情况，于是我们就开始聊起演唱会的话题。她从来没有去听过演唱会，但她想见见德雷克（Drake）、钱斯和比伯（Bieber）。她往面里加了鸡汤，然后给我放了一首比伯的老歌。她有点不好意思承认自己是比伯的粉丝，但解释说她喜欢的是以前的比伯。然后，在玩涂色的时候，她给我讲了酸性说唱（Acid Rap）、泰勒·斯威夫特（Taylor Swift）、阿黛尔（Adele）和威肯（The Weeknd）[2]。

她说："我喜欢威肯，但他太粗俗了，所以我不能在家里放他的歌。"

"你的朋友也听这类歌吗？"

"没有。他们只听基础的东西。"对她来说，"基础"音乐是

---

[1]　西蒙娜·德·波伏娃（Simone de Beauvoir）的描述中，表达了同样的看法："突然在厨房里，她妈妈正在洗碗，小女孩意识到多年来，每天下午的同一时间，这双手都泡在了油腻的水中，并用粗糙的抹布擦拭碗盘。她得年复一年洗下去，直到离开这个世界。吃饭、睡觉、打扫卫生……岁月不再伸展到无垠的天空，而是像铺开的灰色桌布，每一寸都一模一样；每一天都和昨天一样，永恒不变、毫无意义、毫无希望。"

[2]　上述几人都是在美国最受欢迎的流行乐歌手。——编者注

像拉马尔（Rich Homie Quan）和德雷克这样的歌手演唱的音乐。"德雷克不错，我也喜欢他的歌，但比较基础。"她还提到一些朋友，听的音乐包含各种各样的流派，比如小枝女孩（FKA Twigs）[1]和贾登·史密斯（Jaden Smith）[2]。等浓汤煮好，她才下面条，然后要在牛肉里加点酸奶油。

她问我听什么音乐。我说我喜欢东海岸嘻哈老歌，比如杰斯（Jay-Z）、纳斯（Nas）、劳琳（Lauryn）、让·格雷（Jean Grae）和大个子（Biggie）。她称自己是大个子的粉丝，笑他是个丑大个子。她认为扬·萨格（Young Thug）也是吸纳了各种流派的艺术家。我承认我不喜欢扬·萨格，因为我听不懂他在唱什么。为了教育我，她决定给我播放一首歌。和她一起听太露骨的内容，我有些尴尬，但她坚持要听。她关掉了阿黛尔的《坠入深渊》（Rolling in the Deep），播放了扬·萨格的《随即》（With That）。听了三小节后，看我一头雾水，完全不懂这首歌的歌词的样子，她无伴奏，为我演唱。即使她歌词唱得很清晰，我仍然不明白这首歌在说什么。无伴奏演唱结束后，她又播放了这首歌，并高兴地跟着唱了起来。她是属于这个时代和这个地方的少女，和同龄人一样，说一口流利的富有时代感的黑人方言。在杰克逊，她拥有一个黑人少女应有的文化资本。这次和她交谈，我还看到她身上还有很多其他方面的文化

---

[1]　英国原创女歌手和音乐制作人。——编者注
[2]　美国演员、歌手，著名美国演员威尔·史密斯之子。——编者注

资本，比如她的能力、技巧和知识，这些都表明了她的中产阶级地位。她既有黑人的文化资本，也有（白人的）中产阶级文化资本，融会贯通，驾驭自如。

"你的朋友们和你一样，欣赏歌曲的范围很广吗？"

她摇了摇头说，出于不同的原因，她听不同的歌曲，有快乐的，也有悲伤的。一天中不同的时段，听不同的歌曲。她早上听说唱，"为一天的生活做好准备"。晚上睡觉前听德雷克。因为不需要听歌词，所以她写作业的时候，就听爵士乐。画画的时候，什么都听，可以汲取各种养分。作为一名对音乐有浓厚兴趣的文化社会学者，我喜欢听她表达自己的基本爱好。她提到她看过一部伦敦嘻哈纪录片，我们的话题又转向旅行。她从来没有出过国，但她好奇自己以后会去哪个国家，也想知道我去过哪些地方。在我们谈话的时候，我问起了她美术方面的爱好。

"我喜欢现实主义。"她回答说。

"现实主义是什么呢？你来解释一下。"

"就是把你所看到的画出来，画得尽可能逼真。你把它表现出来，让它看起来像真的一样，不过你可以用不同的色彩，但仍然是现实的。这就是我喜欢现实主义的原因。"

"那你最喜欢的现实主义画家是哪一位？"

"玛丽·卡萨特（Mary Cassatt）。"她毫不犹豫地回答，尽管卡萨特更算是印象派而不是现实主义的画家，但阿娃说，这位画家画女孩和花朵的方式让她着迷。卡萨特的作品颇丰，远比阿娃知道的要多得多，但不知怎的，她很喜欢这个出生于宾夕法尼亚州富裕家庭、一生多半时间生活在法国的白人女画家。我开玩笑地问她是否也要画白人，她以严肃的语气表示否认。"我要画一些和我一样的人。"为了证明她对此的坚定信心，她给我看了一些她画的草图。

阿娃对各种文化资本兼收并蓄，对萨格和卡萨特的喜爱显示了她作为一个下层中产阶级南方人的中间身份。她住在离城市最贫困的社区不到五千米的地方。她在城里的另一头上学，而她弟弟在家附近上小学。她的家人和泽娜妮、比娅女士以及其他贫穷的黑人在同一家超市买菜，但他们买不一样的菜，做不一样的饭，因为他们对食物的看法不同。

等大家都回家的时候，阿娃也将饭做好了。他们用小梅尔文洗的白色盘子盛饭菜，坐下来一起吃饭。他们把盘子放在腿上，边看电视边吃。电视频道也被切换到有线电视新闻频道，这样莫妮克就能了解当天的新闻了。

第 11 章
查尔斯

"他几乎每天都来。"服务员一边谈论查尔斯，一边递给我们两份菜单。

这是几个月来我第一次有机会再和查尔斯坐下来聊天。我记得上次是在兰普金斯烧烤店吃排骨的时候。那天，我们和莫妮克女士以及其他几个人就天主教会和堕胎展开了激烈的辩论。我们也算是萍水相逢。为了更好地了解全市的政治动态，我在"杰克逊自由新闻社"做实习生。当我走出办公室时，看到一个大个子黑人刚从卡车上下来，他走路摇摇晃晃样子就像是丹泽尔·华盛顿走路的翻版，不过他更夸张些。但是，他绝对不是东施效颦，他的膝盖和踝关节需要协调一致才能承受181千克的体重。查尔斯按照自己的节奏慢慢地走着，但他总是先跟别人打招呼。人们首先注意到的是他的风度、热情和令人愉快的幽默感，而不是他那又矮又胖的身材。他不为自己不太正常的体重感到羞耻，所以也无须求得任何人的同情。和他相处久了，你就会发现，他只要开个玩笑或哈哈大笑，就会让注视他的尴尬目光悄然消失。他知道该如何阻止他人对肥胖的羞辱（图 11.1a 和图 11.1b）。

图 11.1a　查尔斯

图 11.1b

但是，即使有自我保护意识，查尔斯也被他的体重绑架了。他为自己的健康打了一场漫长的持久战。中午过后，我去那家餐厅找他，他正在演练战术，以期打一场胜仗。这个我在兰普金斯烧烤店吃烤排骨和熏肉时交上朋友的黑人大胖子，现在是个素食主义者。正如许多学者在他们的文献中记录并具体化的那样，他的决定与只有白人才奉行素食主义的假设格格不入。结果，除了所有素食主义者已经忍受的羞辱，食品学者指出，吃素食的有色人种，尤其是黑人，经常遭受种族歧视。值得注意的是，吃素食的黑人面临的羞辱来自吃素食的白人和有色人种（包括黑人）的非素食主义者。具体来说，黑人吃素常常被说三道四：要么他们在"装白人"，要么他们参与的饮食活动，与种族身份"极不相称"。

查尔斯和我来到卡南代瓜咖啡馆，这是一家隶属彩虹天然食品合作社的小吃店。在全食超市开张之前，彩虹是当时杰克逊唯一的健康食品杂货店。在他们的菜单上，我看到了一则免责声明：

我们所有的午餐和熟食均不使用反式脂肪、氢化油、味精、肉类或转基因食材。我们只选用冷压有机油和美国农业部认证的有机乳制品。我们尽量在卡南代瓜烹制的每一份餐食中使用经过认证的有机食材。但由于受到地理位置的限制，经过认证的食材可能不足。在这种情况下，我们选用当地的有机和非有机食材来代替。

　　我想他们指的是美国南部的地理位置限制了他们获得这些食材。尽管比起美国其他地区，南方有机农场的增长速度更快，但是深南各州（路易斯安那州、密西西比州、亚拉巴马州、佐治亚州）拥有的有机农场仍然比较少。2017 年，加州大学伯克利分校食品研究所的报告称，密西西比州的有机农产品产量很低，因为州级政府没有足够的资源来支持那些有志开发有机产品的农场。这家健康餐厅把践行宗旨的困难赫然写在纸上，而我对查尔斯也有同样的担心：他怎么可能在密西西比州的杰克逊市找到合适的餐厅来践行素食主义呢？

　　在我和查尔斯相处的几个月里，他证明要在杰克逊市践行素食主义还是可能的，但这需要灵活机动，克服种种不便。推广健康食物的宣传对密西西比人饮食习惯的影响不大，这一方面是因为这个地区深受饮食文化约束，对来自其他地方的鼓动无动于衷。南方有一个美食联盟，引导、研究南方饮食文化并将其发扬光大，而北方和西部哪有什么美食联盟呢？如果有的话，那也不值一提。另一方面，伴随素食主义的实践，各种看法应运而生，其中阶级关系举足轻重。不管多么荒唐，人们普遍认为只有有钱人才能有享用昂贵的素食食材。因此，在一个贫困率高得不成比例的州，素食主义不受欢迎也就不足为怪了。

　　南方没有为素食主义提供肥沃的土壤，因为与美国的大多数地区相比，这里的白人、黑人、富人和穷人的饮食有更多相似之处。素食主义似乎是在种族隔离的味蕾上发展起来的，可能与南方的饮食方式大相径庭。在这种情况下，查尔斯不顾一切开始走素食主义道路，主要是为了改善健康状况，而不是出于动物政治学方面的考虑。本书这一部分的章节关注的正是这样一个核心问题：种族（黑人）、阶级（中产阶级）和地区（密西西比州）如何影响人们的食物意识。上一章（第10章）以戴维斯一家为例，主要关注的是他们实用的食物意识。在这里，通过与查尔斯的接触，我着重关注他在话语层面上的食物意识的发展，进而展示他如何将一种新的食物实践融入他的生活中。

在接下来的几个月里，我常和查尔斯到"正午"小吃店或其他餐厅坐了下来吃饭，他尽量遵守他的新饮食规则。我们去的地方饭菜不全是素的，更谈不上是素食餐厅，但他凑合着吃。他点了他认为最素的食物。我们一起吃了几十次饭，我直接观察到他是怎么考虑该吃什么的，并通过了解他的生活以及他所处的社会背景，弄清楚他是如何看待自己与他所吃的东西之间的关系。这一餐：他点了一份黑豆玉米煎饼、一份小麦玉米饼、素食奶酪和姜茶，我点了一份胡萝卜、花椰菜、西蓝花和毛豆蒸蔬菜，配上泰式花生酱和一杯姜柠檬水。

我们光顾着谈话，几乎没有注意到时间的流逝。查尔斯告诉我他为当地报纸拍摄了高中橄榄球赛的比赛盛况。我们谈到了小型的文理学院，他对这些学院非常了解，连它们的排名都一清二楚。然后他给我讲了一些他童年的故事，包括他母亲如何处理他对重酸性食物（如西红柿）过敏的故事。服务员把我们点的菜端过来后，我们又开始谈论国家橄榄球联盟（NFL）①，然后谈论詹姆斯·梅雷迪思（James Meredith）。在整个谈话过程中，我一直想再了解一些他选择吃素的理由。

"我以前见过你啃排骨……"我开玩笑说。

"是的，好吃得让人停不下来……你知道的，伙计。我吃了一些排骨，那一刻感觉特别棒，但大约两小时后，我只好回家了，像条狗一样，病倒在床上。"

"是不是去兰普金斯那会儿？"

"这个嘛，不关兰普金斯的事。只不过，吃了排骨之后，我的腿就会肿得像个气球。"

"真的吗？"

"真的，因为我的左腿有问题，有蜂窝组织炎。血液循环本来就不畅通，然后又把盐和其他东西塞进循环系统，突然砰地就爆发了。"

也许我这样问不够厚道，但我还是问他，既然他的身体对这些食物有如此不良的反应，为什么还要继续吃呢？他的回答简单含蓄，又非常诚恳，说明要吃什么全凭理性来决定的假设，本身是不符合逻辑的。

"你知道的，就想吃嘛。"他坦承。

"没错，没错。"我附和他，觉得我问这样的问题实在不太好。然后他又谈了一些他的病史。这一次，他的声音放低了，

---

① 全称为 National Football League。——编者注

像是在表演一段严肃的独白，与他的合群精神背道而驰。他摆弄着叉子，让自己放松些，谈起他在医院承受的病痛。

"我在 2009 年 8 月病了，住院整整一个月。从 8 月到 9 月 1 日，我一直躺在佛罗里达的医院里。回来后，我又在家里待了大约一周，然后我慢慢回去工作。后来好了一段时间，减掉了很多体重，然后我又病了。过了大约两年，去年又住进了医院。然后我对自己说：'这是在自杀，这算什么嘛？我的脑袋怎么就转不过弯来呢？'"

他略顿了一下，继续说。

"你知道，现在反过来看别人，看到有些人在自我毁灭，以我自己的经验，我能理解他们。不管是出于历史原因还是自身的问题，人们总是把自己搞得一团糟。你明白我的意思吗？或者图一时快活，对不利因素全然视而不见。但既然你活着，你就得吸取教训。有一天，我醒悟了，我对自己说，'不能再这样下去了，不行！'"

"就是嘛。"我表示支持。

"不行，再这样下去不行！"他用夸张的南方口音重复了一遍，语气轻松多了，发出了他独特的笑声，这种笑声发自内心，引起旁人注目。

就这样，我们在一起吃了十几次午餐。又过了两个月，查尔斯邀请我于星期天晚上去他家看橄榄球比赛。我很期待，因为我知道他会做饭请我吃。他住在温菲尔德环路，距离我第一次见到泽娜妮的普伦蒂斯街和罗宾逊路只有三个街区，这里曾经是中产阶级的专属区，那些中世纪建筑风格的楼房和修剪得整整齐齐的草坪，尽显身份地位。他在这儿土生土长，现在住的房子原来是他阿姨的。童年时，他家就在阿姨家隔壁。他的房子有入户门廊。正门通向餐厅和典雅的客厅，客厅里到处都摆放着杂志。宽敞的客厅里有个较避光的角落，那里有两张沙发，垂直摆放在一台 42 英寸的平板电视前面。

我握了握他的手。

"我的手湿了，哥们儿，我在洗碗。"他道歉道。

"没关系，兄弟。"

"欢迎光临寒舍，"他说道，"我做了一些吃的，如果你想尝尝的话，就请便吧。"

我当然想。

我打开锅盖一看，里面有豆角、豆腐（看起来像鸡肉）、菠菜和一堆我也说不清楚的调料。另一只锅里有一些小麦通心粉和很多藜麦，这是他的新食谱。像许多其他注重健康的食客一样，他已经接受了高营养谷物。他穿着日常便装，一条运动短裤、一件旧 T 恤衫和一双凉鞋，半站半倚在厨房的水槽上洗盘子。我问他现在吃的食物跟以前不一样了，是不是要多花钱。他肯定地说，现在反而更省钱了。"省下买肉的钱，就省下来四分之一的伙食费。"他花大约 18 美元买大批量藜麦，可以吃上两周左右。①

菜做好后，查尔斯把炖豆腐放在藜麦和面条上。我们端着

---

① 学者和素食倡导者都认同他的估计。许多网站说，如果你会精打细算，吃素还更省钱。

碗和拿着刀叉，走进客厅看橄榄球比赛。那是我有生以来第一次吃藜麦，感觉像蒸粗麦粉或木薯粉，但更有质感。藜麦充分吸收了炖菜里的汤汁。豆腐也是如此。我记不太清楚之前是不是吃过豆腐，但在查尔斯家吃的这次令人难忘。像往常一样，我们边吃边聊。在等待巨人队对钢人队的下半场比赛时，我们都在关注星期天国家橄榄球联盟比赛的最新比分。就像许多密西西比人一样，他坦承自己是牛仔队的球迷，而不是圣徒队的球迷。当第三节球赛开始时，我们也吃饱了，我谢谢他做了这么好吃的饭菜款待我。然后，我直截了当地问他，对新饮食现在习惯得怎么样了？

"哎，彼科，不习惯也得习惯呀，除非我不想活了。我不想说得这么悲观，但事实就是这样。"

他回答我的问题，脸上带着真诚的微笑。创造一个健康未来的自我需求（和愿望）决定了他现在的食物选择。他的阶级地位给他带来的部分好处是，他有足够的精神空间去考虑基本生活需求之外的事情。

"那么，你还采取老一套的生活方式吗？"我进一步追问他。他慢慢地摇了摇头。我相信他的回答。

"不会啊，其实也有些菜式是我喜欢的，比如地中海菜、意大利菜和一些墨西哥菜，所以我坚持吃这些菜，吃得健康。"在这里，我们再次看到了各种口味的养成行为，这是中产阶级的另一个属性，让他有可能活出新的品位来（图11.2）。

"那南方的灵魂食物咋办？我是说，你是吃这些东西长大

图 11.2　查尔斯在健康食品店

的吧？"

"没错，但我必须与其一刀两断。"

他把电视的音量调低了，这样我们可以更好地交谈。还没
等我继续追问，他就接着解释。

"我已经成为灵魂食物的牺牲品，我已经成为重开酒戒的
牺牲品。"

我没有理解，目瞪口呆地看着他。

"我读过《戒酒会的十二步疗法》(Twelve Steps)，虽然
没有全部读完，但我大致知道这些技法，我就依法炮制。酗
酒者，一瓶啤酒也不能喝，一杯酒也不能喝，一条火鸡腿也
不能吃。"

对于他的类比，我忍不住笑了起来。他也被逗乐了，但他
没有像我那样笑，因为他是认真的。他并没有说他沉迷于灵魂
食物，但以此来看待它。[①] 用匿名酗酒会制定的"十二步流程"
来戒掉某个习惯，就是要认识到这不仅是一种偶然的行为或需
求。同样，必须承认吃灵魂食物的习惯是根深蒂固的，并且一
直是他生活的一部分，现在也不是想不吃就不吃那么容易。

查尔斯在密西西比州有着深厚的根基。他的父亲来自沃特
瓦利，距离牛津县 30 多千米，他的母亲来自科修斯科，与奥

---

① 这样解读他的评论并没有否认关于食物成瘾和肥胖之间关系的大量
   文献。这只是表明查尔斯没有将自己看成是上了瘾，而是将他与灵
   魂食物的关系比作上瘾。

普拉①是同一个小镇的，在沃特瓦利南边约130千米处。他说，他母亲那头的亲戚不是佃农。

"我对此感到非常自豪。我母亲的家人，从来都不是佃农，而是地主。自1860年以来，我母亲家一直拥有大片农田，当初有大约300英亩的农田。"他没有提到他母亲的祖辈是如何积累大片田产的。

通过被解放黑奴事务管理局，联邦政府试图给曾经为自由而战的奴隶提供土地，但是这个管理局缺乏资源和组织能力，一些项目还没启动，就胎死腹中了。如果他母亲家的人像其他拥有土地的黑人一样，那么他们获取土地的办法无非是透过蛮力、经济智慧和占用废弃土地，或是与原来的白人种植园主合作购买土地。②像许多其他黑人家庭一样，后来他母亲那边的

---

① 美国非洲裔名人。电视制片人、演员、作家和慈善家。——译者注

② 黑人拥有的土地历来很少，在这方面从来就谈不上公平。但到了20世纪初，黑人终于有了一些赖以为生的土地。根据历史学家詹姆斯·C.科布（James C. Cobb）的估计，在1900年，图尼卡县拥有土地的黑人比拥有土地的白人多，比例为三比一。1910年，密西西比州的黑人农田总面积为220万英亩，约占美国所有黑人农田的14%，是所有州中最多的。参阅范·R.纽柯克二世（Vann R. Newkirk Ⅱ）：《惊人的土地掠夺》（*The Great Land Robbery*），《大西洋月刊》（*The Atlantic*）2019年9月；约翰·C.威利斯（John C. Willis）：《被遗忘的年代：内战后的亚祖河－密西西比河三角洲》（*Forgotten Time: The Yazoo-Mississippi Delta after the Civil War*），2000年；詹姆斯·C.科布：《地球上最南端的地方：密西西比三角洲和区域认同的溯源》（*The Most Southern Place on Earth: The Mississippi Delta and the Roots of Regional Identity*），纽约：牛津大学出版社，1994年，第91页。

亲戚也失去了大部分土地。

这些都是查尔斯在我吃午饭的时候告诉我的。那天，我们约好在北杰克逊北临街路附近的一家泰国餐馆吃饭。在这里，他可以培养新的饮食习惯。正如他所说的，"他们不是刻意吃素食的，他们天生就是这样。"其实，在他改变饮食习惯之前，他就是那里的老主顾，所以我们一进去，老板就直呼他的名字，欢迎他的到来。这位中年亚裔男子，邀请我们随便坐。餐厅里有点儿冷，我们先要一碗热汤喝，驱驱寒，然后他点了泰式豆腐炒河粉，我点了泰式鸡肉炒河粉。在等上菜时候，我们谈起他的摄影工作，他说他特别喜欢拍摄橄榄球赛的场面，我们不知不觉地聊到他的家庭和成长经历。

查尔斯明白并不是只有他家失去土地，许多其他黑人家庭也失去了土地。"大萧条袭来，因为人们交不起地税，他们的土地渐渐被吞噬，然后有些人的土地就全没了，因为你是一个拥有土地的黑人，他们想要把你的土地夺走。""他们"指的是南方白人。他的一席话，与《大西洋月刊》（*Atlantic Monthly*）记者范恩·R.纽柯克（Vann R. Newkirk）的相关报道如出一辙。

大规模剥夺不需要集中组织力量或重大阴谋。在贪婪、种族主义、现行法律和市场力量的推动下，白人做出的决定数以千计，但目标惊人一致。毋庸置疑，如果可以的话，一些白人也会以这种方式组织起来。民权领袖贝亚德·鲁斯汀（BayardRustin）的在 1956 年报告说，他从白人公民委员会的

创始人之一罗伯特·帕特森（Robert Patterson）的办公室获取
了一份文件。这份文件提出了一项"总体计划"，目的是迫使
数十万黑人离开密西西比州，从而削弱他们的潜在投票权。

　　查尔斯继续说："我的外曾祖父，也就是我外祖母的父亲，
有七个孩子。外曾祖母去世得早，他一个人把7个孩子拉扯大，
后来他搬去新奥尔良，和人争田夺地。最后他们只好说，'好
吧，我们这么办吧，你别的什么也别争，我们给你60英亩地。'
所以作为交换，他保留了60英亩，就这么回事，但最初他应
该有300英亩地。"

　　他外曾祖父就是靠那片土地抚养了7个子女，查尔斯的
外祖母排行最大。他母亲就在他外祖母继承的那片土地上长
大。他小时候，依稀懂得人们对土地的依赖，长大后，他在理
智上明白他家的所有财富，无论多少，都是他们的这片土地创
造的，也知道老一辈人是怎么在田里劳作的。他还引用了法国
启蒙运动的经济理论来解释："你知道，人们是重农主义者，他
们没什么钱，但有大片土地，所以他们不愁没地方住。我外祖
母家有自己的土地，有一头牛，所以也有一点肉吃。他们种庄
稼，但没有什么钱。除了养活家人，外祖母不能再做点别的，
对，她会卖掉一点她在土地上种植的东西，换钱买面粉……你
总得买些面粉、糖和盐吧。"

　　"她只买这些东西？"

　　"我外祖母从流动商店买的东西就这些。所谓的流动商店，

就是卖货郎开着一辆大卡车到处转，他转到你住的社区周围，你就去买东西，从他的流动商店买。"

查尔斯形容她的外祖母具有"前瞻性思维"，她不希望她的子女只依靠土地生存。也许她料到黑人农民迟早会失去自己的土地，或者她预见到，在随后的几代人中，资本主义日益壮大，重农经济就再也维持不下去了。不管是什么原因，外祖母不顾家人的反对，坚持要让自己的孩子接受教育。而外祖母的弟妹总是在农忙的时候，不让他们的孩子去上学。外祖母首先送母亲上学，她天生就是个优秀生，十六岁就高中毕业，然后就读于派尼伍兹学校，这是一所遵循布克·T. 华盛顿[①]（Booker T. Washington）理念创办的私立初级工学院。尽管学校主要招收贫困农村的学生，但他的母亲仍然负担不起学费，所以她在洗衣房打工来支付学费。

"我妈妈可以把衬衫熨烫得平平整整，一件衬衫经她手一熨烫，就像是洗衣店熨烫过的那样。"他开玩笑说。他的母亲本想上完大学，但家里负担不起。所以，她回到科修斯科一段时间，后来一些亲戚帮她联系，她获得了密西西比工学院的奖学金，毕业后当了教师。

我把盘子里的饭菜都吃完了，全神贯注于听他生动地讲家史。他只吃了几口。

---

① 美国政治家、教育家和作家，19 世纪末至 20 世纪初美国黑人历史上的重要人物之一。——译者注

查尔斯的父亲也是一名教师，曾就读于腊斯克学院，但他父亲上大学的途径不同。他的父母没有抚养他。"我祖母嫁给我祖父的时候，她还非常年轻……她怀孕生了个男孩，但她把孩子留在密西西比州，就到芝加哥去了。她让人去找我祖父，但从来没有让人来找我爸爸。"因此，查尔斯的父亲由姑婆抚养长大，而祖父母则留在芝加哥。"是的，妈妈曾经告诉我，我爸爸曾经因为祖母抛弃他而感到非常痛苦。"对他的祖母，他还多少知道一些，但对他的祖父完全不了解。"我不记得见过他。我仍在努力查找他的历史。他的名字是汤米·史密斯（Tommy Smith），但我不知道他的经历，只知道他已经不在人世。我知道我祖父不止一个儿子，因为他有点花心。"他的祖母在芝加哥生活和工作，没有其他孩子，偶尔会来密西西比州。"她会来和我们住在一起。我最喜欢她做的炸玉米。哥们儿，我这辈子还没遇到炸玉米炸得这么好吃的人呢。"

查尔斯于1962年出生在老家沃特瓦利，后来他父母带着他搬到了芝加哥。像当时的许多其他黑人一样，他们从南方的吉姆·克劳法阴影中摆脱出来，寻求更好的生活。父亲去世后，他的母亲不愿过孤儿寡母，远离近亲的生活，所以在他三岁的时候，母子俩搬回了密西西比州杰克逊市琼斯街。

有一天，我们开车在西杰克逊附近兜风，他带我去看他最初住的公寓。

"我们住在琼斯街。我和我妈妈还有我姨妈以及两个表兄弟住在一起。这里以前是史密斯食品杂货店，但他们什么东西都卖一点儿，不能算是一般的食品杂货店，店就开在这里。"

开车到了街拐角处，他放慢了速度。琼斯街大约有一千米长，是山谷街和道尔顿街之间的一条小街。我对这儿还比较熟悉，因为比娅女士就住在附近的山谷街，离吉姆希尔高中不远。经过一片空地，我猜想那里原来有些老房子，现在已经被拆除了。经过大圣詹姆斯传教浸信会教堂，在林肯大街路口附近有一排猎枪小屋，①还有一些废弃的住房，以及一些苍老的树木，似乎只要一场风暴就会把它们刮倒，压坏高架的电线。我们来到了他的旧居，一栋两层四单元的公寓。

"我们就住在底层……天气好的时候，这算是一套两居室，"他笑着说，"其实凑合着就两个房间。我们蜗居在这儿。我们有一部绿色庞蒂亚克小车。不管要去哪儿，我们一大家人就都挤进去。我们家有两位老师，我妈妈教小学四年级。"

他们没在琼斯街住多久，他母亲就准备自己买房子。那时，正好白人纷纷搬离了西杰克逊，他母亲购买了那儿的一栋空置的房屋。他们的左邻右舍都是稳固的中产阶级家庭，从此他就生活在这些人中间。

"我所有朋友的父母，除了少数几个以外，不是大学教授就是受过大学教育的专业人士，几乎毫无例外。隔一条街有个男孩，他的母亲是教育学院的院长。他的祖父住在隔壁，是杰

---

① 狭窄的长方形住宅，从美国南北战争（1861—1865）结束到20世纪20年代，是美国南部最受欢迎的住房。——译者注

克逊州立大学教育学院的第一任院长。哦，可能不是第一任，但他在 20 世纪 60 年代当过院长，我们长大后，他的儿媳接任了院长。你知道，我所有的邻居都这样，以前住在隔壁的那位女士，是退休的公立学校老师。离她家不远还住着一位音乐老师，他有两栋房子，你知道吗？他是高中乐队的音乐老师。每个人都是兄弟会、姐妹会或美国杰克和吉尔基金会的成员。"

然后，好像是为了总结一下他今天所说的，他补充道，"在我的成长过程中，我已经逐渐成为一个像杰克或吉尔那样的孩子。自我父亲去世后，我母亲与杰克逊市的人没有任何联系，他们从未邀请她成为杰克和吉尔基金会的成员，但他们总是邀请我参加所有的活动像是聚会或其他类似的活动，尽管我不能百分之百算是他们中的一员，但基本上也可以算是吧。"

我于 2016 年 6 月回到杰克逊市时，查尔斯已经换了工作。他现在任职于杰克逊州立大学，是他们学校唯一的摄影师。他请我去他二楼的办公室坐。我们聊天时，他随时回答我一些问题，还一一告诉我他拍的照片要用在哪些刊物上。我一进门，他就从办公椅上站起来，用一个黑人式的拥抱来迎接我。他坐在两张平行的桌子之间，把文件从两台旧电脑传到一台精致的黑边苹果台式电脑上。他身旁的两张桌子上，摆放着各种各样的摄影器材和配件。

"他看起来胖了。"我默默想着，他比以前还胖。想着想着，我有点儿走神了。他停下了手头的工作，和我聊聊各自的近况。他喜欢这份新工作，也很享受夏日的时光，安安静静，也不必摸黑才回家。秋季一开学，他就又忙起来了，主要忙着拍摄橄榄球赛事。另外，他的生活发生了重大变化，他恋爱了。

"哥们儿，我坠入爱河了，"他笑着告诉我，显得有些不好意思，"她真不错，是个好女孩儿。"

我们聊起了戴维斯一家，又聊到兰普金斯烧烤店停业的事。我问他是不是还吃素，他回答说不吃了。我的直觉是对的，他胖了，大约又胖了四五十千克。他解释说，他交了女朋友，和她生活在一起，就放弃了素食主义。

"她不会做素菜。"他耸了耸肩，但很快又补充说，他并不是在责怪她，只是实话实说。他又回到了种族和性别的社会常态中。现在他的生活中有了一个女人，他再也不用自己做饭，她做什么他就吃什么。他又病了，被送进了医院，所以即使他已经不是严格的素食主义者，他也很少吃肉。

两天后，查尔斯有个摄影任务，我去找他。他们大学组织了一次社区活动来解决密西西比州的学生辍学问题。当我们到达时，小组发言正在顺利进行，看样子快结束了。策划师跟他开玩笑说，你们早点来就好了，刚才还座无虚席呢。他为台上的小组发言人和听众拍了几张照片。拍完照片后，我们就找个地方吃午饭。我们原想去北杰克逊，但最后决定在离他工作地方不远的西杰克逊"农家炸鱼"餐厅吃午餐，这是家自助店。这是我们第一次在西杰克逊吃饭。

然后我意识到，我上次在这儿的时候，我们都不在他居住和工作的杰克逊南部和西部吃午餐。这时我才明白原来素食生活有诸多的不便。他想成为素食主义者的种种努力，是违反常理的。严格地说，生活中没有任何东西可以阻止他，但并不是他生活中的一切都推动他朝着他的目标前进。而且，作为一个密西西比下层中产阶级黑人，他生活的社会经济背景不利于他实现自己的目标。他周围的一切，他所熟悉的一切，与他息息相关的一切，并不总是与他的目标一致。食物的种族化、社会化与食物的阶级意识，在他身上产生了矛盾。有时前者占上风，有时后者占上风。他的家庭不断实现阶层向上流动，这让他有机会实现自己的目标。但是，他知道，尤其是对一个密西西比黑人来说，在社会经济的阶梯上往上爬的范围是有限的。

在"农家炸鱼"餐厅，他点了一些土豆泥和肉汁、秋葵、黑眼豌豆、炸鲶鱼片，还有甜茶。他喝东西的样子，这么说吧，如果是喝牛奶，白胡子马上就会出现。我们聊天的时候，餐厅的电视正在播放美国有线电视新闻网对 2016 年美国总统大选的报道。在谈到伯尼·桑德斯①（Bernie Sanders）时，我问他是否认为阶级政策可以消除种族歧视。他说，这做不到，因为对没有财力的黑人来说，再好的政策也是一纸空文。他一语道出了美国黑人经济的脆弱性，即使像他这样的黑人中产阶级也一样。

———————

① 伯尼·桑德斯是一名美国政客，民主社会主义者，曾参与 2016、2020 总统大选。

又过了一周。在我们午餐小聚之前，我们去拜访了一位朋友。他是查尔斯童年时的"中产阶级"小伙伴，准备在80号高速公路旁筹备开餐厅。朋友的父亲是著名的心理学家，母亲是杰克逊州立大学教育学院院长。他的祖父率先在杰克逊州立大学开设硕士教育课程，他的祖母是史密斯罗宾逊博物馆的创始人之一。他的餐厅定于月底开张。我们参观了用餐区。用餐区不算豪华，配备了几台小电视，墙上挂着查尔斯创作的大幅摄影作品。他带我们看了正在装修的厨房，并告诉我们，餐厅主打烤排骨、炸鲶鱼和牛排。他还带我们到后厨去看熏肉炉，他和查尔斯开玩笑说，哪天早上会把他带来，让他闻一闻满屋子的肉香，考验一下他的定力，看他能不能坚持吃素。

之后，我们驱车前往宽街面包店吃午饭。面包店所处的整个小镇干净整洁。那天，他坚持纯素饮食。在我们开车兜风时，他告诉我他对亚拉巴马州塔斯基吉（Tuskegee）这样的城镇很是好奇，这些清一色黑人的地方，保留着黑人保守主义的空间。他借用人类学家佐拉·尼尔·赫斯顿（Zora NealeHurston）的话来描述黑人生活在一起的情况：那时黑人跨越不同的阶级群体，掌握着自己的命运。他希望自己能回归到从前的生活，并断言，种族融合的承诺已告失败。

两周后，我们回到查尔斯朋友的餐厅，参加查尔斯朋友的餐厅开业典礼。查尔斯想给童年伙伴捧场，目睹朋友的理想变成现实。停车场和候客区挤满了人。我们一进门，查尔斯就向一位穿着西装的黑人打招呼："我们的午餐准备好了吧？"那人热情地点点头。著名的爵士歌手帕姆·康弗（Pam Confer）也来捧场。没等多久，店主的女儿就把我们领了进来，她是个大学生，跟查尔斯很熟，还和他拥抱了一下。我们一边跟着她到座位，一边看墙上查尔斯的三幅摄影作品：一幅是杰克逊州立大学的军乐队，另一幅是一位蓝调歌手，还有一幅是正在享用烧烤的一群黑人。

　　服务员过来了，我点了烟熏鸡肉、蔬菜和奶酪通心粉，可是他们没有广告上说的玉米棒子。查尔斯点了排骨和熏鸡，还有自助沙拉。他说这是他几个月来第一次吃排骨。的确，这是我在兰普金斯烧烤店和他一起吃晚餐后，第一次看到他吃肉。在我们座位的前上方，有台电视机正在播温布尔登网球比赛。他告诉我，曾经有一次，他母亲一大早就叫醒他，和他一起边吃早餐，边看"温布尔登早餐网球"公开赛。他点的烤排骨和我点的熏鸡肉都无可挑剔。可是他点的鸡肉太硬了，所以服务员帮他换了一块，新换的这块就和我的一样好吃了。我们边吃饭边喝甜茶，一人喝了两杯甜茶，喝得心满意足。

　　这顿饭或许对身体健康不利，但滋养了我们的心田。

○ 上层精英

第 12 章
乔纳森

"说说你自己三岁以后的故事。"

二月的一个中午，乔纳森和我坐在杰克逊市一家高级餐厅前端的贵宾席上。早上，乔纳森打电话让我到城里另一头的餐馆见他时，我和斯马卡还在施粥所里。从贫困的西城区到富裕的北城区，从社会底层到社会顶层，我的 T 恤衫也随之换成了笔挺的衬衫，棒球帽换成了羊毛帽。他穿着一件袖子挽到胳膊肘的扣领衬衫和一条宽松的西裤。乔纳森才 30 多岁，不过他举止成熟，显得比实际年龄大多了。我们一坐下，他就点了蟹饼和伏特加吉姆莱特，还有灰雁伏特加鸡尾酒。这顿酒菜与我和斯马卡在施粥所吃的残羹剩饭显然有天壤之别。

我告诉他我的一些情况，先从在加纳出生长大讲起，然后谈到在纽约的生活，以及在威斯康星州读研究生的经历，最后向他介绍我在密西西比州的研究项目。我回答了几个需要解释的问题，然后才把话题转回他身上。在此之前，我已经听说过乔纳森，知道他是城里受人尊敬的商界人士。我经常去参加他组织并主持的每周社区论坛，所以我算比较了解他。我们已经不止一次交谈过，但今天应该算是迄今为止最有意义的一次。

我还没有问他，他就谈起了他们家致富的经过。

这一切都要从他的祖父开始说起，当他的祖父还是密西西比州的佃农时，就开始购置土地，带领一家人走上了一条新的致富道路。就像查理家一样，通过购置土地，耕田种地，他们家开始从底层社会"向上流动"。

"是这样的，我爸爸意识到，如果你只是从别人那儿租田种地，你就得从他们那儿购买耕作所需的种子和农具，这些都一笔一笔记在你的账上。问题是，你从来没看过那些账本。所以，举个例子来说，不管你把多少收下的棉花送到轧棉机，他们都会说，你的棉花值 25 美元，但账上欠了 30 美元。你根本无法知道到底欠了多少钱，当然，那时你也不敢多问一句。所以，即使你努力跟进，你还是负债累累，永无出头之日。

"我也不知道他是如何做到的，总之我爸爸设法得到了一小块土地，而且他想得很周到。他到附近找别的农场主，对他说，'嘿，我有一点儿钱，卖些种子给我，就行了。'他们问他为什么不去种子店买，他说，'我只需要一点儿种子，把今年的地种上，所以我付钱，您卖给我就成了。'他付清一年所需的费用，不仅避免了债务，还有点盈余，用于购置更多的土地。我爸爸花钱雇了一个很穷的白人，代替他去法院办手续，买下了田产。

"过了好几年，白人农场主才知道到爸爸有自己的农田。当然，他们一口咬定他偷了土地，但他有地契证明这些地确实是他的。那个可怜的白人和黑人邻居上了他的当，还被蒙在鼓里，算他们倒霉。我爸就是那种人，但他就是这样置下了不少田产。他们告他偷盗，扬言要杀了他，所以他在夜深人静的时候带着家人，连夜逃到了三角洲，在那里又开始购买田产。"

　　乔纳森的父亲从战场上回来后，职业生涯一路攀升，最终创办了自己的企业，推动他们家族继续向上层社会流动。当然，并不是所有从二战归来的黑人士兵，都受益于美国颁布的《退伍军人权利法案》，不过他的确从中受益。他用福利金支付大学学费，毕业后在福特汽车公司工作。后来，他回到密西西比州，在北杰克逊管理了一段时间的福特制造分厂。20世纪80年代初，他开始经营自己的工厂，在此过程中积累了可观的财富。当《北美自由贸易协定》促使大公司将工厂迁往海外时，乔纳森的父亲离开了制造业。他创立了自己的公司，即密西西比产品公司。这是一家物流批发公司，向众多公司批发医疗、清洁、过滤、工业和办公产品。如果说他的祖父摆脱了佃农的贫困，让一家人过上中等收入美国人的生活，那么他的父亲则跃入了上层社会。

　　乔纳森父亲的八个兄弟姐妹在经济上没有像他那么成功。但是即使把他父亲同那个时代的整个美国黑人群体相比，他的收入和财富积累也非同寻常。在1980年收入最高的五分之一人群中，只有10%（其中包括乔纳森的家人）是黑人。这些富有的黑人从1983年家庭收入中位数仅有13000美元非裔美国人家庭中脱颖而出。相比之下，那时白人家庭的财富水平中位数已达到105000美元。因此，即使他的家庭享受中上阶层的生活，他们仍然与较贫穷的密西西比黑人联系在一起，包括那些仍处于贫困中的亲戚。

结果，乔纳森的大部分情感、性格和趣味，包括在食物方面的品位，都是由他童年时期的普通工人阶级的黑人家庭塑造的。他的自我意识更多地与他的种族认同联系在一起，而不是与他的阶级认同联系在一起。他和家人同时生活在一个黑人寥寥无几的社会经济特权世界与一个富人屈指可数的美国南部黑人社会中，所以不可避免地存在矛盾甚至冲突。

追随父亲的脚步，并不是乔纳森的初衷。他高中毕业后，就读于北卡罗来纳大学教堂山分校，但并没有在那里待多久。"我在那里待了两个星期。我的同屋叫萨尔（Sal），来自新泽西州的东卢瑟福。如果我待到周末，再听到有人取笑密西西比或南方的话，我会发疯的，而萨尔总会在同学中兴风作浪。"

作为黑人，乔纳森生活在上流社会的边缘；作为富人，他生活在贫困黑人世界的边缘；同时，乔纳森还意识到，作为南方人，他生活在国家想象的边缘。他打电话给他的父亲，请求父亲同意他转学到密西西比州立大学。在此之前，他曾讥笑这所大学"浪费了优秀的美国大学考试成绩"。他在密西西比州立大学获得了商业学士和硕士学位。他准备在亚拉巴马大学攻读高等教育管理博士学位。为了安慰希望他接管家族企业的父亲，乔纳森推迟了入学。他打算暂时与家人一起工作一段时间，但一场意想不到的悲剧改变了一切。

"我回到家，正好有充分的时间来思考这个项目，从哪里入手，怎么进行。那时我二十五六岁，我父亲去医院检查身体，回来后就告诉我们他得了癌症，而且已经是晚期了。八个月后，他去世了，才五十六岁，年龄不大。他死于胃癌，这在非裔美国人中是罕见的。他真的是来去匆匆。他领导力很强，在我们家，我们公认他是'领头人'。不管是伯父，还是姑母，只要有什么事，都是由他出谋划策。如果你有什么问题，不用自己拿主意，去找'小李'就行了。他去世了，我头一回不得不背负自己的"十字架"。我对父亲的敬仰，就像我们对上帝该有的那种敬仰一样。

"父亲走了，我妈妈和妹妹都无心工作，我明白我应该留在家里。我们公司有两个办公室，一个在东海岸，一个在这里。我们在密西西比州南部和中部有好几家物流中心，而且还要再开一家。我们有一些不动产。我二十五六岁的时候就不得不独自撑起局面。因为这不是我的人生规划，所以我并不开心。刚开始那五年，每天我一醒来都担心自己会把公司搞砸了，觉得自己注定要失败了。"

我在 2012 年遇到乔纳森时，他已经成功地经营家族企业十年了。除了继承父亲的生意，他还担任了父亲去世后空缺的社区和董事会职务，包括该市主要医院和国家银行的董事会的职务。同时，他也是母校董事会中最年轻的成员之一。

长期生活在父亲的光环下，乔纳森准备在 2012 年迎接新的挑战。我听说过他要参加市长的竞选，在我们的谈话中，他亲口告诉我他的竞选计划。高尚的抱负激励他去实现自己的理想。

"商会 10 月份进行了一项研究，对社区和杰克逊市周围的
人进行了民意调查。70% 的人认为，如果他们要提高生活质量，
他们和家人就必须远走高飞。这就是我参加竞选的原因。我
经常想是什么吸引我来到这个地方。我为什么不会一走了之？
哦，是这儿的人们，是人们的意愿。我们可能处于社会的底
层，但是每个人都在努力拆除禁锢我们的障碍。我们深陷自己
社会'种姓'的泥潭中，一些人和另一些人为敌，许多创伤不
能治愈，我们从未团结起来。"

用他自己的话来说，乔纳森将自己看成是能将这座城市
的人们团结在一起的人，是连接不同"种姓"的桥梁。他说的
"种姓"可能与威尔克森的意思一样，都是引用了印度的种姓
制度，或者用了其他南方社会学家的方法，比较南方白人和黑
人之间的种族和阶级结构。但是，由于黑人占密西西比州杰克
逊市人口的 81%，我觉得他很可能也指种族内部的阶级分化。

乔纳森是在乔治城宣布竞选杰克逊市市长的。这个社区在
20 世纪 70 年代时，生活在其中的不同阶层的黑人相互为邻。
当他们向前来报道此次活动的记者团发表讲话时，作为他竞选
活动的志愿者，我为他、他的妻子和他们的牧师拍了几张照片
（图 12.1 为其中一张）。在演讲中，他们赞扬他具有商业头脑，
年富力强又成熟稳重。他们还明确表示，尽管他住在城镇对
面一个富裕且种族融合的社区，但通过他的祖母，他了解杰克
逊市贫穷黑人的困境与他们的命运息息相关。他的竞选团队预

图 12.1　乔纳森竞选市长

计，他的政治对手会利用他的阶级地位，作为他与普通工人阶级黑人脱节的证据，因此他们通过黑人女性，讲述她们在几代人之间传播文化传统的故事，来帮助他竞选。

像乔纳森这样的中上层非裔美国人，在美国种族化和阶级化的分层秩序中占有特殊的地位。关于这个群体的研究，可以追溯到杜波依斯的《费城黑人》。这本书记录了他们生活中存在的自相矛盾的现象。一方面，他们享有阶级地位的特权；另一方面，他们继续遭受与身份的其他各个部分交织在一起的种族压迫。就像第 11 章探讨的戴维斯家族和查尔斯的经历一样，种族从属关系限制了他们的阶级特权。然而，与他们不同的是，乔纳森和这一章所讨论的中上层黑人的日常生活与贫困人口区别更大。社会学家卡琳·莱西（Karyn Lacy）认为黑人精英中产阶级和核心中产阶级不同，黑人精英中产阶级经常与白人同行看齐，而将自己与不太富裕的人区分开来。

尽管黑人精英中产阶级住的地方与杰克逊的许多黑人相隔甚远，他们仍努力维护和培养自己的种族身份。他们采用莱西所说的"战略同化"，让他们同时活出自己的种族化和阶级化的自我。他们住在较富裕的白人社区，但他们通过参与黑人教堂以及传统的黑人和公民协会等许多活动来保持与黑人社区的联系。他们知道，在白人社区或白人的工作环境中，他们永远不会被完全接受，在南方以及整个美国，种族界限比阶级界限更有约束力。他们的阶级流动性并不能使他们免受种族歧视。他们培养自己的种族认同，还因为他们知道自己的成功是民权运动的结果，正是这场跨阶层的黑人社会运动，推动了社会和经济的进步。他们的成功和幸福与这些"斗争"息息相关。

因此，保持黑人身份需要继续投身这些"运动"。即使大多数黑人的穷苦生活，对他们来说已经非常遥远，他们也要时刻"保持清醒"。保持黑人身份远不止是一种"斗争"，倘若离开了"斗争"，就谈不上黑人身份认同。本部分的章节详细描述了杰克逊市的这些黑人精英中产阶级如何利用食物来培养他们的种族身份。

德国有句谚语叫"Man ist, was Man isst。"意思就是"人如其食"。我们在讨论食物和身份认同中经常引用这句话，但很少作进一步的探讨。人如其食，到底是怎么回事呢？食物人类学家克劳德·菲施勒（Claude Fischler）通过杂食动物的双重性来探讨这个问题。作为杂食动物，人类依靠各种各样的食物生存下来。与食肉动物或食草动物不同，人类可以尝试适应各种不同的食物，从中吸收养分。

我们可以灵活选择食物，但也有顾忌和不安。"每一种杂食动物，尤其是人类，都受熟悉与生疏、单调与变化、安全与多样性的双重束缚。"在解决选择食物的矛盾时，食物至少在三个层面上造就了我们自己。在最基本和生物学的层面上，我们摄入某些食物并吸收它的生化物质，这些物质提供身体所需的能量，并在一定程度上塑造和维持我们的体质。从字面上看，你往往就是由你吃的东西塑造的。在第二个层面上，你所吃的东西赋予你象征意义，比如人们常把"大块吃肉、大碗喝酒"与男子汉气概联系在一起。在第三个层面上，吃某些食物就是加入了某个群体。久而久之，这群人解决了杂食动物的矛盾，选择一些特定类型的食物来生存。"人以群分"，这群人也通过食物，和其他人群区分开来。正所谓"人如其食"。如果这是真的，那么反之亦然。用菲施勒的话来说，如果"食物造就了食客，那么，食客自然而然应该尝试通过吃来造就自己。"本章探讨黑人精英中产阶级如何通过吃来造就自己，培养他们的种族自我。

一天的美食之路

八月的一天，乔纳森邀请我跟他四处转转。他说，这一天对他来说不是一个特殊的日子，但通过这一天与他的相处，我可以看到他作为一名政治人物都做了些什么，怎么为竞选筹集资金，征集意见。这一天，他有三场主要会议，都与吃相关：一场与市商会成员见面，另一场与政治顾问商谈，还有一场是在杰克逊州立大学附近的企鹅餐厅与他的导师小聚。

我们的第一站是大杰克逊商会会议。当时，乔纳森是商会会长，这是他从父亲那里继承下来的高级社区职位之一。我们一到，他就通知会议组织者，他还有另一场会，要提前离开。

"你看，"那位女士开玩笑地对我说，"我真不明白，他来参加我们的会，为什么还要安排另一场12点的？"我微笑着点头，表示同意。人还没到齐，她邀请我们先去拿点吃的。乔纳森谢绝了她，解释说我们不在这儿吃，因为我们下一场会正好是午餐时间。

与会人员相互热情问候。当我们坐下来时，乔纳森悄悄对我说，友好并不一定意味着他们都是朋友。他把一个和我们闲聊的律师当作"老朋友"。他的政治抱负为他赢得了一些"老朋友"。我到摆放食物的地方瞧瞧，看到他们有烤鸡、烤豆、土豆沙拉、面包卷和甜茶。食物被装在铝制菜盆里。桌子上的泡沫塑料杯里放着冰块。与会者用厚实的纸盘子和塑料叉子吃饭。今天的饭菜和碗盘都不能显示他们的阶级地位，这些食物和餐具看起来与人们在街区公园的野餐没有什么两样。但不同的是，这个地方不是所有人都能来的。真正显示阶级地位的是会所和与会者本身。

他们盛完饭菜，回到了会议室。会议室呈马蹄形，里面摆着一些皮座椅。他们边聊边吃。我回到座位上时，发现现任市长正准备吃饭。他停顿了片刻，先做了一个祈祷，然后才把一叉豆子送到嘴里。刚咬了一口，坐在一旁的人，问了他一个问题，他就赶紧回答。新上任的教育局局长也出席了会议。一位负责教区街重整旗鼓的知名开发商也在场，我认出了他，因为他是市电视台《与你同在》节目的嘉宾，一直备受关注。坐在我旁边的男士，是一个有威望的律师，他用叉子吃力地切着鸡块。大多数人都不太习惯用塑料刀叉，不过没有人用手抓着吃鸡肉，因为在这个场合，这样做有失礼节。

因为他们聚集在一起并不是为了吃饭，所以没有人关注那些饭菜，没有人宣布开饭，也没有人讨论吃得如何。就像我跟踪调查的那些无家可归的人一样，这些商人和政客在来之前，可能不知道这餐饭吃什么。对于今天提供的餐饮，他们几乎没有选择。但与无家可归者不同的是，他们知道这些菜适合他们的口味，不仅合他们的胃口，也符合他们的社交品味。所有的菜式，都是根据他们的品味选择安排的。如果他们没有吃到自己喜欢的菜，或者像我和乔纳森一样有其他理由，不在这儿吃饭，对他们来说几乎没有什么影响。当大多数人都用完餐后，一位主持人走到大厅角落的讲台上，宣布会议开始。他们先祷告，求上帝给予智慧和启示。会开了大约一半，乔纳森和我悄悄溜出去，参加另一个会议。

我们赶到当地一家高档意大利餐厅，乔纳森将在那里面见一位政治顾问。会议是由餐厅老板，这也是乔纳森的支持者和好朋友安排的。当我们与老板和顾问坐下来时，乔纳森把我介绍给他们，并明确表示我只是一个想了解这座城市的研究生。他请求他们允许我留下来旁听他们的会。

他说："如果你们觉得他参加我们的会不太合适，就让他坐在酒吧里吧。"如我所愿，那位顾问同意我留下来。

乔纳森对那位顾问说："从三岁开始，谈谈你自己吧。"那位顾问刚从他的童年开始说起，就有服务员来礼貌地招呼我们点菜。我们三个人想要杯水，餐厅老板还要了一杯冰茶。然后，服务员介绍了他们的开胃特色菜。乔纳森经常光顾这个地方，所以他早已知道要点什么菜。我对最后一道菜最感兴趣，加罗勒香蒜酱的鲜虾比萨。

　　餐厅老板注意到了我的反应："既然一提到比萨，彼科就眼睛一亮，那我们为什么不点一份比萨作为开胃菜呢？把它切成八片，这样我们就不会都要抢着吃。然后再给我们一份玉米粥。"这位顾问继续谈他的经历，强调他参与了前任市长的竞选活动。服务员端来开胃菜，再次打断了他的谈话。

　　"我不知道你们是不是注重无麸质饮食，"餐厅老板说，"如果你们不在乎，那就吃这些面包吧。如果你们在意的话，我们可以给你另一种面包。"他的提议似乎是邀请我们做出更健康的选择，但鉴于专家对无麸质的健康益处仍持矛盾态度，这更像是邀请我们参与（白人）种族化和上流社会的食物运动。[①]乔纳森不想参与。

　　与乔纳森的另一次用餐体验，能更好地说明他如何欣赏美食运动和高级餐厅的美学和品位。有一天，我在一家比萨店遇到了乔纳森。其实，这家店普普通通，与其他地方的比萨店没什么两样，但当时店主正在与一位厨师合作，要努力把他的餐厅打造成一家美食比萨店。他们只举办一晚的活动，主打20到30美元一份的比萨。自然，它吸引了那些消费得起的人。来的顾客大多数是白人，毕竟这个地方在丰德伦，是杰克逊市

---

① 《纽约时报》最近举行了一场有关无麸质饮食问题的辩论。参加辩论的有市场营销学教授、营养师、美食评论家和食谱书刊编辑以及两位医生。他们针对这种饮食究竟是一种时尚还是真的对健康有益的问题展开了讨论。

为数不多的以白人为主的社区之一。但是，它也吸引了乔纳森和其他住在这个区域附近比较有钱的黑人。

我把车开进停车场，看到乔纳森、他太太和女儿也来了。

"兄弟，你是刚来还是要走了？"他喊道。

"我刚来呀。"

"正好我们也刚来。"他邀请我和他们一家人一起坐。我们坐在餐厅外面，一位服务员来招呼我们，乔纳森问了店老板的情况。通过他们的问答，我得知他与老板是运动伙伴。我想知道他开始锻炼身体是否也是为竞选做准备。他承认是有这个意思，不过他也想减肥。

"自我结婚以来，我的体重增加了40磅。"他打趣道。

"而且，孩子是我生的。"他的妻子也打趣地说道。

她是一个身体健康、身材苗条的黑人女性。[1] 我们被她的幽默逗笑了。

当服务员回来叫我们点菜时，我们仍然犹豫不决。乔纳森很果断，说他想要一份比萨饺。他吃完后，就和店主一起去"装修房间"。他的妻子说："他只是觉得吃比萨饺[2]比较保险。"她的意思是，他不想冒险尝试别的，或者说他的品味比较单调。他还没有回来时，她又说她丈夫是那种只喜欢吃肉、土豆

---

[1] 尽管乔纳森太太非常支持我写这本书，但她要求不要提到她。尊重她的意见，这本书没有提及她的名字，也基本上没有写到她。

[2] 此处指calzone，无官方译名，是一种饺子状乳酪馅饼。——编者注

和蔬菜的人。服务员建议我们点墨西哥比萨。因为她知道乔纳森不喜欢墨西哥菜，所以她不想点墨西哥比萨。她还立即声明，她其实很喜欢墨西哥菜，言下之意，她的味觉更丰富。

乔纳森回来时，正好比萨也端过来了，有一份小龙虾比萨和一份精致的白奶酪鸡蛋比萨。乔纳森不吃白奶酪比萨。

"只要告诉我比萨的味道怎么样就行了。"他随手抓了一只鸡翅。他们的女儿对鸡蛋过敏，不能吃比萨，所以他妻子点了一些鸡翅。

她特别交代服务员炸鸡翅裹的面粉不要放蛋。她笑着说她的丈夫和女儿吃东西都很挑剔。她还开玩笑说，她的女儿通常更喜欢"便宜"的动物饼干，而不是她买的那种名牌饼干。她边看着乔纳森吃鸡翅，边说："乔纳森就是喜欢简单朴素的饭菜。"

"我不喜欢加蛋的比萨。"他回应道。她以为乔纳森喜欢荷包蛋，也自然会喜欢白奶酪鸡蛋比萨。

虽然乔纳森喜欢与人交往，但并不常去高档餐厅用餐。他的工作加上政治抱负使他在这些地方用餐的机会多了起来，但这些地方并不是他吃饭的首选。去城里这些高级的餐馆就餐，似乎需要某种鉴赏力。他缺乏这种鉴赏力，也无心去培养它。

乔纳森觉得像"企鹅"这样的餐馆更适合他。在我到达杰克逊市的一个月前，也就是2011年12月，"企鹅"餐馆开业了。它见证了杰克逊州立大学校园内这个受欢迎的食品摊的历史。大约20年前，"企鹅"只是一个热狗摊。装修后的餐厅环境幽雅，为杰克逊州立大学的教职员工、行政人员和其他城市专业人士提供服务。一般来说，这里的白人顾客很少，因为在大多数情况下，它的营销目标是中上层黑人，也就是说，这是一个纯属黑人的空间。从餐厅的前门进去，就是摆着黑色桌椅的用餐区。从入口处，可以看到白色的柱子和黑色的花岗岩吧台。吧台后面，在黑色的酒柜之间，有两台大屏幕电视。数十盏嵌入式灯，以及悬挂在窗户旁和用餐区中央的低垂圆形水晶灯，照亮了整个空间。大厅的一侧有一个舞台，用于夜间音乐表演。一些顾客穿着随意，有的穿着牛仔裤和衬衫，而有一些则根据餐厅的不成文要求着装。男士穿着漂亮的纽扣衬衫或运动夹克，女士穿着连衣裙或裙子搭配衬衫。在许多方面，企鹅餐厅向顾客传达了这样的信息：这里是品味中产阶级黑人美食的空间。

与此同时，这家餐厅尽量不让自己显得高不可攀。他们的口号是"富而不骄"。他们把餐厅装饰得富丽堂皇，那么如何确保不骄矜呢？"骄矜"究竟意味着什么？几十年前，南方腹地的白人坚持认为黑人不会傲慢自大，黑人不会误认为他们的阶级优势已经形成了一把保护伞，让他们免受种族主义歧视。"骄矜"这个词"适用于富裕的黑人，他们有时会为拥有比白人更好的房子、汽车或更成功的事业而付出可怕的代价"。

企鹅餐厅的营销口号，放在当代语境来解释，意味着对于他们的目标顾客来说，他们更认同自己的黑人工人阶级的身份，尽管他们的经济地位优越。因而，他们确保菜单"雅俗共赏"。他们主打的菜包括炸鲶鱼、炸鸡和热狗，还有蟹饼、鸭肉和牛排。有时在星期天，他们提供猪颈骨、鸡肉和华夫饼，而在每个月的第一和第三个星期日，还有猪小肠。有趣的是，他们的菜式反映的不是今天工人阶级黑人的食物，而是他们昔日的食物。这些是比利和比娅女士的成长过程中的家常便饭，而不是泽娜妮童年和她的孩子现在吃的东西。

乔纳森是促成企鹅餐厅顺利开张的众多投资者之一。在商会会议以及与政治顾问的商谈结束后，我们在那里见了面，比尔·库利医生，又称"大夫"，也和我们小聚。乔纳森视"大夫"为"义父"。他也是这家餐厅的投资者。大夫也是一位退休的商人，可以说是这个城市里非裔美国人的首富。他为人低调谦逊，所以即使接近他，可能也看不出他是个有钱人。他出生在以佃农家庭为主的密西西比州霍兰德，他也刻意以家庭背景来降低自己的阶级地位。乔纳森和大夫都是企鹅餐厅的常客，他们每周在那里聚餐三四次。

夕阳西下，我们来到了餐厅。一些上班族也进来享受傍晚的欢乐时光。我们点了饮料和开胃菜，聊了聊当天的情况。乔纳森把今天开会的情况告诉了大夫。他们边谈边笑，有时来个笑话，有时还聊起八卦。我觉得这是乔纳森一天中最自在的时刻。看着他们，我不禁联想起人类学家小约翰·杰克逊关于种族纯粹的观点。他认为种族纯粹表现出一种对自身种族身份的理解，而不是为了向旁人证明自己是黑人。乔纳森和"大夫"正在享受"富而不骄"的空间和菜式，不是为了重复某些种族台词，也不是为了展示他们种族的真实性。用杰克逊的话来说，真正的种族和阶级的纯粹，是一种使种族身份感到"清晰、自然、真实，甚至无所顾忌的东西，无形当中与他人建立起联系"。他们尽其所能，把自己表现得酣畅淋漓。

一天，我与乔纳森和大夫一起去了一家叫 CS 的著名灵魂食品餐厅，也看到了类似的情况。周五早上的一次社区论坛结束后，乔纳森和我在聊天，大夫问我们要不要一起吃午饭。他建议我们去以汉堡闻名，尤其是以伊内兹汉堡闻名的 CS 餐厅。这是一种馅露在外面，带有辣椒和玉米片的奶酪汉堡。我们到那儿时，大夫已经坐下来了，他说这里曾经是附近米尔萨普学院学生的主要聚集地。现在，无论是黑人还是白人，只要是年轻专业人士，都喜欢来这个的地方。即使乔纳森和大夫都相当有钱，在那里，我还是有机会看到他们如何利用食物与工人阶级的种族身份联系起来。

餐厅老板认出了乔纳森，我们一走进来，就和我们打招呼。乔纳森一周前在这里举办了一个活动，他知道乔纳森要竞选市长，所以问起了竞选情况。老板走开后，乔纳森说他姑婆在厨房工作。她得知乔纳森过来吃饭，也出来打了个招呼。她已经 80 多岁了。我和大夫都犹豫不决，不知道吃什么好，她告诉我们，鸡肉和饺子保证很好吃，因为是她亲手做的。这话一出口，我们都笑了起来，但我们都接受了她的建议。乔纳森点了炸猪排，她的姑母也忙着准备。很快就上菜了，我们一看到蓝绿色盘子上的菜，都垂涎欲滴。炸猪排正合乔纳森的胃口。大夫还说看起来色香味都不错。

"来，给你一块尝尝。"乔纳森说。

虽然大夫听了很高兴，但也有点儿担心。我们都知道吃炸猪排对他的健康不太好。我们也知道他女儿一口猪排也不会让他吃的，不过他还是尝了尝。

"嘿，我要去找托妮告你的状。"他一边咀嚼，我一边取笑他。他一笑了之，享受着美味的炸猪排。我也尝了一块，真是酥脆多汁。

"你们都吃得怎么样了？"乔纳森问道。

大夫嘟囔着说太好吃了。

我也称道："味道好极了！"菜太多了，我们都吃不完。

我们快吃完的时候，店老板来了，带乔纳森去见一桌可能会支持他竞选的律师。他回来后，他的姑姑来看我们。她看到只有那盘炸猪排吃完了，所以她又额外给了我们一块。与高端餐厅甚至美食比萨店不同，乔纳森不必考虑要不要吃无麸质面包或手工奶酪。正如他妻子说的，他就喜欢吃简单的食物。

第 13 章
多里安、阿德里安娜和奥托尔

一个周日晚上，我刚从杰克逊市的高级餐厅"沙龙餐厅"出来，我通过乔纳森认识的一位男士就拦住了我。那时，我身上还围着围裙。

"彼科，你在这儿做什么？你在这儿打工吗？"

"是的，我在后面帮忙。"

奥托尔和两位女士坐在大门旁的一个隔间里。他们刚刚上开胃菜，还在等饮料。

我已经在沙龙餐厅工作几个星期了，他们每年都参加全市最佳餐厅的评比活动。除了乔纳森，我很难招募中上阶层的人来参与我的研究。我遇到的人不少，但是和其他人一样，他们对我的工作感兴趣，也有些好奇，但大都不愿让我进入他们的生活。社会学家加里·艾伦·法恩（Gary Alan Fine）写的《厨房》（*Kitchens*）启发了我，我找到了进入这家餐厅厨房的门路。我为他们做一些琐碎的工作：剥牡蛎、切土豆、剥虾皮和扫地。作为交换，我有机会仔细观察餐厅的厨师和主厨。他们中的许多人都有工人阶级的背景，那么他们如何为上流社会居多的顾客准备精美的饭菜呢？

那天遇到奥托尔时，我已经上了一整天班，感觉特别单调而漫长，所以我期待着回到公寓休息一下。可是事与愿违，我竟然与他和他的朋友聊了近一个小时。不过，幸亏碰到他们，由于有了这个契机，我接触到了另一群中上层黑人的生活。

我们先寒暄几句，然后谈论乔纳森竞选市长的情况，接着奥托尔把和他一起吃饭的两位女士介绍给我。一位叫阿德里安娜，是家族建筑公司的总裁，另一位是她的妹妹，叫多里安，是杰克逊公立校区的律师。奥托尔介绍我与她们认识的时候，说我刚来南方不久。我脱下围裙，应他们的邀请和他们一起喝一杯。

阿德里安娜和多里安的父亲科尼柳斯·特纳，是杰克逊市最成功的黑人企业家之一。特纳有 11 个兄弟姐妹，他们都是在农场土生土长的。他 15 岁那年，他们全家搬到了加州的圣佩德罗，在那里他读完了高中。后来，他去商船队服役，服役期满后，回到了杰克逊市。在法里什街的办公室工作时，他结识了年轻的埃弗斯，并共同创办了密西西比自由出版社。1963年，他还成立了一家建筑公司，负责建造多单元住宅、县青少年拘留中心和市会议中心。另外，他还有几处出租房产。就像多里安说的："我们长大的那个街区，几乎都是我爸的。"泽娜妮现在就住在那个街区，查尔斯住的地方离那里也不远。在多里安的记忆中，那地方的左邻右舍都互相关照。这是一个稳定的中产阶级社区，住在那里的有杰克逊州立大学的教授和其他专业人士。高中毕业后，多里安就读于布林莫尔学院，然后从弗吉尼亚大学获得法律学位。阿德里安娜进入纽科姆学院，毕业后接管了家族企业，是现任的总裁。

他们问我为什么来杰克逊市，我的回答还是老一套，我告诉她们我在研究杰克逊市的生活。

"那么，你最感兴趣的是什么呢？你想发现点儿什么？"阿德里安娜追问道。

我说我在杰克逊市研究黑人生活。

她不满意我的答复，穷追不舍。"好吧，彼科，你还有什么事瞒着我们吗？"阿德里安娜直截了当地问。

我不想显得不够坦诚，所以我解释说，我想了解人们的饮食，以及人们如何选择吃的东西。她们自称是吃货，果然一听到我这个项目，都很有兴趣，而且对我究竟发现了什么感到很好奇。

服务员回来后，他们又点了一轮饮料和开胃菜。他们可能是饿了，就来这家餐厅吃饭，但他们也会坐下来边吃边聊。餐饮具有社交功能，不过这在斯马卡这样的人身上体现不出来。对于那些无家可归的人来说，社交活动反而在吃饭的时候中断了。但是，对在座这个群体来说，餐饮则为社交活动推波助澜。

"我有个问题想请教你。"阿德里安娜边吃边问，似乎对我的研究很感兴趣，"为什么去高级餐厅用餐的黑人不多？"

我在冰吧里剥牡蛎，面对着用餐区，我也在思考同样的问题。我数过来沙龙餐厅吃饭的一共有几个不是白人。我在那里工作了三个月里，总共只看到过 15 个。如果高档餐厅是一种彰显自己阶级地位的方式，那么黑人精英为什么不愿来呢？我对她的问题没有一个明确的答案，但我不想回避这个话题，所以我尽力而为。

"我认为很多黑人，那些比较富有的黑人，并没有真正把去高档餐厅吃饭作为社会地位的象征。事实上，他们不想吃高档菜，是因为害怕因此摒弃了黑人身份。他们可能会用自己开的车或别的什么东西来显示身份。不过，你们都喜欢来这里，因为这本身也能说明你们的身份地位。因为，你知道，这不仅仅是为了吃的。"

"是的，哦，不是的。"她礼貌地打断了我，"民以食为天，来这儿就是为了吃呀。"她只注意到我最后那句话，而略去了我前面所说的。我不知道她是不是同意我的看法。

"不错，"我想说得明白些，"但你也喜欢这儿的就餐环境，以及他们的服务，整个用餐体验都很重要。"

"是的，我认为你是对的。"阿德里安娜并不是毫不犹豫地赞同我的话。她对我的回答并不十分满意。不要说她，就连我自己也不满意。"很期待你的大作问世。其实，你应该让我们参与你的研究。"这对我来说简直就是天大的好事。

在晚会结束前，多里安邀请我加入他们的周五鸡尾酒聚会。下班后，他们通常在市内的高档餐厅见面，一起喝酒，品尝开胃菜。按照她的解释，规则是这样的："我会在下午 3 点左右发一条短信。无论你能不能去，你都必须作出回应。如果你三次都不回复，你就会被拉黑。所以，你应该周五来。你现在处于'考察阶段'。"奥托尔笑了，阿德里安娜不耐烦地翻着白眼。我很快就了解到他们的活动都是多里安组织安排的，所以她也被亲切地称为"蜂后"。

为了表示诚意，阿德里安娜又说："有你的陪伴我们都很开心，所以你要来哦。"

从 9 月中旬开始到 2012 年 11 月底，然后是 2016 年的夏季，我尽可能多地参加他们的周五鸡尾酒会，大约一个月去了三次。他们还邀请我去他们上班的地方，和他们在一起工作，这样我就可以更全面地了解他们的生活和饮食方式。

工作餐

我第一次来到多里安办公的地方时，她正站在会议室的角落。会议室很宽敞，有一台冰箱和一台咖啡机。我正准备为迟到的事道歉，多里安向我打招呼："你来得正好，我也才刚来。"那时大约是中午十一点半。她把我介绍给了维姬。维姬坐在休息室靠近冰箱的角落。她是一位金发白人，脸圆圆的，30 多岁，热情友好，笑容满面。多里安请我喝点东西，然后把我领进她的办公室，谈论我的任务。她同意我可以做三个项目，这些项目都涉及她所代表的学区的责任问题。我可以随时进出校区的办公室，但我向她保证，我会每周来工作三天，时间为每天从午饭前待到办公室关门。

我们第一次谈话快结束时，维姬过来敲了敲办公室的门，问我们要不要吃点儿什么："需要我帮你们准备份午餐吗？"

我们都回答说："不用。"

我被安排在会议室工作。从那里，我可以听到多里安有时要打电话、接电话，但她更多是静静地在办公桌前接连工作几个小时，维姬也是如此。如果多里安从办公室出来，那只是为了添加点茶水，然后顺便和薇姬聊一会儿天或开个玩笑。虽然多里安是维姬的老板，但她们的关系亲近友好。

第二天我再来的时候，办公室门关着，我敲了敲门，跟她打了个招呼，然后回到那间长方形的会议室里工作。从这里可以看到窗外的人行道。几个月前，我和一些流浪汉去吃早饭，也从这里经过。午饭时间到了，多里安还在工作。维姬在办公桌上吃着午餐，吃的就是我在办公室冰箱里看到的那种斯托弗熟食餐盒。我吃了自己带来的格兰诺拉燕麦棒。有时，我走出会议室去问个问题，借个订书机，或者打印一份文件。我偶尔会进多里安的办公室，借用参考书。大多数时候，我看到她坐在书桌前，对着电脑认真地阅读文件，或写东西（图 13.1）。那天，我没有看到她从座位上站起来过，也没有看到她走出办公室。有一次，我经过她办公室时，我看到办公桌上放着一大袋已经打开的玉米片。

我在办公室工作了三周，每周三个半天。我感觉我最初那几天的观察，正好体现了办公室生活的缩影。多里安通常不吃早餐，午饭时间也一直工作，下班后，才大吃一顿。

图 13.1　多里安在办公

　　阿德里安娜的饮食习惯也大同小异。"我不吃早餐，"她坦白道，"我喜欢回到家才大吃大喝。我知道这不好，但我每天都这样。"她每天早上9点上班，傍晚6点才下班。我在她的办公室，看到她随时随地抓一点东西吃。这种吃法叫作"放牧式饮食"，也就是边工作边吃喝点什么。①

　　和多里安一起工作了将近一个月后，我才看到她吃过一次午饭。这天，她从办公室出来，告诉我们："我想起来今天有饭吃了。"她说她打电话的时候，有人问她午餐吃什么，才提醒她该吃午餐了。她去冰箱拿出了一些火鸡午餐肉，整齐地放在两片切片面包上。我不知道她还有没有放点别的什么。

　　"你们要不要也来点儿午餐肉？"

　　维姬和我都谢绝了她。看到她吃午餐，我们都感到好笑。

　　"现在，我要吃一些薯片，"她边说，边走回办公室，"谁吃三明治，不吃点儿薯片呢？"

---

① 2006—2007年的一项调查发现，大约一半的美国成年人有"放牧式饮食"的习惯，而且，收入较高的人比收入较低的人更有可能养成这种习惯。参阅丹尼尔·哈默梅什（Daniel S. Hamermesh）：《激励措施、时间使用与体重指数：餐饮、"放牧"与即食食品的角色》（*Incentives, Time Use and BMI: The Roles of Eating, Grazing and Goods*），《经济学与人类生物学》（*Economics & Human Biology*）第8卷，第1期，2010年3月，第2-15页。与暴饮暴食一样，研究人员发现有"放牧式饮食"习惯的人，患肥胖症的风险也更大。参阅罗娜·桑德斯（Ronna Saunders）：《"放牧式饮食"：一种高风险行为》（"Grazing": A High-Risk Behavior），《肥胖症手术》（*Obesity Surgery*）第14卷，第1期，2004年1月1日，第98-102页。

看到这一切，我不禁想知道，她不吃午餐，是不是因为她不在办公室吃饭？多里安不像泽娜妮那样缺乏食物，但她和泽娜妮一样经常不吃饭。因为我只在我周围的人吃东西的时候才吃，所以我在与泽娜妮相处时和在与多里安相处时，同样感到饥饿。事实上，在那些流浪汉身边，我反而不挨饿。那么，如何解释她们在进食频率上的相似之处呢？事实证明，她们有一个共同点：匮乏某些东西。

由于经济拮据，泽娜妮用餐数量少。她把时间花在了解决迫在眉睫的问题上，比如寻找一个能安居的地方或找一份能养家的工作，这些没完没了的问题打乱了她正常的饮食时间。多里安的情况不同，时间缺乏，形成了她现在的饮食习惯，但这种缺乏是繁忙的工作所致。对于许多中上阶层的专业人士来说，职业需求消耗了过多的专注力，使得他们的视野变得狭隘，限制或扭曲了他们的"带宽"，削弱了他们解决其他需求的能力，其中也包括他们的饮食需求。然而，虽然多里安和阿德里安娜都有缺少时间的经历，在饮食习惯上的结果也与泽娜妮类似，但她们的时间短缺随着一天工作的结束而结束了。下班后，她们的经济资源使他们摆脱了匮乏的境地。也就是说，她们的匮乏是短暂的，不像贫困人口那样是永久的。

外出就餐

一天晚上下班后，多里安邀请我和一群朋友一起吃晚饭。

我们相约去一家叫沙普利的高级餐厅，她以前经常去那里，因为她的一个前同事是这家餐厅的老板之一。服务员把我们这几个人，多里安、奥托尔和我，还有多里安的瑜伽教练艾米以及调酒师约翰，领到了铺着白色桌布的圆桌旁。服务员穿着白衬衫，套着黑马甲，系着领结，随时为我们服务。约翰拿出他的看家本领，为我们选了一瓶酒。我们先讨论了一下要吃什么开胃菜，大家同意来点蟹肉饼和扇贝。开胃菜一上来，先由多里安尝蟹肉饼。这时，我已经观察到他们这种开饭仪式。

她吃了一口，把拿着叉子的手举到齐肩高，然后全神贯注地咀嚼片刻，就好像在向我们汇报之前，正在收集和分析她的味蕾提供的数据那样。"嗯，味道很不错呀。"

在这种或其他类似的场合中，她会对每一道菜的食材、质量或新鲜度做一番评价，并对菜肴的搭配效果进行评估，注意其中一道菜是否优于另一道菜。品尝过蟹肉饼后，我们都参与了品论，对蟹肉与其他食材的比例、新鲜度以及所用的香料进行了点评。我们喝的葡萄酒和菜也搭配得很好。那些内行的人轮流描述葡萄酒的各种特性，并解释为什么这款酒与今天的菜品匹配。我只是附和地点点头，老实说，像他们那样用餐对我来说还很陌生。在下层中产阶级移民家庭中，人们会认为这天晚上的酒菜过于奢侈了。

晚宴上大家交谈甚欢，无所不谈。我们以在工作中做得最糟的情况为笑资，每个人都轮流说个故事，其他人边听边补充。吃的方面，倒没有谈多少。大多数时候，食物只是故事的背景，谈的人往往是轻描淡写，大家一笑了之，然后就谦让着让给下一位来讲。偶尔我们也会谈到一些品味。在转向另一个话题之前，我们也会用几分钟来讨论这种特别的风味。

在杯光斛影的晚宴中，不管是对菜肴全然无知，或是对菜品精通内行，每个人都悠然自得，同时在各种话题之间大家都游刃有余，这是吃饭吃得有品位的含义。在主菜上来之前，我们已经在那里待了一个小时了，大家吃着面包，尝着开胃菜，啜饮着葡萄酒，似乎谁也不着急。虽然多里安的工作压力让她一整天几乎都没有吃什么东西，但正是在这样的环境中，她可以暂时把工作的烦恼抛到九霄云外，一心一意投入品尝美食的过程中。主菜来了，有肋眼牛排、香草鸡胸、烤鲑鱼片和羊排，加上各种大家一起分享的配菜：烤土豆、奶油菠菜、土豆泥和烤芦笋。晚宴还在继续。主菜吃完后，服务员问我们还要什么甜点。

"我不记得上次吃甜点是什么时候了。我在想今天是否可以吃甜点来犒劳自己。"多里安说道。

"吃吧。"有人轻声鼓励她。真的要点甜点了，大家都欢呼雀跃。有的点了面包布丁，有的点了这家餐厅有名的冰激凌蛋糕。

"好吧，我说不过你们。"多里安屈服了。

甜点端上来了，还有勺子供我们大家分享。

一天晚上，我与多里安、阿德里安娜和奥托尔一起在沙龙餐厅共进晚餐，那是我第一次见到他们的地方。沙龙餐厅是他们经常光顾的地方（图 13.2），与沙普利餐厅有所不同。沙龙餐厅更有创意，常常做一些大胆的尝试。沙普利餐厅环境优雅，为食客提供的主菜，用料也特别精良。他们在菜单上写得很清楚。菜单上，在海鲜类的前边写着："我们只采用能采购到的最好、最新鲜的海鲜，我们用简单的方式烹制，让你能享受到自然的原汁原味。"关于肉类，他们是这样说的："我们所有的牛肉都是自家处理的陈年牛肉，配上我们著名的牛肉浓缩酱汁和薯条，吃着这些，就像回到美好的过去！"所以，尽管沙普利的菜肴超出了许多人的预算，但他们的菜是大家熟悉的传统菜。

沙龙餐厅精制南方主食。他们不仅改造这些菜品外观，加以修饰点缀，还引入新的成分，创造出新的搭配。例如，他们的油封鸭带有鸭脆皮，汉堡夹着炸茄子。在他们的开胃菜菜单上，有辣味猪皮，还有配着各种奶酪的熟食板。尽管存在差异，但这两家餐厅都位于各自的区域，反映了各自的区域美食历史。其他大多数同档次的餐厅也是如此，待在南方就立足于南方。在南方，也许不像在这个国家的其他地区，高档餐厅仍然主打南方美食，而南方美食本身就根植于那些由黑人厨师掌勺的大庄园里的厨房。

因为这种传统，对多里安和阿德里安娜她们来说，即使是沙龙餐厅这样高档的地方，在品味和文化上仍和她们比较接近。如果有距离的话，那也是可以克服的。但是，当沙龙餐厅考虑他们的主要客户时，任何阶层的黑人都不是他们最先考虑的。同样，这与食物的复杂程度无关，更多的是与空间的种族

a）

b）

c）

图 13.2　沙龙餐厅的厨房

化有关，沙龙餐厅是"白人空间"的一个实例。正如社会学家伊莱贾·安德森所描述的那样，"（它们）最显著的特征是：在场的几乎是清一色白人，而黑人几乎全部缺席。""对这些空间，白人和黑人都心知肚明。这些默契是吉姆·克劳制度遗留下来的一些东西。"这里没有厚颜无耻的"只限白人入内"的标志，但其暗示却不言而喻。我和乔纳森在一起的时间里，从来没见过他在那里吃过饭，我甚至从来没听他提起过这家餐厅。大多数消费得起的黑人，知道沙龙餐厅不把他们放在眼里，所以他们也不想去。但是，多里安、阿德里安娜和奥托尔却不是这样。他们偏要去那些拒绝他们的地方。他们参与美食体验，享受其中的大部分乐趣，但同时又抗拒它。

从多里安如何点菜这件事上，我看到了这种抗拒。对她来说，菜单不仅是对菜肴的解释，而且让她了解到厨房里都有哪些食材。当她点菜时，她经常组合各种菜肴的成分来创造她想要的菜。多里安喜欢并欣赏厨师的创造力和专业知识，甚至说"我来这些类型的餐厅是因为，他们做的菜我自己在家里是做不出来的"。其实，她和她姐姐并没有完全让餐厅按自己的口味给她们做菜，她们的（种族）自我意识并没有让他们这么做。部分原因是她知道厨师在制作菜肴时并没有考虑到她的口味。这是一个小小的抵抗行为。与厨房里的主厨和其他厨师在一起的时候，我听说他们碰到这样的顾客会感到非常恼火。其中一位厨师看到我关注这些抱怨时，便跑过来跟我诉苦。

"我真想把那桌人都杀了。"他给我看一张订菜单，上面带有一大堆红色标记。"你看，你看，他们点的每一样菜，配料都改动了。到底谁会来我们这样的餐厅，任意修改菜单？我讨厌这种莫名其妙的做法。"后来，他又来找我，说他将开始向顾客收取任意改变菜单的费用。厨师和大部分员工都是白人，他们这么说，其实微妙地表达了他们的看法：那些改变菜单的顾客不属于这家餐厅。

我和多里安、阿德里安娜、奥托尔坐在他们经常坐的地方，也就是靠近前门的长隔间。和我们一起在沙普利吃过饭的约翰，负责我们的酒水。阿德里安娜正在纠结着是要吃羊肉汉堡还是左宗棠五花肉。

"我今天吃了很多面包，所以我不想吃汉堡了，"她自言自语地说道，"但我确实需要能下这些酒的菜。好吧，我就要五花肉。"五花肉的配料有芝麻、葱丝，加上当地的绿泡菜和甜椒奶酪馄饨。多里安几天前刚来这家店吃过五花肉，所以点菜后，就开始点评这道菜。

"我喜欢五花肉，但是，且不说他们用了什么油，当我吃了一大半后，就发现盘底都是油，而且还夹杂了米饭的味道，把味道给混了。不过，除盘底的那些，我还是喜欢这道菜。"

多里安点了他们的鸭香肠，配上德尔塔研磨粉粥、麝香果汁、羽衣甘蓝和脆皮鸭。我和奥托尔不是很饿，所以我们吃了些开胃菜和小蟹腿。菜上来后，按照他们的习惯，每个人轮流品尝这些菜。因为我们"有备而来"，所以都注意到了五花肉盘底的油。在很大程度上，我们同意多里安的评估。我们还一起品尝了鸭香肠。

"真的太好吃了。也许我应该拿块大的。"奥托尔吃了起来。

"我说过,我喜欢香肠,味道很不错的。"阿德里安娜表示同意。

"那甜甜的回味是什么呢?枫木的味道吗?吃起来好像是烟熏的。是烟熏的吗?"奥托尔问道。

"我不知道,"多里安回答道,"我不知道,但很好吃,粥也很好喝。"

阿德里安娜提了个建议,说可以把香肠做得更好吃。他们尝试将自己的品位融入餐厅的菜品中。"我会稍微改变一下,把它做成三明治。"

"对,做成'穷小子三明治'。"多里安插话说。我们都热情地回应。"这是他们需要做的,"她继续说,"但是他们需要真正的法国面包,甘比诺的法国面包和一些芥末。是哪种芥末来着?反正需要一种特殊的芥末。"

"哦,对了,就是我们前几天吃的芥末,是芥末吗?是……是的。叫什么来着?"奥托尔也参与讨论。

"辣味芥末!对,就需要这种芥末。"

在他们动脑筋的时候,阿德里安娜又咬了一口香肠,喝了口粥,尝了尝脆皮鸭。

"我吃了三口才吃到脆皮,不过也很好吃。"她让我们再尝尝香肠和脆皮鸭配粥。奥托尔不喝粥,但他一定要吃上一块脆皮鸭。嚼了几口之后，他说："我希望脆皮能更脆一些。然后在上面沾些辣酱，这就是我这个乡巴佬的吃法。"听他这么一说，我们都笑了。

"哥们儿，酥脆的鸭皮蘸辣酱，再好吃不过了。我知道那太土气了，但你自己尝尝就知道了。"他发出了他独特的、响亮而富有感染力的男中音笑声。

奥托尔（图 13.3）与多里安和阿德里安娜的成长环境不同。他出生在坎顿附近，但在很小的时候就搬到了杰克逊市。他们一家刚来到这座城市时，住在杰克逊西北部的基督教兄弟会公寓里，这个公寓一共有八个单元。尽管他住在一个全是黑人的社区，但他上的是一所种族融合的学校。他们这届学生正好赶上杰克逊学区的种族融合，他对那次恐怖的经历记忆犹新。

我和他交谈时，他回忆了第一次在操场上，白人孩子叫他"黑鬼"的情景。"我还清楚地记得，老师用肥皂洗我的嘴，而不是他的嘴。"他报了仇，用"白鬼"回敬那个男孩。"她真的洗了我的嘴。哦，我妈妈去学校，臭骂了他们一顿。"相比之下，他的邻居却很有教养。他母亲加班加点挣钱养育他们。所以，当他放学回家时，母亲常常不在家，但住在另一套公寓里的邻居迈尔斯女士帮母亲照看他和其他孩子。她总是给他们准备蛋糕和饼干。奥托尔的姐姐也会在母亲不在的时候做饭给他吃。"那时候，她只会做玉米粥。我姐姐以前只做这个。在我妈妈回来之前，我就只吃粥。"这就是为什么奥托尔现在怕吃

图 13.3　奥托尔在工作

玉米粥。

当我说我还从来没有吃过脆皮鸭时，多里安回应道："彼科，你以前都到哪儿去了？你第一次吃脆皮鸭？脆皮鸭非常好吃。"

"我想再吃一点香肠。当然脆皮鸭是多多益善。"

阿德里安娜和多里安去附近的墨西哥餐厅吃饭时，同样也会调配适合自己的口味。她们一周去两次，工作日一次，周末一次。在我离开杰克逊市之前，我找了个星期天与她们一起吃饭（图 13.4）。我请她们多谈谈用餐的体验。我们等服务员过来请我们点菜，阿德里安娜等得有些不耐烦，多里安则先吃点薯片。吃每片薯片之前，她都要先向薯片撒些辣椒粉。

餐厅里空荡荡的，加上我们这一桌，一共只有两张桌子有客人。我们看菜单的时候，我问她们有什么建议，她们说了几道菜，但似乎每次点的都一样。

"那么，在你一周大约十五餐饭中，在家吃的比例是多少呢？"阿德里安娜是 50% 到 60%，而对多里安来说，这个比例只有 25% 左右。

"当我找不到人一起出去吃饭的时候，我才在家里吃饭，即使这样，我也会去赛百味或其他地方买沙拉吃。我不做饭。我只有在招待客人的时候才下厨。"多里安解释道，"再说，我也不会做饭。"

我接过话题说，我也不会做饭，如果我钱多得用不完，我就请一个私人厨师。阿德里安娜同意我的看法，多里安不同

图 13.4　多里安和阿德里安娜

意，她说她喜欢到外面去吃饭，因为那样可以广交朋友。

"我喜欢出去吃饭，但我不想每天晚上都出去吃。我只是觉得出去吃饭的整个过程很有趣。对我来说，我享受了外出就餐的每一种快乐。我喜欢音乐，对我来说，下馆子就像欣赏音乐一样。"阿德里安娜补充说，就她而言，菜肴的实际味道至关重要。

她讲了一个在加州吃饭的故事。他们和邻桌的人成了朋友，正准备点一道下酒菜时，从新朋友那里得知这家餐厅的酒不太好。邻桌的新朋友还说当他们抱怨酒不好喝时，餐厅经理回应说，这是因为他们不懂酒。

"所以，我对他们说，'这算怎么回事嘛，你们去那儿消费，还让人笑话……'要是我，我肯定对他们大发脾气。现在，我总是觉得应该去尝试一些东西。我会尝试吃些不一样的，但你知道，我也担心这些对健康是不是有益。"

"不，这些我都不担心。"

当我们的菜上齐后，我看着她们怎么调味。服务员把多里安的玉米卷放在她面前后，刚转身走几步，多里安就把他叫回来。

"打扰一下，你给我柠檬片了吗？"

他尴尬地笑着，心里明白早该知道客人的要求。

吃完玉米卷后，她的炸豆凉了，所以她让服务员帮她热一下。吃完一盘菜后，阿德里安娜让服务员过来，又点了一盘。因为要完全满足自己的要求，点菜的时候，她很紧张。

"好吧。我想要什么呢？让我想想。我还想要一个墨西哥卷饼。我还想再喝一杯吗？是的，让我想一想。对，再给我一个墨西哥卷饼和一杯加冰的玛格丽塔，高档的那种，这样就行了。"

阿德里安娜和多里安与乔纳森是朋友，他们都在杰克逊市的黑人精英家庭中长大。虽然在程度上有所不同，但他们都同样经历和应对过种族和阶级之间的紧张关系。对许多人来说，这种紧张关系并不会明显地表现出来，通常也不会占据思维的主导位置，但却无形中牵动着他们的一举一动。阿德里安娜、多里安和乔纳森可能不会由于这种紧张关系，而像社会学家爱德华·富兰克林·弗雷泽（E. Franklin Frazier）所描述的那样，具有"分裂的人格"或"病态"，但正如政治学家马丁·基尔森（Martin Kilson）所说的那样，他们在特权阶级世界和所属种族世界中既是"局内人"也是"局外人"。基尔森用开玩笑的口吻提及弗雷泽，然后进一步说明："如今一些黑人资产阶级成员所面临的'人格分裂'压力，相对来说只是一个较小的负担。"在一般情况下，的确如此。但是，当乔纳森竞选市长时，它就变成了一个相当沉重的负担，紧张气氛变得更加明显。在今天的美国南方，这种黑人身份的微妙含义变成公众关注的热点。

第 14 章
竞选杰克逊市市长

我们早早就去了企鹅餐厅，边等着康弗边喝点儿东西。乔纳森非常敬佩康弗，说在这座城市里，没有几个像她那么厉害的人。他想就自己的竞选活动征求她的意见。这座城市问题成堆，他必须找出那些亟待解决的问题。同样重要的是，他必须知道如何展示自己。作为初出茅庐知名度低的政治人物，要与现任市长竞选，他需要编织一个令人信服的故事来展现自己。这项任务本来就很艰巨，加上全市选举中种族政治的风云变幻，这项任务变得更加错综复杂。康弗还没来，他先简要地向我透露了他想要有的竞选策略。

乔纳森为我们选的桌子在餐厅的角落，既避开了进出顾客的干扰，也避开了服务员的视线。所以，在前面半个小时里，我们的谈话没有被打断过。他要建立这样的观点来阐述杰克逊市的政治：虽然杰克逊市政治权力已经掌握在黑人手中，但经济权力仍然掌握在白人手中。

"所以，这是一个'我们'对'他们'的问题，对吗？"我这样问他。

他不同意，并纠正了我。

"这不是一个'我们'对'他们'的简单问题，而是'我们'，'另一个我们'，然后'他们'三方的问题。"

第一个"我们"指的是市里的普通黑人民众，他们主要是穷人，是被管理的人。"他们"指的是白人，他们大多是中产阶级和上层阶级，掌握着经济命脉。"另一个我们"是掌握政治权力的黑人精英。这个城市持续不断的政治斗争，焦点是"另一个我们"的施政措施是有利于黑人还是有利于白人。种族理论家对黑人精英的研究中观察到了这种政治动态。基尔森说："在某些问题上，上层黑人将与上层白人趋于一致。然而，在其他问题上，上层黑人势必与中下层黑人以及广大的非裔美国人社区融合在一起。"

即使是出于崇高的抱负，黑人政治家也必须决定，他们是否可以通过在政治舞台上展示自己主要代表贫穷黑人的形象，来获得并保持政治权力，或者他们是否应该同时作为白人和黑人选民的候选人参加竞选。即使有这两种路可走，走起来也如同走钢丝，务必小心翼翼。如果他们表现出完全满足黑人要求的姿态，可能会被认为过于激进，不仅会失去部分黑人选民的支持，也会失去大部分白人选民的选票和经济支持。如果他们表现得更关心白人的利益，他们就会被视为"叛徒"，失去黑人选民的民心。这些策略用政治学家的话来说，就是"种族明确性"政治运动与"去种族化"政治运动之间的差异。这些策略从1993年开始的杰克逊历届市长竞选中就显现出来了。

根据杰克逊州立大学政治学教授德安德拉·奥雷（D'AndraOrey）

的分析，当黑人约翰逊在 1993 年试图将当时在任的白人市长凯恩·迪托拉下马时，他选择了一场"去种族化"的竞选活动。因为他想成为一个"重视这座城市所有地方的需求和利益的候选人"，所以他拒绝出席黑人大会，而正是在这个大会上，当地黑人领袖做出决定要支持哪位候选人。他的竞选策略帮了倒忙，注定了最后满盘皆输的局面。

因此，在四年后的 1997 年，他开展了一场种族分明的竞选活动，赢得了黑人领袖的支持。他在公开演讲中旗帜鲜明地表示，他希望成为杰克逊市的第一位黑人市长。这个策略奏效了，竞选活动旗开得胜。他在连任竞选中使用了同样的策略，并再次获胜。2005 年，当他第三次竞选时，他被另一位黑人候选人弗兰克·梅尔顿击败。梅尔顿是当地 WLBT 电视台的主席兼总裁，他在电视节目中直接避开种族政治，集中关注毒品和犯罪的问题。他的"去种族化"竞选活动，同时吸引了黑人和白人居民。他特别强调，公共安全直接关系到城市所有居民。不幸的是，梅尔顿在他的任期结束时去世了，虽然褒贬不一，也碰到一些法律上的麻烦，但他以打击持枪犯罪的政绩，留下了市长的政治遗产。2009 年，约翰逊以同样的策略重返市长竞选，击败了他的对手，一位不太倾向于把竞选主题放在种族问题上的黑人对手马山德·克莱斯勒。

研究了前几届竞选活动的情况后，乔纳森必须决定他要进行什么样的竞选活动，尤其是要考虑到他的对手是约翰逊。那天下午，我们还在企鹅餐厅的角落里等服务员给我们上饮料的时候，他毫无保留，真诚坦率地说明了自己的立场。

"我们有失去群众基础的危险，"他开始说，"我说的是生存问题。所以，我要做的就是强调生存问题。就像上次选举击败那时的在任市长一样。"

他指的是约翰逊输给梅尔顿的那场竞选。梅尔顿将他的竞选活动聚焦在另一个生存问题上，也就是如何打击犯罪活动的问题："无论是黑人还是白人，对每个人来讲，这是基本的公共安全老问题，所以也是生存问题。所以，我的策略是谈论基本需求，我将如何帮助大家满足基本需求。"

乔纳森希望让大家看到这个城市的基础设施，包括道路、学校和公用设施，已经破旧不堪。"所以，这个策略就是找出那些置于'我们'和'他们'之上的东西。这就是我们的策略……如果说我进行的不是一场种族化的竞选，那么我的意思就是要始终围绕怎么解决这些问题来竞选。"

乔纳森知道约翰逊会使用他在过去三届选举中获胜的策略，来迎合选民的种族意识。"他不会针对这些问题来竞选。他的说辞将是'这家伙会把这座城市拱手让给白人'。这就是他的计策。"

在这样的情境中，乔纳森会被说成忠于白人精英胜过忠于杰克逊黑人的"另一个我们"。他会被贴上"白人"候选人标签，他的黑人身份会受到质疑，他会被说成是个与其阶级地位，而不是与其种族身份紧密相连的人。这样的描述让乔纳森很反感，甚至可能伤及他的感情，但他知道这种后果迟早会发生。所以，即使他不想进行一场种族化的竞选，他也必须面对种族化的问题。要做到这一点，他必须利用自己的家族历史，把自己塑造成一个与处于贫穷困境中的杰克逊黑人有共同背景的人（图 14.1）。

"这是只是这出戏的一部分。我们都是摆脱贫困的一代人。我不知道南方有哪个黑人不是这样的。"

"我听明白了，但有些人仍然处在贫困之中。"我反驳道。

"是的，但我想说的是，我知道你住在哪里。我祖母可能就住在你隔壁，我的姑婆也……"

"我比你想象的更接近你。"我表示支持。

"说来说去，这正是我要做的事。我得和选民建立起关系。比如，我是你主日学校老师的孙子，我是你邻居的堂兄，我是你牧师的长子，等等。"

他可以提起他父亲曾就读于拉尼尔高中。这是一所著名的黑人高中，吸引了社会经济背景各异的黑人学生。他可以利用这种关系来获得一些黑人文化资本，但在这个过程中，他也会不断地被提醒，乔纳森这个人，曾就读于西北兰金高中，那可是一所位于郊外、以富裕白人为主的学校。因此，他也将失去黑人文化资本。

"如果我真和其他穷人隔了几代，我能看来的。但问题是我们的差距并没有这么大。"他停顿了一下，几乎是出于无奈，"这就是为什么认识了这点反而让我不知所措……"他没有把话说完，一种挫折感油然而生。"我一直被归类为精英，而我

图 14.1　乔纳森和竞选经理倾听选民意见

的父亲让全家过上富足的生活，却从来没有被归类为精英。"

"你为什么这么认为？"

起初他用他父亲的生平故事来回答这个问题，但后来改变了主意，用了另一个例子。"最好的例子是镇上的一个律师。我常和他争论不休。他生长在贫苦的家庭，现在住在郊外的富人区，送四个孩子上私立学校，每个孩子一年要交 1.4 万美元的学费，可是他还说我是精英。"

"为什么？"我又问了一遍。

"因为我不懂黑人的斗争。归根结底还是斗争。"他回答说，这一次没有停顿。

我们谈论的话题远远超出了竞选活动。我们现在谈论的是他一生中大部分时间所处的紧张关系：特权阶级身份和所属种族身份之间的紧张关系。

在一个普普通通的星期日，我去乔纳森家拜访了他，当时他正在度周末。他太太抢先照顾年幼的孩子，他则自豪地修剪自家的草坪、洗衣服、打扫房间。我那天去的时候，他太太和女儿正在上瑜伽课。我们回顾了上周参加"布尔"活动的情况。"布尔"是个黑人精英联谊会，他是其中的一员。那次谈话引发了对他种族和阶级的讨论。问题并不是他否认自己比城里大多数黑人都富裕得多，对他而言，优越的经济状况不应该挑战他的种族忠诚。一个人可以致富，也可以在种族方面保持忠诚。他在过去几十年黑人社会经济一体化的生活经历中，找到了论据，比如在乔治城小区，他的父亲就曾经生活在各个阶层的黑人中间。在那些社区和那个时代，过着优渥生活的黑人，在大家看来，与其他黑人并没什么两样。

他太太[①]回来了。她也很喜欢这类谈话，所以就参与我们的讨论。她说，她娘家的一方很富有（而且是浅肤色），而另一方则较穷，肤色较黑，所以她学会在这两个世界之间穿梭。

"我还不知道，我希望她成为什么样的人。"她指着他们年幼的孩子说："我不知道是想让她高高在上呢，还是……"

"我希望她像我一样。"乔纳森打断了她的话。

"你已经高高在上了，"她反驳道，"恕我直言，他这位'阁下'和我完全不一样。"她直接对我发表了评论，"我是在一大群中产阶级黑人周围长大的，但他是在一群中产阶级黑人和一些非常非常富有的白人周围长大的。所以，有时候，当他和有钱的黑人在一起时，他说他们装腔作势。"

"因为本来就是嘛。"乔纳森脸上露出自得的笑，自觉居高临下。

"就因为你见过真金白银吗？"我问道。

"对，就是这么回事。"我还没说完，他太太就大声赞同。

"嗯，对啊，你是对的。我从来没想过这些。你知道，我的父母都是佃农。"他再次回到过去，以显示他对黑人的斗争并不陌生，"但你知道的，我的父母不喜欢斗争。我从没想过为什么。"

---

① 乔纳森太太的名字没有在本书出现，有关她的内容也不多。虽然她很支持我的研究，但要求不要提到她的名字。

　　他太太进一步解释说："因为他们是富一代。他的父亲和商人一起打高尔夫球，和乡巴佬一起打猎。他可以在这两者之间……"这暗示着商人是白人，而乡巴佬是黑人。

　　"好吧，我到底为什么最终不得不承受，好吧，就说背负……"他本来要说"承受负担"，然后改口说"背负十字架"，但他无法把既是黑人又是富人说成是一种负担，这样说就没有照顾到密西西比众多贫困黑人的感受。因此，他陷入了无以名状的困境。他这种在阶级特权和黑人身份之间的跳跃的确难于言表。

　　"因为，这是社会流动。"他太太替他把话说完。这是美国黑人社会流动性的悖论。一方面，向上流动的人享受着一些社会经济收益，但他们的种族自我意识与一场真实的或想象中的黑人斗争联系在一起。另一方面，那些落在后面的人，遭受了这个国家几乎所有不平等政策措施最严重的冲击，但他们保留了黑人的象征意义，保留了黑人的本质。

　　几个月前，有人邀请我上教堂，这个教堂正好也是乔纳森和家人参加礼拜的地方。在牧师的布道时，我听到他反复讨论这个话题。他谈到上帝的爱表现在各方面，基督徒有道德责任弥合社会分歧，包括种族内部的阶级分歧。

　　他大声说："我们把那些小猪普奇、小鹅布布[1]都甩在后头

---

[1]　小猪普奇和小鹅布布是美国畅销量书中的卡通形象，这里可能是用来指代美国白人。——编者注

了，"得到他期望中的笑声后，他继续说，"但是，我们应该爱每个人。"从神学的角度来讲，他的演讲形象生动，但很可能没有缓解种族内部阶级矛盾，反而将它具体化了。

黑人精英之间种族和阶级的紧张关系，复杂微妙，由来已久。乔纳森想成为市长的愿望，使这个问题成了重中之重。即使他生活在远离他们的地方，他的候选资格似乎完全取决于他能否说服杰克逊黑人来支持他。那么，无论是字面意思还是比喻意义，他理解什么是"斗争"吗？2016年，也就是他参加竞选的三年后，我再次回到他身边，花了几周的时间和他一起反思这次选举。我还和其他几十人交谈，尤其是那些与候选人最接近的人讨论，尽可能弄明白这一点。通过吃饭聊天，我加深了对黑人精英中的种族和黑人特质的了解。

这次竞选，乔纳森功亏一篑。

和大多数城市一样，初选比普选更重要，因为在近几届的选举中，谁赢得民主党的提名，谁就很可能成为市长。在第一轮选举中，乔纳森赢得了35%的选票，远远超过其他10位候选人。约翰逊获得21%的选票，排名第三。乔纳森成功地击败了约翰逊，但由于他没有获得至少50%的选票，他不得不在决选中与排名第二的候选人乔科维·卢蒙巴竞争。在与卢蒙巴的决选中，乔纳森失败了。不幸的是，卢蒙巴上任八个月后，就突然去世。

卢蒙巴是位具有传奇色彩的人物，阅历丰富，饱经世故。他生长于密歇根州的底特律，刚20岁出头，就对黑人政治运动产生兴趣，并把毕生精力投入政治活动，成了"新非洲共和国"组织领导层的一员。他的父母也活跃在政坛，卢蒙巴深受他们的影响和启发。也是在那时，他把自己的名字从埃德温·芬利·塔利费罗改为乔科维·卢蒙巴。他所服务的黑人民族主义组织的目标，是在美国东南部各州创建新国家，并拥有自己的土地。卢蒙巴带着这个使命，第一次来到密西西比和海因兹县。30 多岁时，他以优异的成绩从法学院毕业，加入底特律公共辩护律师事务所，同时还成立了自己的律师事务所，与此同时，他还活跃在黑人民族主义组织中。他代表的政治人物包括富拉尼·森尼·阿里（Fulani Sunni Ali）、说唱歌手图帕克·夏库尔（Tupac Shakur），以及前黑豹党成员杰罗尼莫·普拉特（Geronimo Pratt）和阿萨塔·夏库尔（Assata Shakur）。他和一些人共同创立了美国黑人赔款全国联盟和马尔科姆·X（Malcolm X）基层运动。20 世纪 80 年代，卢蒙巴回到密西西比，回到杰克逊市，继续他的法律和政治生涯。

在他生命的最后一幕，卢蒙巴成为政府官员。然而，政府正是他的组织经常与之斗争的政治实体。2009 年，他当选市议会议员。2013 年，他竞选市长。在第一次初选中，他以一种比一般民众所习惯的更强烈的民族主义意识战胜了约翰逊，成为黑人选民的候选人。因此，在决选中，卢蒙巴和乔纳森成了讽刺漫画中的人物：一个是"激进分子"，另一个是"叛徒"。他们的政治冲突，尤其是围绕着冲突展开的对话，给我们提供了一个机会，来深刻思考密西西比黑人身份的现实意义。

　　没有多少人认为卢蒙巴能胜出，他自己也不相信能赢。在当地的一个新闻节目中，主持人问他是否会参加市长竞选，可以听得出来，他的回答并没有十分把握。他被人们看作激进分子，他知道这一点，所以他不确定他是否能赢得全市范围的选举。人数虽少但经济实力强大的白人群体不信任他，一些黑人也是如此。就这个问题，我采访了一位当地的公众人物，他是这样向我解释的：

　　就凭他的观点和他所支持的组织，很多人都觉得他连议会席位都赢不了。许多住在他最终获胜的选区里的选民，与他的想法并不一定一致。2号选区在这个城市中，黑人比例最高，那是大多数黑人候选人的票仓。他们认为卢蒙巴所传达的信息太激进了，不会引起选民的共鸣。然而，卢蒙巴的基层战斗力非常强大，显示出一个优秀政治活动家的能力，而他的能力正是来自基层工作。

　　"我觉得乔纳森没能让选民对他有足够的信心。"
　　吃早餐的时候，我听到当地一位牧师对选举的看法。即使他支持乔纳森，他也说，人们确实有理由担心会被他出卖。

　　我们是一个拥有政治力量，以黑人为主的城市，这种想法不是没有根据的。回想二十世纪八十年代和九十年代，我父亲和其他一些律师去州政府重新规划市政府，他们提出了市长议会的模式，把城市划分为七个选区，所以这些不是与生俱来的。

他们把市政府、州政府都告上法庭。把黑人当选官员变成事实，是人们在政治和法律上坚持不懈努力争取的结果……大多数参加投票的人，那些实际投了票的人，都是在废除种族隔离的同时长大的。直到 1997 年，我们才有了第一位黑人市长。大多数黑人选民没有忘记白人曾经管理过这座城市，而乔纳森没有做出足够的承诺，保证他不会把市府的钥匙拱手交给白人。

后来，我和卢蒙巴最小的儿子谈起这次选举，他说把乔纳森描绘成"叛徒"，是件轻而易举的事。

"嗯，说起来有很多方面，他的演讲内容、说话的方式、沟通的方式等。"

在谈话中，我没有打破砂锅问到底，但这个问题还是值得分析的。作为初出茅庐的政治人物，乔纳森在台上的表现可能高于平均水平。但是，直接与卢蒙巴这么一位经验丰富的演说家、律师和职业活动家相比，乔纳森似乎技不如人。除了他的沟通方式，乔纳森的政治立场也受到了质疑，被指责是个"暗藏"的共和党人。

"即使一件看起来微不足道的事，比如，你把'民主党人'的牌子，插在你家的院子里，这样的小事也说明了一些问题。因为在这里，这是理所当然的事，他们知道你就是民主党人。所以，当他们看到这个牌子，再听到像'杰克逊人团结起来'这样的口号时，人们就悟出点什么了，黑人简直能洞察秋毫。"此外，他接受白人捐赠的事实使他很容易成为众矢之的。

　　在他们最后的辩论中，这些担心已经不容忽视了。我与几个人交谈过，他们都指出最后一场辩论是这场竞选活动的一个转折点。卢蒙巴的儿子也有类似的看法。

　　他说："在那场辩论中，主持人问我父亲乔纳森是不是共和党人。我父亲对着乔纳森说，'我不知道你是不是共和党人。你心里想什么你自己最清楚，小兄弟。但我担心的是为什么你的那些朋友不是我们的朋友。'你想当民主党人就当民主党人，问题的关键是，谁在背后支持你。"他的政治归属问题，再次与他的种族忠诚联系在一起。"如果你从来没有维护人民的权利，没有站出来反对那些捐钱给你的人，那么不仅我们大家不知道你会做些什么，而且连你自己也不知道是否有能力站出来。这对你来说是一个未知数。"

　　乔纳森仍然在他的家族企业帮忙，但在 2016 年，他全职在一家国际医疗技术公司工作（图 14.2）。他远程办公，所以经常使用家族企业位于西杰克逊山谷街的办公室，那里离比娅女士曾经住过的地方不远。那天我们在他的办公室见面，第一次认真讨论了选举问题。我刚坐下，乔纳森就示意我们去吃点东西。我们去了珍珠街的赛百味，在靠窗的高桌旁坐下。他问了我在大学教书的新生活，我教的课程，以及我如何适应北卡罗来纳州的生活。我询问了他的新职业，以及他从小公司到大公司的转变。我们对彼此从事的新工作很感兴趣，但我们都耐心地期待有关选举的交谈。像往常一样，他吃得很快，所以当我们开始谈到正题时，他可以专心地谈，我也专心听着。

图 14.2 2016 年的乔纳森

他是这样开头的:"那些诚实公正的人,都不会告诉你我败在针对问题的辩论上了,也不会真的相信我不能胜任这份工作。归根结底还是那句话:'他背叛了我们。'这就是他们的说辞。"然后他很快补充道:"但是奏效了。"他以他的方式,承认自己的政治智慧可能不如他人。因为这一策略在这座城市的政治中并不陌生,所以奏效了。

"竞选结束几周后,一些我认识很久的人找到我,对我说,'很抱歉我们不得不这样对你,不过,这不是一件个人之间的事。'"

他对他们说:"不,你们就是这样打败我的,你们把它变成一件个人之间的事了。"

他很清楚事情是怎么发生的。在几次谈话中,他像其他人一样全面分析原因。在赢得第一轮选举后,他成了正式的竞争者。据乔纳森说,就在那时,每个人都在议论来自东北部杰克逊(白人)的捐款到了。按照他的说法,那笔钱不能决定选举胜负。决定选举胜负的不是富有的白人,是富有的黑人。

在约翰逊被淘汰后,上层黑人精英,即1%的杰克逊黑人,不得不选择支持另一位候选人。他们找到乔纳森,但他的回答让他们失望。他们寻求他对一项合同的支持,如果这位即将上任的市长签字,这项合同会在经济上带来好处。乔纳森拒绝答应支持他们。由于乔纳森的拒绝,这些精英转而支持卢蒙巴。他们对卢蒙巴可能同样心存疑虑,但是,支持卢蒙巴,他们至少可以相信,由于他的意识形态倾向,他不会从白人企业主那儿寻求商机。卢蒙巴可能屈从于黑人超级精英的要求，也可能没有，但他的利益与他们的一致。他和他们有着赢得选举的共同目标。

就我的研究目的而言，他们怎么着手开展竞选，以及选举过程中所揭示的种族内部和阶级动态，是最有价值的。对中上阶层黑人的食物消费的研究，印证了这次选举清楚地揭示出来的一些东西。对于上流社会的黑人来说，保持他们的种族身份需要与黑人的斗争不断地联系在一起。他们的阶级地位并不能使他们对白人至上主义免疫，所以他们确实经历了基于内部阶级分化的种族主义。但是，为了更充分地公开展示他们的黑人文化资本，他们必须强调他们与贫穷黑人斗争的联系。为了做到这一点，他们经常关注过去黑人的斗争，而不是今天黑人的斗争。在一个清一色黑人南方城市的市长竞选中，他们与黑人斗争的联系变得有价值，并可以转化为政治和经济利益。

"这是个不争的事实。在市长选举的历史上，从来没有黑人花过这么多钱。有人告诉我，卢蒙巴团队在一周内筹集了20万美元。"在决选的前一周，他在民意调查中还遥遥领先。"在决举前的那个星期五，我领先了14个百分点，但一起都消失得无影无踪了。对于捐款的人来说，这是做生意。但他们把钱砸在这个口号上："他不够黑。"而且三天就把钱花完了。"

他们花了大部分筹集来的资金，把他描绘成一个叛徒。"这样的说法已经流行开了：我从白人那里拿走了一大笔钱，以换取对他们的亲和力，而非洲裔社区的很大一部分人也都信以为真。"除了给他贴上共和党人的标签外，他的反对者还大肆宣传乔纳森一家对黑人不忠的假象。"这是关于意识形态的宣传……他们花了 2 万美元买了一幅涂鸦画和一本小册子，把我太太说成是个白人。诸如此类的东西，我至今仍难以释怀。他们挨家挨户分发传单……甚至用软件对图片进行处理，把我和米特·罗姆尼（Mitt Romney）[①] 放在一起。"

他懂得对手的战术，也预料到了这些招数，但他的对手那样没完没了给他扣帽子，却是他始料不及的。"没有证据，是彻头彻尾的谎言，但是我们防不胜防。"他的意思是能站出来为他辩护的人远远不够。有些给他扣帽子的人是他从小就认识的：当中一人和他去同一个教堂，另一个曾经是好朋友，还有一位曾在他们的家中为他举办过婴儿送礼会。

"他们的辩词很难反驳。我不知道该怎么反驳我'不够黑'的说法。"他这么说令人觉得不可思议，但是，即使他充分理解竞选的特殊情况，他也知道，用他的黑人身份说事荒谬得无以复加。

下午四点半左右，我们离开他的办公室去接他女儿。他竞选后的生活继续显示出黑人生活斗争的种种迹象。虽然那些与贫困的斗争他无须再去面对，那些微妙的、不那么激烈的斗争仍然是他生活的一部分。在他身上种族与阶级之间的紧张关系仍然存在，但现在已不再为公众所关注。一切都平静下来了，

---

① 美国商人和政治家、现任犹他州联邦参议员。曾任马萨诸塞州州长，2012 年美国总统选举的共和党提名候选人。——译者注。

他重新过上像多里安和阿德里安娜以及许多中上阶层的黑人一样的生活。他不必为了获得选票，让自己的一举一动都符合选民心目中的黑人形象。

他女儿参加私立幼儿园夏令营的活动，一个月要交 1500 美元的夏令营费。我们离开了他在西杰克逊的办公室，沿着 55 号州际公路向北行驶，去营地接她回家。我们从右边的车道出口，来到街上。街道两旁的树木修剪得整整齐齐，与我们刚经过的那种垃圾遍地的街容，形成了鲜明的对比。我们到达的时候正下着雨，所以夏令营辅导员帮她女儿撑伞，从体育馆门口一直撑到她上车。她跳上汽车后座，脸上洋溢着笑容，显露出天真的性格。

"怎么样，玩得开心吗？"

"开心呀！"她用沙哑的声音回答。

乔纳森还问她在夏令营都玩些什么。她克服了我这个不速之客的出现带来的羞涩，回答说，他们打排球，跳呼啦圈，但因为老师也参加了呼啦圈比赛，所以她没有赢。当我问她多大时，她说她五又四分之三岁。我的问题引发了她对生日聚会的期待，她和爸爸分享了她的想法。

"爸爸，我想在我的生日聚会上，我们可以玩一些游戏。这些游戏有男孩的，也有女孩的。"

"什么是女孩的游戏？"乔纳森问女儿，想让她不要那么严格地按性别分类来思考。她无法回答，但补充说，"爸爸妈妈都要跟大家玩"。

她告诉爸爸她想去温蒂快餐店。乔纳森咯咯地笑了，他不会让她吃这个的。

"不去，我要在家做猪排。"他设法转移个话题。

"我不要吃猪排，猪排太辣了。"

"好吧，那我不做辣的了。"

"我想去温迪汉堡。"但乔纳森又拒绝了。

"不，今天不吃快餐。"我不知道他们平时吃不吃快餐。

小女孩不依不饶，非赢不可。乔纳森知道说不过她，所以妥协了，决定带她去附近一家连锁超市麦克达德买东西吃。

"你最喜欢吃什么？"我们把车开进停车场时，我问道。

"沙拉。我喜欢健康的食物。"她回答说。听到一个五又四分之三岁的孩子说出这样的话，我感到很惊讶，而且这个孩子刚刚还想吃温蒂汉堡。

乔纳森点点头，证实了她的回答。"她喜欢吃些沙拉。"

她还说，她喜欢沙拉中的生菜和黄瓜，有时还喜欢洋葱。麦克达德超市里有一些备好的餐食。我们走上前去，小女孩要买牛排，店员以为她要蛋糕，她和我都笑了起来。她还选择了奶酪通心粉和青菜当配菜。付款的时候，我们遇到了她好朋友的父亲，一位白人，我后来才知道，他是一名医生。显然，她的朋友没去夏令营。那位父亲解释说，她女儿到亚拉巴马州探亲去了。

他们还在搬家。新居还没有完全装修好。这座房子是在20世纪50年代由一位与乔纳森同姓的白人法官建造的。当我们把车开进车库时，他解释说，从房子的布局来看，那位法官显然有女佣，而女佣很有可能是黑人。靠车库最近的第一个房间是给女佣住的。这所房子还有两条车道，一条供房主使用，另一条让工人使用。

他们新居的种族化建筑格局对他来说并不陌生，它时常提醒乔纳森，就在他现在住的房子里，曾经有无数黑人妇女在里面当佣人。他熟悉他们的故事，也知道他们中的许多人住在乔治城小区等地，每天可能乘坐种族隔离的公共汽车去上班。他甚至可能认识他们的一些孩子，尤其是那些住在他这样社区的成功人士。他可能不太熟悉那些不那么成功的人，他们仍然生活在他们生长的社区里，而这些社区也曾经有过好日子。我们一进他家，他就马上解释已经把女佣的房间改成了家庭办公室。显然，这个过去黑人斗争的象征留在了他的脑海里。

在他带我参观完房子后，乔纳森把身上穿的西裤、棕色皮鞋和衬衫换成运动短裤和T恤衫。他拿出猪排，把它们浸在伍斯特酱里，接着撒上大蒜粉、盐和胡椒，然后把它放在燃气烤架上。我们一边烤一边看公共广播电视公司（PBS）的新闻。在火上烤了几分钟，猪排就做好了。有烤肉吃我们都很开心，所以一样配菜也没有准备。

"你已经不是客人了，所以还是自己来吧！"我们各自在盘子里放了两块肉。我切的时候，肉汁从中间流出来，调味酱还在上面嘶嘶作响。

他太太回来的时候，我们正在一个劲地夸猪排做得多么好，味道多么可口。那时候她已经不吃肉了，所以她不以为然。她太太是少年联盟（Junior League）的成员，她刚去参加联盟会议。在《相助》（*The Help*）[①] 这部小说中，作者真实地描写了这个曾经是清一色白人（和种族主义者）的组织。在今天的会议上，她们为当地非营利组织的志愿者，举办了关于食品安全的讲座。她和我们分享她从讲座中学到的东西。

"听了这个讲座，我才知道原来我们对食物都很挑剔。"演讲者是一位医疗保健专业人员，她解释了吃罐头食品的许多副作用。"可是，谁会吃罐装蔬菜呢？我知道也许有些人会吃，但对吃的我绝对挑剔。"我认真地听她讲。

她还提到，她们必须为深入贫困社区的组织成员进行多元化培训，让他们参与服务项目。"这不仅是为白人培训，也为黑人培训。比如，你去做志愿者的时候能把装有1000美元的钱包放在车里吗？或者，当你和孩子们在一起待了30分钟，你能把注意力集中在他们身上，而不是顾着自己玩手机吗？再或者，你能和孩子们打成一片，而不是自己几个人扎堆吗？"她更多地谈到了她对她们组员的失望，尤其是那些有意疏远穷人的黑人更令她失望。她很生气，但不是以一种高人一等的姿态，而是以一种"我们应该做得更好"的方式来告诫她们，同时，似乎也告诫了她自己。

---

① 美国作家凯瑟琳·史托基特（Kathryn Stockett）2009年出版的小说（2011年改编成电影），描写了20世纪60年代密西西比州杰克逊市白人家庭的非裔女佣。——译者注

他们的女儿一边吃饭，一边看悬挂在厨房墙上的电视。我们站在岛式台面周围，继续谈话，在不同的话题之间来回切换，最后回到了我和乔纳森在赛百味餐厅开始的谈话。乔纳森的太太不喜欢谈论竞选，因为她从来没有想要让她先生竞选公职，但出于爱，她尽职扮演了她的角色。对于像她这样一个热衷于保护自己隐私的律师来说，这些人身攻击是噩梦成真。不过，她对丈夫"不够黑"的说法并不感到惊讶。事实上，有时她也表达了同样的想法。她和乔纳森都知道他们会以此做文章。

"你和黑人在一起很自在，但他们和你在一起好像不太自在。"她议论道。

"我感到很自在。"他反驳道。

"但他们在你身边感到不自在。"

他不知道说什么好，所以我们又换了话题。

聊了几个小时后，我该回去了。经过通向楼上卧室造型高雅的楼梯，穿过中规中矩的客厅，我们下楼去。经过女佣的房间时，乔纳森又对种族和阶级发表了一番议论。

"我爸爸教育我们不需要得到别人的认可。我们得自己证明自己。我太太参加了妇女联盟、杰克和吉尔基金会，以此来证明自己，而我不需要这些。我去布尔联谊也是因为她和库利大夫。"这些我以前听他对他太太说过。

我对他这番话半信半疑。也许他确实不需要任何人来证实他的黑人身份，但是千真万确，他的阶级地位使他的黑人身份已然无效。这足够让他受的了。

○ 结论

第 15 章
对食物、种族和南部的研究

在还没有着手研究这个课题的三年前，我就对这个项目产生了兴趣。一天，我在图书馆几乎待到深夜，回到家里先躺在沙发上看电视，然后准备睡觉。就像我在"乳制品之州"（威斯康星州）读研究生的头一年一样，我边浏览频道，边挖一碗冰激凌吃。我通常会在"娱乐与体育节目电视网"上停下来看，但在这一晚，我切换到"黑人娱乐电视台"，看一部叫《城市之心：死也要吃的杰克逊人》(Heart of the City: Dying to Eat in Jackson) 的纪录片。这部纪录片讲述了密西西比州杰克逊市非裔美国人的饮食习惯，以及他们亟待解决的健康问题。同时，这部纪录片通过与研究人员和医疗卫生工作者交谈以及展示普通人在家庭和社区中的生活，尝试理解社会问题，我觉得这部纪录片很有意思。纪录片的解说员讲解说，现在他们吃的大部分饭菜也是他们的母亲和祖母吃的，而他们祖母的饭菜也和曾祖母、曾曾祖母的饭菜没什么两样。因此，数代人的家庭饮食传统，构成他们今天饮食文化的核心部分。

影片记录了一个令人揪心的故事。有个 60 多岁患有糖尿病的妇女去世，葬在几名已故家属的墓旁，而他们也因患与糖尿病相关的疾病而病故。在许多方面，她去世的故事，成为我研究这个课题的动因，促使我深思我从未好好考虑过的问题：人们如何决定他们吃什么。反思我的饮食习惯，我自己如何寻找难以找到的食材，怎么打电话给我在加纳的母亲，请她教我做我最喜欢吃的加纳菜肴，就可以证明家庭传统是多么重要。不过，传统又不是至关重要的，我看纪录片时手里拿着的冰激凌就是证据。冰激凌与我的成长经历毫无关系，但我现在却没有少吃。纪录片认为，对于杰克逊市的那些人来说，不幸的是，那些他们认为最有意义的食物也是导致许多健康问题的食物。放弃这些食物也就放弃了他们文化身份中的重要方面。所以，正如片题所提示的那样，人们真的是"死也要吃"。

这部纪录片和它所带来的困惑，一直在我的脑海里浮现。我这个民族志课题可能没有回答我最初的问题，但我围绕着纪录片的主题，提出问题，也希望是找到了问题的答案。我关注南方黑人今天吃什么，并在对南方生活的社会经济背景的探索中，把这种关注表述出来。我研究了南方的饮食传统，但我不能苟同这部纪录片简单的断言，即这些食物传统已经完全被传承和复制。最后，从更广泛的角度，我探讨了这一切对当代密西西比州美国南方黑人的影响。

我的主要目标，就是从分析人们生活的社会经济背景入手，进而研究食物的重要性。我设计了这么一个研究框架，希望也有助于他人的研究。首先，我认为探索食物可获得性的同时，也要看生活环境如何影响人们的一日三餐。如前所述，如

果只是客观地衡量食物的可获得性，就会忽略影响人们生活的
社会体制是如何分配食物资源的。正如我所观察到的，食物
可获得性不仅与人们提供给自己的食物有关，也与文化结构和
社会（和经济）结构决定的可获得性有关。通过习俗和行为规
范，我们出生后所处的文化结构或我们选择参与的文化结构也
左右了我们获取食物的能力。南方黑人文化在不同程度上影响
了不同阶级群体的食物获取能力。但是，在黑人中上层阶级
中，种族和阶级的交融使得他们能够参与现代食物运动。

对于斯马卡和其他无家可归、生活极度贫困的人来说，收
容所和其他救助服务机构基本上决定了他们的食物可获得性，
服务机构提供给他们什么，他们就吃什么。那些生活在贫困中
的居民似乎有更多的机会，但他们也受到了很多的限制，因为
贫困，他们要和许多福利机构打交道。由于穷人、中产阶级和
上层阶级接触的社会经济结构和机构不同，他们可获得食物品
种也不同。简而言之，生活在贫困中，和社会福利打交道，限
制了穷人的食物获取能力，而这些对中产阶级而言，是陌生
的。事实证明，食物可获得性，不仅仅是一个人住在离超市多
远的问题，它还涉及流浪汉收容所和其他救助服务机构的政
策，以及住房、就业机会和社会福利方面的种种不平等问题。

其次，在这个框架内研究食物选择，需要分析人们如何与
社会机构打交道。我坚持认为，观察人们的食物选择，可以揭
示他们所拥有的资源，以及他们如何利用这些资源来解决日常
的吃饭问题。即使是那些无家可归的人，他们貌似也能控制自

己吃什么。卡尔、雷、蒙哥马利牧师和其他人，有时不吃别人提供给他们的食物，有时拒绝做为了得到食物而被要求做的事情。对于生活贫困的人以及中产阶级来说，他们的食物选择是有重点的。在他们身上，我观察到不同的生活环境，是如何让他们根据这三个方面来做出饮食决定的：一是他们过去的习惯和传统，二是他们现在面临的矛盾和问题以及解决这些问题的努力，三是他们对未来的展望和预测。

　　吃饭问题对于生活贫困的居民来说，没有像无家可归者那样，构成他们日常生活的主要部分，但是来自食物的明显压力源源不断。由于他们得花很多精力去解决其他问题，比如找一套像样的公寓和一份工作，所以他们把满足家人对食物的需求放在日程安排的最后头，也就是在他们再也无法忍受饥饿的时候才找吃的。有趣的是，与比娅女士相比，泽娜妮的情况更是如此，而泽娜妮其实比比娅更缺吃的。当比娅的贫困状况变得更糟时，她习惯吃的传统食物的烹饪方式也发生了显著的变化。加剧的贫困极大地限制了人们的食物选择。完成这项研究课题后，我深信，一项成功的食品政策，首先必须是一项反贫困的政策。试图改变贫困人口食物选择的社会项目成功与否，取决于这个项目能不能减轻贫困的压力。

　　最后，我以自己提出的方式研究食物消费，为社会心理分析，特别是食物和身份认同之间的关系提供了一个途径。我用我对品味的探索来观察黑人身份的内在动力。作为黑人下层中产阶级，莫妮克和查尔斯在选择食物时，也经历了一些矛盾和不安。他们表现出了一些白人中产阶级的口味偏好，但他们住的地方没有条件让他们发展这种偏爱。有时，他们还必须调和自己的品位和种族身份。这种紧张关系是戴维斯一家不得不关闭兰普金斯烧烤店的原因之一，他们无法为西杰克逊市的客户提供他们想要的那种灵魂食物。

当多里安、阿德里安娜和奥托尔去高档餐厅吃饭时，他们往往是那里唯一的黑人。在服务员、厨师和所有在场的人看来，他们的出现特别显眼，他们也知道自己身处"白人的地盘"。因为不希望为了阶级身份而放弃自己的种族身份，大多数富裕的黑人，在吃的方面，自愿选择与劳工阶级黑人看齐。例如，乔纳森大多拒绝"花哨"的食物，相反，喜欢被视为（黑人和穷人的）南方传统的标志性食物，比如鸡肉、蔬菜、玉米面包和水果馅饼等等。

食物学者不应把食物看成仅仅是种族和种族化的反映，而应视其为种族化的一部分。食物是用来构建、修改和重建种族界限的工具之一。这一作用，无论是在奴隶制和重建时代，或是在民权运动和奥巴马执政时期都是如此。这项研究的第二个目标是分析并鼓励重新研究不同阶层的黑人生活。如前所述，这样做可以说明不同阶层的黑人接触种族化的社会和文化结构的不同方式，分析他们如何和这些机构打交道，以及他们这些打交道的经历如何反映了不断变化的种族身份。这些差异打断了当代南方黑人的同质化进程，强调了黑人身份在今天不同阶级群体中的意义。

　　鉴于黑人在公众的想象中是美国最边缘化的种族群体，我认识的那些无家可归的人把他们的生活视为这种想象的具体表现。即使他们的生活很混乱，他们也没有像富裕的黑人那样，经历过种族和阶级身份脱节的过程。相反，他们认为自己的遭遇是命中注定的。他们把自己的生活与同样无家可归的白人作了严格的对比。对于那些忍受贫穷的人来说，他们生活中最没有争议的领域就是他们的种族认同，也就是说他们的黑人身份毋庸置疑。密西西比黑人与贫穷永恒地画上等号，他们也成了黑人的缩影。当政治家想要展示他们的黑人文化资本时，他们就强调自己与贫困黑人的关系。穷人活在"黑人斗争"中，从种族身份中寻求慰藉和力量。对于那些中下阶层的人来说，他们的食物意识体现了他们的种族和阶级之间的紧张关系。他们的食物选择通常反映了（白人）中产阶级的特征，但是这样就与他们的种族身份（通常被划为穷人）产生了摩擦。中上层阶级的成员也经历了这种紧张状态。不过，这悄悄隐含在他们的生活中，尤其是在他们经常"闯入"的隔离空间中，也就是清一色白人的工作场所、社区和社交俱乐部中更是这样。但是，当乔纳森竞选市长时，这种紧张状态就显露出来了。他的阶级地位对他的种族身份构成了挑战。因为他的对手一口咬定他是这个种族的叛徒，他在竞选中失败了。

　　就我们对南方的探讨而言，我的目标微不足道。本书最基本的目标是向更多的学者，尤其是社会学家说明，重新审视梅森—迪克森线（Mason-Dixon Line）^①以南地区的重要性，而这是一个经常被忽视的区域。它让我们更近距离地了解南方生活的细节，并以此来抵制大多数美国人对密西西比这样一个地方的简单嘲讽。在另一个层面上，我的目标是为南方社会学和南方区域社会学的重新磨合增添活力。我们已经证明，即使解决问题可能需要地方性的策略，即使这些问题可能表现出不同的形式，美国南部的社会问题也与其他地方大同小异。今天的许多迫在眉睫的问题，诸如警察暴行、住房不平等和食物不公平等问题，都可以在诸如此类的大规模全国性问题中找到根源。在课题的另一部分，我一直坚持认为，对南方的历史探索应该与对当代南方的研究结合起来。在我看来，所有调和这个地区的历史问题而不对现状进行诚实探讨的努力，都是徒劳。

截至2021年4月，乔纳森仍和家人住在杰克逊市。他看着这座城市继续在一些问题上挣扎，而这些问题正是他希望当市长时能解决的。当我最后一次和他谈论选举时，我能感觉到这仍在折磨他。他仍然相信自己可以很好地为这座城市服务。乔科维·卢蒙巴上任不到一年就不幸去世了。因此，在担任临时市长之后，他的儿子安塔尔·乔科维·卢蒙巴（Antar Chokwe Lumumba）参选并获胜。现在是他的第二个任期。他是

---

① 美国宾夕法尼亚州与马里兰州、马里兰州与特拉华州之间的分界线，在美国内战期间成为自由州（北）与蓄奴州（南）的界线。——译者注

一个充满活力的领导者，但在乔纳森看来，年轻的安塔尔·乔科维·卢蒙巴仍然无法解决城市的基础设施问题。我最后一次见到乔纳森时，我们都在法国巴黎。我正好在那里度假，而他是来看望家人的。我们坐在他入住的酒店的酒吧里，像在以前企鹅餐厅那样开怀大笑。

多里安、阿德里安娜和奥托尔都生活得很好。由于新冠疫情的暴发，"周五鸡尾酒"的活动暂停了。奥托尔正在主持一个讨论城市政治的在线直播节目。通过这个节目，我很高兴能重返这座城市。在与查尔斯的几次谈话中，我们继续讨论国家政治。我很高兴得知他已经回到研究生院学习公共政策。他将获得他当之无愧的博士学位。我最后一次见到他们的时候是在2018年。

戴维斯家的小梅尔文从杰克逊州立大学毕业，获得了工程学学位，现在在得克萨斯州生活和工作。詹姆斯毕业于塔斯基吉大学，也是一名工程师。他还试办了一家咨询公司，并且在田纳西州表演单口喜剧，以期提高自己的舞台表现力。查尔斯毕业于莱斯大学，在申请攻读自然科学博士学位之前，他要暂时休学一年。阿娃是杜兰（Tulane）大学的二年级学生，主修美术和儿童早期教育。莫妮克和梅尔文几乎成了空巢老人，本杰明读十二年级，丹尼尔也已读九年级了。自2018年采访以来，我都没有和他们见过面，但我们一直通过电话保持联系，尤其是与詹姆斯和阿娃常联系。

泽娜妮和她的姐妹们仍然住在杰克逊市的同一个社区。生活对她好一点了，她现在在退伍军人医院有份稳定的工作。几年前，当她申请到这份工作时，她打电话告诉我这个好消息，她相信这份工作是用我们一起填的表申请到的。虽然她们的生活已经稳定一些了，但是贫穷仍然困扰她和姐妹们的生活。新冠疫情更使艰苦的生活雪上加霜。

我最后一次见到比娅时，她又搬到了西杰克逊的一套公寓里，就在机会中心的那条街上。她还是和往常一样面带微笑，但她也承认生活很艰难。后来她女儿在密西西比州的雇主，把她调到艾奥瓦州担任一个新职位，她决定跟着女儿一起搬去那儿。她已经在那里住了三年了。不过，她每隔一段时间就回杰克逊市看看。

我和大多数无家可归的人失去了联系。自我 2012 年离开杰克逊市后，我就再也没有见过或听到过斯马卡、蒙哥马利牧师和查尔斯的消息。2016 年我回来时，遇到了托尼，也就是蒙哥马利牧师的朋友，那位因为饼干而被拒之门外的流浪汉。他现在是一名老年黑人妇女的家庭健康助理。我也失去了与卡尔、雷、埃里克和威利的联系。机会中心现在由克里斯蒂·伯内特管理，据前主管希瑟·艾弗里说，伯内特一直在努力改变这个地方。

新冠疫情加大了她的工作难度。一家提供床位的收容所，因为担心病毒传播而关闭。一些收容所为了遵守社交距离规定，大幅度减少了收容人数。在新冠疫情最严重的时候，全市只有 11 张床位可供使用。新冠疫情初期，机会中心一度关闭，但在 2021 年 11 月重新开放，一直保持 24 小时开放。杰克逊市和其他许多城市杀人案急剧上升，为应对这一情况，收容所持续开放。伯内特对他们正在做的工作保持乐观。他们正在采用快速安置策略，让尽可能多的流浪汉离开街头，住进安置房。马修，这个因为推白人而被拒之门外的流浪汉，是她的成功故事之一。他仍然来机会中心，但不同的是，现在他是来上班，帮助被收容的流浪汉。

参考文献

第 1 章　民以食为天

1. Sabrina Pendergrass, "Routing Black Migration to the Urban US South: Social Class and Sources of Social Capital in the Destination Selection Process," *Journal of Ethnic and Migration Studies* 39, no. 9 (November 1, 2013): 1441–59.

2. Howard Winant, "The Dark Side of the Force: One Hundred Years of the Sociology of Race," in *Sociology in America: A History*, ed. Craig Calhoun (Chicago: University of Chicago Press, 2007): 535–71.

3. Sheldon Hackney, "The Contradictory South," *Southern Cultures* 7, no. 4 (November 1, 2001): 70.

4. Larry J. Griffin, "The Promise of a Sociology of the South," *Southern Cultures* 7, no. 1 (February 1, 2001): 352–53; Zandria F. Robinson, *This Ain't Chicago: Race, Class, and Regional Identity in the Post-Soul South* (Chapel Hill, NC: University of North Carolina Press, 2014).

5. Mary Lou Finley et al., eds., *The Chicago Freedom Movement: Martin Luther King Jr. and Civil Rights Activism in the North* (Lexington: University Press of Kentucky, 2016); Charles Earl Jones, ed., *The Black Panther Party (Reconsidered)* (Baltimore, MD: Black Classic Press, 1998).

6. Charles Johnson, *The Negro in Chicago: A Study of Race Relations and a Race Riot* (Chicago: University of Chicago Press, 1922).

7. Hackney, "The Contradictory South."

8. David Bateman, Ira Katznelson, and John S. Lapinski, *Southern Nation: Congress and White Supremacy after Reconstruction* (Princeton, NJ: Princeton University Press, 2018).

9. Howard W. Odum, "Notes on the Study of Regional and Folk Society," *Social Forces* 10, no. 2 (1931): 164–75.

10. Anna Julia Cooper, *A Voice from the South by A Black Woman of The South* (Aldine Printing House, 1892); Howard W. Odum, *Race and Rumors of Race* (Chapel Hill, NC: University of North Carolina Press, 1943).

11. Karida L. Brown, *Gone Home: Race and Roots through Appalachia* (Chapel Hill, NC: University of North Carolina Press, 2018); Sabrina Pendergrass, "Routing Black Migration to the Urban US South: Social Class and Sources of Social Capital in the Destination Selection Process," *Journal of Ethnic and Migration Studies* 39, no. 9 (November 1,): 1441–59; Vanesa Ribas, *On the Line: Slaughterhouse Lives and the Making of the New South* (Oakland: University of California Press, 2015); Robinson, *This Ain't Chicago* (2014); B. Brian Foster, *I Don't Like the Blues: Race, Place, and the Backbeat of Black Life* (Chapel Hill, NC: University of North Carolina Press, 2020).

12. Carol Anderson, *White Rage: The Unspoken Truth of Our Racial Divide* (New York: Bloomsbury USA, 2017).

13. Timothy Williams and Alan Blinder, "Lawmakers Vote to Effectively Ban Abortion in Alabama," *New York Times*, May 15, 2019.

14. Alan Blinder, "North Carolina Lawmakers Met with Protests Over Bias Law," *New York Times*, December 21, 2017.

15. Edward E. Baptist, *The Half Has Never Been Told: Slavery and the Making of American Capitalism* (New York: Basic Books, 2016).

16. Richard Rothstein, *The Color of Law: A Forgotten History of How Our Government Segregated America* (New York: Liveright, 2017).

17. W.E.B. Du Bois, *The Philadelphia Negro: A Social Study* (Philadelphia: University of Pennsylvania Press, 1899).

18. W. Lloyd Warner, "A Methodological Note," in *Black Metropolis: A Study of Negro Life in a Northern City* (Chicago: University of Chicago Press, 1945), 776.

19. Eugene Robinson, *Disintegration: The Splintering of Black America* (New York: Anchor Books, 2011).

20. Some notable exceptions include Mary Patillo–McCoy's *Black Picket Fences* (Chicago: University of Chicago Press, 1999) and Annette Lareau's

Unequal Childhoods (Berkeley: University of California Press), both of which compare the experiences of poor and middle–class Black Americans.

21. Robinson, *This Ain't Chicago*, 18, 29.

22. Jennifer Jensen Wallach, *How America Eats: A Social History of U.S. Food and Culture* (Lanham, MD: Rowman & Littlefield Publishers, 2012); Mario Luis Small, David J. Harding, and Mich è le Lamont, "Reconsidering Culture and Poverty," *The ANNALS of the American Academy of Political and Social Science,* 629, no. 1: 6–27.

23. Margaret Lombe et al., "Examining Effects of Food Insecurity and Food Choices on Health Outcomes in Households in Poverty," *Social Work in Health Care* 55, no. 6 (July 2, 2016): 440–60; G. Turrell, "Socioeconomic Differences in Food Preference and Their Influence on Healthy Food Purchasing Choices," *Journal of Human Nutrition and Dietetics* 11, no. 2 (April 1, 1998): 135–49.

24. Alan Beardsworth and Teresa Keil, *Sociology on the Menu: An Invitation to the Study of Food and Society*, (New York: Routledge, 1997); Jack Goody, *Cooking, Cuisine and Class: A Study in Comparative Sociology* (Cambridge: Cambridge University Press, 1996); Marvin Harris, *Good to Eat: Riddles of Food and Culture* (Long Grove, IL: Waveland Press, 1998).

25. Jessica Greenebaum, "Vegans of Color: Managing Visible and Invisible Stigmas," *Food, Culture & Society* 21, no. 5 (October 20, 2018): 680–97; Eric HoltGiménez and Yi Wang, "Reform or Transformation? The Pivotal Role of Food Justice in the U.S. Food Movement," *Race/Ethnicity: Multidisciplinary Global Contexts* 5, no. 1 (2011): 83–102; Stephen Schneider, "Good, Clean, Fair: The Rhetoric of the Slow Food Movement," *College English* 70, no. 4 (2008):384–402.

26. William H. Sewell, "A Theory of Structure: Duality, Agency, and Transformation," *American Journal of Sociology* 98, no. 1 (1992): 1–29.

27. Mustafa Emirbayer and Ann Mische, "What Is Agency?", *The American Journal of Sociology* 103, no. 4 (January 1, 1998): 962–1023.

28. Itai Vardi, "Feeding Race," *Food, Culture & Society* 13, no. 3 (September 1, 2010): 371–96.

29. John Dollard, *Caste and Class in a Southern Town*, (Doubleday, 1957);

St. Clair Drake and Horace R Cayton, *Black Metropolis: A Study of Negro Life in a Northern City* (Chicago: University of Chicago Press, 1945); Hortense Powdermaker, *After Freedom: A Cultural Study in The Deep South* (New York: Viking Press, 1939); Zandria F. Robinson, *This Ain't Chicago: Race, Class, and Regional Identity in the Post-Soul South* (Chapel Hill, NC: University of North Carolina Press Books, 2014); John L. Jackson Jr., *Harlemworld: Doing Race and Class in Contemporary Black America* (Chicago: University of Chicago Press, 2010).

30. Milton M. Gordon, "Social Class in American Sociology," *American Journal of Sociology* 55, no. 3 (1949): 262–68; Erik Olin Wright, "Social Class," in *Encyclopedia of Social Theory*, ed. George Ritzer (Thousand Oaks, CA: SAGE Publications, 2004)：718–24.

第 2 章　灵魂食品

1. Frederick Douglass Opie, *Hog and Hominy: Soul Food from Africa to America* (New York: Columbia University Press, 2010); Michael W. Twitty, *The Cooking Gene: A Journey Through African American Culinary History in the Old South* (New York, NY: Amistad, 2017), 163.

2. Opie, *Hog and Hominy*, 4.

3. William Dillon Piersen, *From Africa to America: African American History from the Colonial Era to the Early Republic,1526-1790* (Woodbridge, CT: Twayne Publishers, 1996), 11.

4. James A. Rawley and Stephen D. Behrendt, *The Transatlantic Slave Trade: A History* (Lincoln: University of Nebraska Press, 2005), 256.

5. William Dillon Piersen, *From Africa to America: African American History from the Colonial Era to the Early Republic, 1526-1790* (New York; London: Twayne Publishers; Prentice Hall International, 1996).

6. Rawley and Behrendt, *The Transatlantic Slave Trade: A History.*

7. Byron Hurt, *Soul Food Junkies*, DVD, Documentary, 2012.

8. Sylviane A. Diouf, *Fighting the Slave Trade: West African Strategies* (Athens: Ohio University Press, 2003), 125.

9. In a forthcoming book, Bobby Smith II explores how, in the twentieth century, food continued to be both a source of and resistance to domination for Black Americans in the US South. Bobby Smith II , *Food Power Politics* (Chapel Hill, NC: University of North Carolina Press, Forthcoming).

10. John W. Blassingame, *The Slave Community: Plantation Life in the Antebel- lum South* (Oxford: Oxford University Press, 1979), 250.

11. Sam Bowers Hilliard, *Hog Meat and Hoecake: Food Supply in the Old South, 1840-1860* (Carbondale: Southern Illinois University Press, 1972), 56–69.

12. Sam Bowers Hilliard, *Hog Meat and Hoecake*, 251.

13. Opie, *Hog and Hominy: Soul Food from Africa to America*, 25.

14. Sam Bowers Hilliard, *Hog Meat and Hoecake*, 55.

15. Eugene D. Genovese, *Roll, Jordan, Roll: The World the Slaves Made* (New York: Random House Digital, 2011), xvii.

16. John T. Edge, *The Potlikker Papers: A Food History of the Modern South* (New York: Penguin Press, 2017).

17. Frederick Douglass and Harriet Jacobs, *Narrative of the Life of Frederick Dou- glass, an American Slave & Incidents in the Life of a Slave Girl* (New York: Random House, 2011), 140.

18. Frederick Douglass, *My Bondage and My Freedom* (Miller, Orton & Mulligan, 1855), 253.

19. Blassingame, *The Slave Community: Plantation Life in the Antebellum South*, 577.

20. Fredrika Bremer, Adolph Benson, and Carrie Catt, *America of the Fifties: Letters of Fredrika Bremer* (New York: Applewood Books, 2007), 122–23.

21. Harriet A. Jacobs, *Incidents in the Life of a Slave Girl*, ed. Jean Fagan Yellin (Cambridge, MA: Harvard University Press, 1987), 119.

22. Marcie Cohen Ferris, *The Edible South: The Power of Food and the Making of an American Region* (Chapel Hill: University of North Carolina Press, 2016), 48–58.

23. Opie, *Hog and Hominy*, 50.

24. Henry Louis Gates, Mark Lund, and Winslow Andia, "Reconstruction: America after the Civil War," Documentary (PBS, February 2019), http://www.imdb.com/title/tt9701076/.

25. Rayford W. Logan, *The Negro in American Life and Thought: The Nadir, 1877- 1901* (New York: Dial Press, 1954).

26. Stewart E. Tolnay, "The African American 'Great Migration' and Beyond," *Annual Review of Sociology* 29, no. 1 (2003): 209–32.

27. Frederick Douglass Opie, *Hog and Hominy*, 57.

28. Isabel Wilkerson, *The Warmth of Other Suns: The Epic Story of America's Great Migration* (New York: Vintage, 2011), 240.

29. St. Clair Drake and Horace R Cayton, *Black Metropolis: A Study of Negro Life in a Northern City* (Chicago: University of Chicago Press, 1945), 608.

30. Opie, *Hog and Hominy*, 101.

31. Leda Cooks, "You Are What You (Don't) Eat? Food, Identity, and Resistance," *Text and Performance Quarterly* 29, no. 1 (January 1, 2009): 94–110; Opie, *Hog and Hominy*, 106.

32. Opie, *Hog and Hominy*, 125, 129, 132; William L. Van Deburg, *New Day in Babylon: The Black Power Movement and American Culture, 1965-1975* (Chicago: University of Chicago Press, 1993).

33. Lawrence D. Bobo and Michael C. Dawson, "A Change Has Come: Race, Politics, and the Path to the Obama Presidency," *Du Bois Review: Social Science Research on Race* 6, no. 01 (2009): 1–14; Camille Zubrinsky Charles, "The Dynamics of Racial Residential Segregation," *Annual Review of Sociology* 29, no. 1 (2003): 167–207; Robert A. Hummer and Erin R. Hamilton, "Race and Ethnicity in Fragile Families," *The Future of Children* 20, no. 2 (2010): 113–31; Grace Kao and Jennifer S. Thompson, "Racial and Ethnic Stratification in Educational Achievement and Attainment," *Annual Review of Sociology* 29, no. 1 (2003): 417–42; Mary Pattillo, "Black Middle Class Neighborhoods," *Annual Review of Sociology* 31, no. 1 (2005): 305–29; Sean F. Reardon and Kendra Bischof, "Income Inequality and Income Segregation," *American Journal of Sociology* 116, no. 4 (January 2011): 1092–153; Sara Wakefield and Christopher

Uggen, "Incarceration and Stratification," *Annual Review of Sociology* 36, no. 1 (2010): 387–406; David R. Williams and Pamela Braboy Jackson, "Social Sources Of Racial Disparities In Health," *Health Affairs* 24, no. 2 (March 1, 2005): 325–34.

34. H.W. Brands, *Andrew Jackson: His Life and Times*, (New York: Anchor, 2006); Robert V. Remini, *Martin Van Buren and the Making of the Democratic Party* (New York: Columbia University Press, 1968).

35. Sheldon Hackney, "The Contradictory South," *Southern Cultures* 7, no. 4 (November 1, 2001): 65–80; Charles Reagan Wilson, "Whose South?: Lessons Learned from Studying the South at the University of Mississippi," *Southern Cultures* 22, no. 4 (2016): 96–110.

36. Edward E. Baptist, *The Half Has Never Been Told: Slavery and the Making of American Capitalism* (Philadelphia: Basic Books, 2016).

37. Emory M. Thomas, *The Confederate Nation, 1861-1865* (New York: Harper & Row, 1979).

38. Carol Anderson, *White Rage: The Unspoken Truth of Our Racial Divide* (2017).

39. Richard Wright lived in and wrote about these times in *Black Boy*. Richard Wright, *Black Boy (American Hunger: A Record of Childhood and Youth)* (New York: Harper & Brothers, 1945).

40. John Dittmer, *Local People: The Struggle for Civil Rights in Mississippi* (Champaign, IL: University of Illinois Press, 1994), 88–89.

41. Raymond Arsenault, *Freedom Riders: 1961 and the Struggle for Racial Justice* (Oxford: Oxford University Press, 2007).

42. "State and County Quick Facts" (US Census Bureau, 2014).

43. Robinson, *This Ain't Chicago*.

44. Byron Orey, "Deracialization, Racialization, or Something in between?: The Making of a Black Mayor in Jackson, Mississippi," *Politics & Policy* 34, no. 4 (2006): 814–36.

45. These descriptions of Jackson are based on my experiencing of the city during the time of my fieldwork, January to November 2012 and summer 2016.

46. "State and County Quick Facts" (US Census Bureau, 2014).

47. Charles E. Cobb, *On the Road to Freedom: A Guided Tour of the Civil Rights Trail* (Chapel Hill, NC: Algonquin Books, 2007).

48. Grace Britton Sweet and Benjamin Bradley, *Church Street: The Sugar Hill of Jackson, Mississippi* (Charleston, SC: The History Press, 2013).

49. "American Community Survey" (US Census Bureau, 2011).

第 3 章　傍晚时分

1. Barrett A. Lee, Kimberly A. Tyler, and James D. Wright, "The New Homelessness Revisited", *Annual Review of Sociology* 36 (2010, 501–521). Several other studies explore the gendered nature of homelessness. (See, for example, Duneier 2001; Jasinki et al. 2010; Liebow 1993).

2. Martha R. Burt, *Over the Edge: The Growth of Homelessness in the 1980s* (New York: Russell Sage Foundation, 1993); Jana L. Jasinki et al., *Hard Lives, Mean Streets: Violence in the Lives of Homeless Women* (Lebanon, NH: Northeastern University Press, 2010); Continuum of Care Homeless Assistance Programs, "HUD's 2012 Continuum of Care Homeless Assistance Programs Homeless Populations and Subpopulations," 2012; Joel Blau, *The Visible Poor: Homelessness in the United States* (Oxford: Oxford University Press, 1993); Christopher Jencks, *The Homeless* (Cambridge, MA: Harvard University Press, 1995); Barrett A. Lee, Kimberly A. Tyler, and James D. Wright, "The New Homelessness Revisited," *Annual Review of Sociology* 36, no. 1 (2010): 501–21; Liebow, *Tell Them Who I Am* (1993); David A. Snow and Leon Anderson, *Down on Their Luck: A Study of Homeless Street People* (Berkeley: University of California Press, 1993).

3. Mitchell Duneier, *Sidewalk* (New York: Macmillan, 2001).

4. Elijah Anderson, *Streetwise: Race, Class, and Change in an Urban Community* (Chicago: University of Chicago Press, 1990).

5. Snow and Anderson, *Down on Their Luck.*

6. Teresa Gowan, *Hobos, Hustlers, and Backsliders: Homeless in San Francisco* (Minneapolis: University Of Minnesota Press, 2010); Forrest Stuart,

Down, Out, and Under Arrest: Policing and Everyday Life in Skid Row (Chicago: University of Chicago Press, 2016); Brandon Andrew Robinson, *Coming Out to the Streets: LGBTQ Youth Experiencing Homelessness* (Oakland, CA: University of California Press, 2020).

7. Barrett A. Lee and Meredith J. Greif, "Homelessness and Hunger," *Journal of Health and Social Behavior* 49, no. 1 (March 1, 2008): 11.

8. Lee and Greif, "Homelessness and Hunger," 11.

9. Lee and Greif, "Homelessness and Hunger," 3–19.

10. Dennis P. Culhane et al., "Testing a Typology of Family Homelessness Based on Patterns of Public Shelter Utilization in Four US Jurisdictions: Implications for Policy and Program Planning," *Housing Policy Debate* 18, no. 1 (2007): 1–28; Jefrey Grunberg and Paula F. Eagle, "Shelterization: How the Homeless Adapt to Shelter Living," *Psychiatric Services* 41, no. 5 (May 1, 1990): 521–25.

11. Lee and Greif, "Homelessness and Hunger," 3–19.

12. For a discussion of homelessness and skidrow, see Stuart 2016.

13. Jacob Fuller and R. L. Nave, "Developing Jackson: A Decade of Progress," *Jackson Free Press*, September 19, 2012; Robyne S. Turner, "The Politics of Design and Development in the Postmodern Downtown," *Journal of Urban Affairs* 24, no. 5 (December 1, 2002): 533–48.

14. Roberta Ann Johnson, "African Americans and Homelessness: Moving Through History," *Journal of Black Studies* 40, no. 4 (March 1, 2010): 583–605.

15. John Hope Franklin and Alfred A. Moss Jr., *From Slavery to Freedom: A His- tory of African Americans*, (New York: McGraw–Hill, 1994).

16. Linda W. Slaughter, *The Freedmen of the South* (Cincinnati, OH: Elm Street Printing, 1869), http://archive.org/details/freedmenofSouth0slau.

17. W.E.B. Du Bois, *The Philadelphia Negro: A Social Study* (Philadelphia: University of Pennsylvania Press, 1899), 58.

18. Kim Hopper and Norweeta Milburn, "Homelessness Among African–Americans: A Historical and Contemporary Perspective," in *Homelessness in America*, ed. Jim Baumohl (Phoenix, AZ: Oryx, 1996), 123–31.

19. M. Franklin, 1985 "Organizing for survival and change," unpublished ms., Amherst, MA. (Johnson 2010): 594

20. Johnson, "African Americans and Homelessness" 583–605; Gregory D. Squires, *Capital and Communities in Black and White: The Intersections of Race, Class, and Uneven Development* (Albany: State University of New York Press, 1994); Jennifer R. Wolch and Michael J. Dear, *Malign Neglect: Homelessness in an American City* (San Francisco: Jossey–Bass, 1993).

21. US Department of Housing and Urban Development, "HUD 2018 Continuum of Care Homeless Assistance Programs Homeless Populations and Subpopulations" (Washington, DC, 2018).

22. Margot Sanger–Katz, "Hate Paperwork? Medicaid Recipients Will Be Drowning in It," *New York Times*, January 18, 2018, sec. The Upshot; Pamela Herd and Donald P. Moynihan, *Administrative Burden: Policymaking by Other Means*, (New York: Russell Sage Foundation, 2019).

第 4 章 一天早晨

1. "Annual Statistical Report on the Social Security Disability Insurance Program" (Washington, DC: Social Security Administration, November 2013).

2. Kurt D. Johnson, Les B. Whitbeck, and Dan R. Hoyt, "Predictors of Social Network Composition among Homeless and Runaway Adolescents," *Journal of Adolescence* 28, no. 2 (April 2005): 231–48.

3. Siobhan M. Toohey, Marybeth Shinn, and Beth C. Weitzman, "Social Networks and Homelessness Among Women Heads of Household," *American Journal of Community Psychology* 33, no. 1–2 (2004): 7–20.

4. Erving Gofman, *Stigma: Notes on the Management of Spoiled Identity* (New York: Simon and Schuster, 2009).

5. Mario Luis Small, *Someone To Talk To* (New York: Oxford University Press, 2017).

6. Elliot Liebow, *Tell Them Who I Am* (New York: Simon and Schuster, 1993), 139.

7. Blau, *The Visible Poor: Homelessness in the United States* (Oxford:

Oxford University Press, 1993); Martha R. Burt, *Over the Edge: The Growth of Homeless- ness in the 1980s* (New York: Russell Sage Foundation, 1993); Christopher Jencks, *The Homeless* (Cambridge, MA: Harvard University Press, 1995); *Helping America's Homeless: Emergency Shelter Or Affordable Housing?* (Washington, DC: The Urban Institute, 2001). 研究者同样研究了个人因素对无家可归的影响，包括：身体和性别暴力、被忽视、家庭矛盾、贫困、住房不稳定、酒精和药物滥用等因素。参见：Barrett A. Lee, Kimberly A. Tyler, and James D. Wright, "The New Homelessness Revisited," *Annual Review of Sociology* 36, no. 1 (2010): 501–21; Kimberly A. Tyler, "A Qualitative Study of Early Family Histories and Transitions of Homeless Youth," *Journal of Interpersonal Vio- lence* 21, no. 10 (October 1, 2006): 1385–93; Kevin A. Yoder, Les B. Whitbeck, and Dan R. Hoyt, "Event History Analysis of Antecedents to Running Away from Home and Being on the Street," *American Behavioral Scientist* 45, no. 1 (September 1, 2001): 51–65.

　　8. Maureen Crane et al., "The Causes of Homelessness in Later Life: Findings From a Three-Nation Study," *Journals of Gerontology Series B: Psychological Sciences and Social Sciences* 60, no. 3 (May 1, 2005): S152–59; Lee, Tyler, and Wright, "The New Homelessness Revisited," 501–21. 几项研究表明，一些人从寄养家庭、医院和监狱等机构出来就无家可归了，他们大约占无家可归总人口的十分之一。Dennis P. Culhane et al., "Testing a Typology of Family Homelessness Based on Patterns of Public Shelter Utilization in Four U.S. Jurisdictions: Implications for Policy and Program Planning," *Housing Policy Debate* 18, no. 1 (2007): 1–28; Peter J. Pecora et al., "Educational and Employment Outcomes of Adults Formerly Placed in Foster Care: Results from the Northwest Foster Care Alumni Study," *Children and Youth Services Review* 28, no. 12 (December 2006): 1459–81.

　　9. Edna Bonacich, "Advanced Capitalism and Black/White Race Relations in the United States: A Split Labor Market Interpretation," *American Sociological Review* 41, no. 1 (February 1, 1976): 34–51.

　　10. "American Community Survey" (US Census Bureau, 2011).

　　11. David A. Snow and Leon Anderson, "Identity Work Among the

Homeless: The Verbal Construction and Avowal of Personal Identities," *American Journal of Sociology* 92, no. 6 (May 1, 1987): 1336–71.

12. Lee, Tyler, and Wright, "The New Homelessness Revisited," 501–21.

13. Daniel Kerr and Christopher Dole, "Cracking the Temp Trap: Day Laborers' Grievances and Strategies for Change in Cleveland, Ohio," *Labor Studies Journal* 29, no. 4 (January 1, 2005): 87–108.

14. Lee, Tyler, and Wright, "The New Homelessness Revisited," 501–21; Snow and Anderson, *Down on Their Luck* (Berkeley, University of California Press, 1993); Snow and Anderson, "Identity Work Among the Homeless"; Mitchell Duneier, *Sidewalk* (2001).

15. Elijah Anderson, *The Cosmopolitan Canopy: Race and Civility in Everyday Life* (New York: W.W. Norton & Company, 2012).

16. James Baldwin, "On Being 'White' ... and Other Lies," *Essence*, April 1984.

第 5 章　午后与夜晚

1. Barrett A. Lee and Chad R. Farrell, "Buddy, Can You Spare A Dime? Homelessness, Panhandling, and the Public," *Urban Affairs Review* 38, no. 3 (January 1, 2003): 299–324.

2. US Census Bureau, "Decennial Census Datasets," 2010.

3. Robert Wuthnow, *Saving America?: Faith-Based Services and the Future of Civil Society* (Princeton, NJ: Princeton University Press, 2009); Manuel Mejido Costoya and Margaret Breen, "Faith–Based Responses to Homelessness in Greater Seattle: A Grounded Theory Approach," *Social Compass* (November 26, 2020), 7.

4. David A. Snow and Leon Anderson, *Down on Their Luck: A Study of Homeless Street People* (Berkeley: University of California Press, 1993), 79.

5. Rebecca Sager, "Faith–Based Social Services: Saving the Body or the Soul? A Research Note," *Journal for the Scientific Study of Religion* 50, no. 1 (2011): 201–10.

6. Rebecca Sager, "Faith–Based Social Services," 201–10.

7. Herbert J. Gans, "The Positive Functions of Poverty," *American Journal of Sociology* 78，no. 2：275-89.

8. Snow and Anderson, *Down on Their Luck* (1993).

第6章　年轻的泽娜妮

1. Colin Jerolmack and Shamus Khan, "Talk Is Cheap Ethnography and the Attitudinal Fallacy," *Sociological Methods & Research*, March 9, 2014.

2. Nancy Plankey-Videla, "Informed Consent as Process: Problematizing Informed Consent in Organizational Ethnographies," *Qualitative Sociology* 35, no. 1 (March 1, 2012): 1-21; Barrie Thorne, " 'You Still Takin" Notes?' Fieldwork and Problems of Informed Consent," *Social Problems* 27, no. 3 (1980): 284-97.

3. Tanis Furst et al., "Food Choice: A Conceptual Model of the Process," *Appetite* 26, no. 3 (June 1996): 250-51.

4. Christine Blake and Carole A. Bisogni, "Personal and Family Food Choice Schemas of Rural Women in Upstate New York," *Journal of Nutrition Education and Behavior* 35, no. 6 (December 2003): 282-93; Cassandra M. Johnson et al., "It's Who I Am and What We Eat. Mothers' Food-Related Identities in Family Food Choice," *Appetite* 57, no. 1 (August 2011): 220-28; Mary C. Kirk and Ardyth H. Gillespie, "Factors Affecting Food Choices of Working Mothers with Young Families," *Journal of Nutrition Education* 22, no. 4 (July 1990): 161-68; Britta Renner et al., "Why We Eat What We Eat. The Eating Motivation Survey (TEMS)," *Appetite* 59, no. 1 (August 2012): 117-28.

5. Julie Beaulac, "A Systematic Review of Food Deserts, 1966-2007," *Preventing Chronic Disease* 6, no. 3 (2009): 1.

6. Beaulac, "A Systematic Review of Food Deserts, 1966-2007," 1.

7. Karen Glanz et al., "Nutrition Environment Measures Survey in Stores (NEMS-S): Development and Evaluation," *American Journal of Preventive Medicine* 32, no. 4 (April 2007): 282-89; Latetia V. Moore and Ana V. Diez Roux, "Associations of Neighborhood Characteristics with the Location and Type of Food Stores," *American Journal of Public Health* 96, no. 2 (February

2006): 325–31; Shannon N. Zenk et al., "Fruit and Vegetable Access Differs by Community Racial Composition and Socioeconomic Position in Detroit, Michigan," *Ethnicity & Disease* 16, no. 1 (2006): 275–80.

8. Alan Beardsworth and Teresa Keil, *Sociology on the Menu: An Invitation to the Study of Food and Society*, (New York: Routledge, 1997): 74; Mary Douglas, "Deciphering a Meal," *Daedalus* 101, no. 1 (1972): 61–81.

9. David Sutton, "Cooking Skills, the Senses, and Memory: The Fate of Practical Knowledge," in *Food and Culture: A Reader*, ed. Carole Counihan and Penny Van Esterik (New York: Routledge, 2012), 299–317; Pierre Bourdieu, *Distinction: A Social Critique of the Judgement of Taste* (Cambridge, MA: Harvard University Press, 1987).

10. Anne Bower, *African American Foodways: Explorations of History and Culture* (Champaign, IL: University of Illinois Press, 2007); Sheila Ferguson, *Soul Food: Classic Cuisine from the Deep South* (New York: Grove Press, 1993).

11. Byron Hurt, *Soul Food Junkies*, DVD, Documentary, 2012.

12. John McWhorter, "The Root: The Myth of the Food Desert," National Public Radio, *NPR*, December 15, 2010; John McWhorter, "The Food Desert Myth," *The Daily News*, April 22, 2012.

13. Larry Tye, *Bobby Kennedy: The Making of a Liberal Icon* (New York: Random House, 2016, 348.

14. John T. Edge, *The Potlikker Papers: A Food History of the Modern South* (New York: Penguin Press, 2017), 58; Monica M. White, " 'A Pig and a Garden' : Fannie Lou Hamer and the Freedom Farms Cooperative," *Food and Foodways* 25, no. 1 (January 2, 2017): 20–39.

15. Here, Bill is referring to the Commodity Credit Corporation. For more on this agency, see Reed L. Frischknecht, "The Commodity Credit Corporation: A Case Study of a Government Corporation," *The Western Political Quarterly* 6, no. 3 (September 1, 1953): 559–69.

16. Monica M. White, *Freedom Farmers: Agricultural Resistance and the Black Freedom Movement* (Chapel Hill: University of North Carolina Press,

2019).

17. Ralph Ellison, "Richard Wright's Blues," *The Antioch Review* 5, no. 2 (1945): 199.

18. Lisa Krissof Boehm, *Making a Way Out of No Way: African American Women and the Second Great Migration* (Jackson: University Press of Mississippi, 2009).

19. Toni Tipton-Martin, *The Jemima Code: Two Centuries of African American Cookbooks* (Austin: University of Texas Press, 2015). Michael W. Twitty, *The Cooking Gene: A Journey Through African American Culinary History in the Old South* (New York, NY: Amistad, 2017).

20. Owen J. Furuseth and Heather A. Smith, in *Latinos in the New South: Transformations of Place*, ed. Owen J. Furuseth and Heather A. Smith (New York: Routledge, 2016), 1–19.

21. C. Vann Woodward, *Origins of the New South, 1877-1913: A History of the South* (Baton Rouge, LA: Louisiana State University Press, 1981). Charles Reagan Wilson, "From Bozart to Booming: Considering the Past and Future South," *Southern Cultures* 25, no. 1 (2019): 11.

22. Sarah Bowen, Joslyn Brenton, and Sinikka Elliott, *Pressure Cooker: Why Home Cooking Won't Solve Our Problems and What We Can Do About It* (Oxford: Oxford University Press, 2019); Marjorie L. DeVault, *Feeding the Family: The Social Organization of Caring as Gendered Work* (Chicago: University of Chicago Press, 1994).

23. Megan Comfort, *Doing Time Together: Love and Family in the Shadow of the Prison* (Chicago: University of Chicago Press, 2008).

24. Frederick Douglass Opie, *Hog and Hominy: Soul Food from Africa to America* (New York: Columbia University Press, 2010), 129, 125, 132.

第 7 章　今天的泽娜妮

1. Scott J. South and Glenn D. Deane, "Race and Residential Mobility: Individual Determinants and Structural Constraints," *Social Forces* 72, no. 1 (1993): 147–67; Matthew Desmond, "Eviction and the Reproduction of Urban

Poverty," *American Journal of Sociology* 118, no. 1 (July 2012): 88–133.

2. Robert J. Sampson and Patrick Sharkey, "Neighborhood Selection and the Social Reproduction of Concentrated Racial Inequality," *Demography* 45, no. 1 (February 2008): 1–29; Robert Sampson, Jefrey Morenof, and Felton Earls, "Beyond Social Capital: Spatial Dynamics of Collective Efficacy for Children," *American Sociological Review* 64 (1999): 633–60; Shana Pribesh and Douglas B. Downey, "Why Are Residential and School Moves Associated with Poor School Performance?" *Demography* 36, no. 4 (November 1, 1999): 521–34.

3. Maxia Dong et al., "Childhood Residential Mobility and Multiple Health Risks during Adolescence and Adulthood: The Hidden Role of Adverse Childhood Experiences," *Archives of Pediatrics & Adolescent Medicine* 159, no. 12 (December 2005): 1104–10.

4. Shaila Dewan, "In Many Cities, Rent Is Rising Out of Reach of Middle Class," *New York Times*, April 14, 2014; Desmond, Matthew, "Housing Crisis in the Inner City," *Chicago Tribune*, April 18, 2010.

5. Shaila Dewan, "Evictions Soar in Hot Market; Renters Sufer," *New York Times*, August 28, 2014; Matthew Desmond, "Disposable Ties and the Urban Poor," *American Journal of Sociology* 117, no. 5 (March 1, 2012): 1295–1335.

6. "Extremely low-income households—a definition used by the US Department of Housing and Urban Development (HUD)—earn 30 percent of area median income or less" (MacDonald and Poethig 2014, 1).

7. Graham MacDonald and Poethig, "We've Mapped America's Rental Housing Crisis | MetroTrends Blog" (Urban Institute, March 3, 2014).

8. Matthew Desmond et al., "Evicting Children," *Social Forces* 92, no. 1 (2013): 303–27; Gulf Coast Fair Housing Center, "An Audit Report on Race and Family Status Discrimination in the Mississippi Gulf Coast Rental Housing Market" (Gulfport, MS: Gulf Coast Fair Housing Center, 2004).

9. Peter Rosenblatt and Stefanie DeLuca, " 'We Don't Live Outside, We Live in Here' : Neighborhood and Residential Mobility Decisions Among Low-Income Families," *City & Community* 11, no. 3 (2012): 254–84.

10. Carol B. Stack, *All Our Kin: Strategies for Survival in a Black*

Community (New York: Harper & Row, 1973), 43.

11. "Temporary Assistance for Needy Families" (Washington, D.C.: Center On Budget and Policy Priorities, February 6, 2020), 1.

12. Greg J. Duncan and Jeanne Brooks-Gunn, "Family Poverty, Welfare Reform, and Child Development," *Child Development* 71, no. 1 (January 1, 2000): 188-96.

13. Gene Falk, "Temporary Assistance for Needy Families (TANF): Eligibility and Benefit Amounts in State TANF Cash Assistance Programs" (Washington, D.C.: Congressional Research Service, July 22, 2014).

14. Drew Desilver, "Minimum Wage Hasn't Been Enough to Lift Most Out of Poverty for Decades" (Washington, D.C.: Pew Research Center, February 18, 2014).

15. Rebecca Thiess, "The Future of Work: Trends and Challenges for Low-Wage Workers" (Washington, D.C.: Economic Policy Institute, April 27, 2012), 2.

16. Austin Nichols, "Unemployment and Poverty," Text (Washington, D.C.: Urban Institute, September 13, 2011).

17. Amy S. Wharton, "The Sociology of Emotional Labor," *Annual Review of Sociology* 35, no. 1 (2009): 147-65.

18. Kelly Brownell and Katherine Battle Horgen, *Food Fight: The Inside Story of The Food Industry, America's Obesity Crisis, and What We Can Do About It* (New York: McGraw-Hill, 2004).

19. Derek Thompson, "How America Spends Money: 100 Years in the Life of the Family Budget," *Atlantic,* April 5, 2012; Derek Thompson, "Food Is Cheap," *Atlantic,* April 5, 2012.

20. Mustafa Emirbayer and Ann Mische, "What Is Agency?," *The American Jour-nal of Sociology* 103, no. 4 (January 1, 1998): 994.

21. Emirbayer and Mische, "What Is Agency?," 994.

22. Sendhil Mullainathan and Eldar Shafir, *Scarcity: Why Having Too Little Means So Much* (New York: Macmillan, 2013); Cass R. Sunstein, "It Captures Your Mind," *The New York Review of Books*, September 26, 2013, 3.

23. Sendhil Mullainathan and Eldar Shafir, *Scarcity* (Macmillan, 2013);

Jesse Singal, "Book Review: 'Scarcity: Why Having Too Little Means So Much' by Eldar Shafir and Sendhil Mullainathan" BostonGlobe.com, October 9, 2013.

24. Sendhil Mullainathan and Eldar Shafir, *Scarcity*, 2013; Derek Thompson, "Your Brain on Poverty: Why Poor People Seem to Make Bad Decisions," *Atlantic*, November 22, 2013.

25. Kelley Fong, "Getting Eyes in the Home: Child Protective Services Investigations and State Surveillance of Family Life," *American Sociological Review* 85, no. 4 (August 1, 2020): 610–38.

第 8 章　比娅女士

1. Mustafa Emirbayer and Mische, "What Is Agency?," *The American Journal of Sociology* 103, no. 4 (January 1, 1998): 962–1023.

2. Lauren Gust, "Defrosting Dinner: The Evolution of Frozen Meals in America," *Intersect: The Stanford Journal of Science, Technology, and Society* 4 (October 13, 2011): 48–56; LeeAnn Smith, "Frozen Meals," *Journal of Renal Nutrition* 19, no. 3 (May 1, 2009): 11–13.

3. Leslie Hossfeld, E. Brooke Kelly, and Julia Waity, *Food and Poverty: Food Insecurity and Food Sovereignty among America's Poor* (Nashville, TN: Vanderbilt University Press, 2018).

4. Emirbayer and Mische, "What Is Agency?," 962.

5. Tara Hahmann et al., "Problem Gambling within the Context of Poverty: A Scoping Review," *International Gambling Studies* (September 21, 2020): 1–37.

第 9 章　戴维斯一家与烧烤店

1. Carlijn B.M. Kamphuis et al., "Bourdieu's Cultural Capital in Relation to Food Choices: A Systematic Review of Cultural Capital Indicators and an Empirical Proof of Concept," *PLoS ONE* 10, no. 8 (August 5, 2015); Wendy Wills et al., "The Framing of Social Class Distinctions through Family Food and Eating Practices," *The Sociological Review* 59, no. 4 (November 2011): 725–40.

2. Milton M. Gordon, "Social Class in American Sociology," *American Journal of Sociology* 55, no. 3 (1949): 262–68; Erik Olin Wright, "Social Class,"

in *Encyclopedia of Social Theory*, ed. George Ritzer (Thousand Oaks, CA: SAGE Publications, 2004).

3. William Julius Wilson, *The Truly Disadvantaged: The Inner City, the Underclass, and Public Policy* (Chicago: University of Chicago Press, 1987); Patricia Hill Collins, *Black Feminist Thought: Knowledge, Consciousness, and the Politics of Empowerment* (New York: Routledge, 1983); Courtney S. Thomas, "A New Look at the Black Middle Class: Research Trends and Challenges," *Sociological Focus* 48, no. 3 (September 2015): 191–207.

4. Mary Pattillo-McCoy, *Black Picket Fences*, (2000).

5. Ashanté M. Reese, *Black Food Geographies: Race, Self-Reliance, and Food Access in Washington*, (Chapel Hill: University of North Carolina Press, 2019); Monica M. White, *Freedom Farmers: Agricultural Resistance and the Black Freedom Movement* (Chapel Hill: University of North Carolina Press, 2019).

6. Elizabeth Ruth Cole and Safiya R. Omari, "Race, Class and the Dilemmas of Upward Mobility for African Americans," *Journal of Social Issues* 59, no. 4 (December 2003); Matthew O. Hunt and Rashawn Ray, "Social Class Identification Among Black Americans: Trends and Determinants, 1974–2010," *American Behavioral Scientist* 56, no. 11 (November 1, 2012): 1462–80.

7. Mustafa Emirbayer and Ann Mische, "What Is Agency?" *The American Journal of Sociology* 103, no. 4 (January 1, 1998): 962–1023.

8. For a philosophical exploration of this, see John Dewey, *Human Nature and Conduct: An Introduction to Social Psychology* (New York: Modern Library, 1922), 15–42.

9. Anthony Giddens, *Central Problems in Social Theory: Action, Structure, and Contradiction in Social Analysis* (Berkeley: University of California Press, 1979).

10. Zora Neale Hurston, "Characteristics of Negro Expression.," *Negro Anthology*, 1934, 39–61.

11. Erving Gofman, "On Fieldwork," *Journal of Contemporary Ethnography* 18, no. 2 (July 1989): 123–32.

12. Toni Tipton-Martin, *The Jemima Code: Two Centuries of African American Cookbooks* (Austin: University of Texas Press, 2015).

第 10 章　在戴维斯家与阿娃一起烹饪

1. Tatiana Andreyeva et al., "Availability And Prices Of Foods Across Stores And Neighborhoods: The Case Of New Haven, Connecticut," *Health Affairs* 27, no. 5 (September 1, 2008): 1381–88; Christina Black et al., "Variety and Quality of Healthy Foods Differ According to Neighbourhood Deprivation," *Health & Place* 18, no. 6 (November 1, 2012): 1292–99; Wendi Gosliner et al., "Availability, Quality and Price of Produce in Low-Income Neighbourhood Food Stores in California Raise Equity Issues," *Public Health Nutrition* 21, no. 9 (June 2018): 1639–48.

2. Geno Lee, Oral History Project: Jackson's Iconic Restaurant, interview by Amy Evans, March 24, 2011.

3. Suzanne M. Bianchi et al., "Is Anyone Doing the Housework? Trends in the Gender Division of Household Labor," *Social Forces* 79, no. 1 (2000): 191–228.

4. Douglas Bowers, "Cooking Trends Echo Changing Roles of Women," *Food Review/National Food Review* 23, no. 1 (2000).

5. Lindsey Smith Taillie, "Who's Cooking? Trends in US Home Food Preparation by Gender, Education, and Race/Ethnicity from 2003 to 2016," *Nutrition Journal* 17, no. 1 (April 2, 2018): 41.

6. Taillie, "Who's Cooking?," 41; Michael Pollan, *Cooked: A Natural History of Transformation* (New York: Penguin, 2014); Susanna Mills et al., "Health and Social Determinants and Outcomes of Home Cooking: A Systematic Review of Observational Studies," *Appetite* 111 (April 1, 2017): 116–34.

7. Katherin Schaefer, "Among US Couples, Women Do More Cooking and Grocery Shopping than Men" (Washington, D.C.: Pew Research Center, September 2019).

8. H.G. Parsa et al., "Why Restaurants Fail? Part II—The Impact of Affiliation, Location, and Size on Restaurant Failures: Results from a Survival Analysis,"

Journal of Foodservice Business Research 14, no. 4 (October 1, 2011): 360–79.

9. Martha MacDonald, Shelley Phipps, and Lynn Lethbridge, "Taking Its Toll: The Influence of Paid and Unpaid Work on Women's Well-Being," *Feminist Economics* 11, no. 1 (March 1, 2005): 63–94; Carmen Sirianni and Cynthia Negrey, "Working Time as Gendered Time," *Feminist Economics* 6, no. 1 (January 1, 2000): 59–76.

10. Jessamyn Neuhaus, "The Way to a Man's Heart: Gender Roles, Domestic Ideology, and Cookbooks in the 1950s," *Journal of Social History* 32, no. 3 (1999): 529–55; Lotte Holm et al., "Who Is Cooking Dinner?," *Food, Culture & Society* 18, no. 4 (October 2, 2015): 589–610; Nicklas Neuman and Christina Fjellström, "Gendered and Gendering Practices of Food and Cooking: An Inquiry into Authorisation, Legitimisation and Androcentric Dividends in Three Social Fields," *NORMA* 9, no. 4 (October 2, 2014): 269–85; Ashley Fetters, "The Man's Kitchen," *Curbed*, (January 31, 2018); Anna Bronnes, "Gender Roles and Food: Are We Sexist?," *Foodie Underground* (blog), (January 27, 2015); Rachel L. Swarns, "When Their Workday Ends, More Fathers Are Heading Into the Kitchen," *New York Times*, November 23, 2014, sec. New York.

11. Mia Tuan, "Neither Real Americans nor Real Asians? Multigeneration Asian Ethnics Navigating the Terrain of Authenticity," *Qualitative Sociology* 22: 105–25; Carter, "Black Cultural Capital, Status Positioning, and Schooling Conflicts for Low Income African American Youth," *Social Problems* 50 (February 2003): 136–55.

12. Josée Johnston, Shyon Bauman, and Merin Oleschuk, "Omnivorousness, Distinction, or Both," in *The Oxford Handbook of Consumption*, ed. Frederick F. Wherry and Ian Woodward (New York: Oxford University Press, 2019), 361–80.

第 11 章　查尔斯

1. G. M. Eller, "On Fat Oppression," *Kennedy Institute of Ethics Journal* 24, no. 3 (November 12, 2014): 219–45.

2. Jessica Greenebaum, "Vegans of Color: Managing Visible and Invisible Stigmas," *Food, Culture & Society* 21, no. 5 (October 20, 2018): 680–97. For

more on this, see Breeze A. Harper, "Going Beyond the Normative White 'Post-Racial' Vegan Epistemology," in *Taking Food Public: Redefining Foodways in a Changing World*, ed. Psyche Williams Forson and Carole Counihan (New York: Routledge, 2013).

3. Khushbu Shah, "The Secret Vegan War You Didn't Know Existed," Thrillist, January 26, 2018; Kelly L. Markowski and Susan Roxburgh, " 'If I Became a Vegan, My Family and Friends Would Hate Me' Anticipating Vegan Stigma as a Barrier to Plant-Based Diets," *Appetite* 135 (April 1, 2019): 1–9; Jessica Greenebaum, "Veganism, Identity and the Quest for Authenticity," *Food, Culture & Society* 15, no. 1 (March 1, 2012): 129–44; Jessica Greenebaum and Brandon Dexter, "Vegan Men and Hybrid Masculinity," *Journal of Gender Studies* 27, no. 6 (August 18, 2018): 637–48.

4. Greenebaum, "Vegans of Color," 680–97; Jennifer Polish, "Decolonizing Veganism: On Resisting Vegan Whiteness and Racism," in *Critical Perspectives on Veganism*, ed. Jodey Castricano and Rasmus R. Simonsen, The Palgrave Macmillan Animal Ethics Series (Cham: Springer International Publishing, 2016), 373–91.

5. Kristi Walker and Kristen Bialik, "Organic Farming Is on the Rise in the U.S." (Washington, D.C.: Pew Research Center, January 10, 2019); Laura Driscoll and Nina F. Ichikawa, "Growing Organic, State by State" (Berkeley, CA: Berkeley Food Institute, September 2017).

6. Pierre Bourdieu, *Outline of a Theory of Practice*, trans. Richard Nice (Cambridge: Cambridge University Press, 1977), 164, 167, 169; Joseph C. Ewoodzie, *Break Beats in the Bronx: Rediscovering Hip-Hop's Early Years* (Chapel Hill, NC: University of North Carolina Press, 2017), 83; Julia Moskin, "Is It Southern Food, or Soul Food?," *New York Times*, August 7, 2018.

7. Jessica Beth Greenebaum, "Questioning the Concept of Vegan Privilege: A Commentary," *Humanity & Society* 41, no. 3 (August 1, 2017): 355–72.

8. Moskin, "Is It Southern Food, or Soul Food?"

9. Mariane Lutz and Luisa Bascuñán-Godoy, "The Revival of Quinoa: A Crop of Health," in *Superfood and Functional Food: An Overview of Their*

Processing and Utilization, ed. Waisundara Viduranga and Naofumi Shiomi (Rijeka, Croatia: InTech, 2017), 37–54.

10. W.E.B. Du Bois, "The Freedmen's Bureau," *Atlantic*, March 1, 1901.

11. Newkirk, "The Great Land Robbery"; Lizzie Presser, "Kicked Of the Land," *The New Yorker*, July 15, 2019; Manning Marable, "The Politics of Black Land Tenure: 1877–1915," *Agricultural History* 53, no. 1 (1979): 142–52; Andrew W. Kahrl, "Black People's Land Was Stolen," *New York Times*, June 20, 2019; Pete Daniel, *Dispossession: Discrimination Against African American Farmers in the Age of Civil Rights* (Chapel Hill, NC: University of North Carolina Press Books, 2013).

12. Phillippe Steiner, "Physiocracy and French Pre–Classical Political Economy," in *A Companion to the History of Economic Thought*, ed. Jef E. Biddle, Jon B. Davis, and Warren J. Samuels (Oxford: Blackwell Publishers, 2003), 61–77.

13. Emelyn Rude, "Like a Rolling Store: These Mobile Shops Changed Rural American Life," *Time*, May 24, 2016.

第12章　乔纳森

1. Sarah Turner and John Bound, "Closing the Gap or Widening the Divide: The Effects of the GI Bill and World War II on the Educational Outcomes of Black Americans," *The Journal of Economic History* 63, no. 01 (March 2003): 145–77.

2. Richard Reeves and Nathan Joo, "White, Still: The American Upper Middle Class," *Brookings*, October 4, 2017.

3. Sara Lei, "Nine Charts about Wealth Inequality in America (Updated)" (Washington, D.C.: The Urban Institute, October 5, 2017).

4. Richard Rothstein, *The Color of Law: A Forgotten History of How Our Government Segregated America* (New York: Liveright, 2017).

5. Allison Davis, Burleigh B. Gardner, and Mary R. Gardner, *Deep South: A Study of Social Class and Color Caste in a Southern City* (Chicago: University of Chicago Press, 1941); John Dollard, *Caste and Class in a Southern Town*.

(Garden City, NY: Doubleday, 1957); Oliver Cromwell Cox, *Caste, Class, and Race: A Study in Social Dynamics* (New York: Monthly Review Press, 1948); Isabel Wilkerson, *Caste: The Origins of Our Discontents* (New York: Random House, 2020).

6. Josephine A. Beoku-Betts, "We Got Our Way of Cooking Things: Women, Food, and Preservation of Cultural Identity among the Gullah," *Gender & Society* 9, no. 5 (October 1, 1995): 535–55; Bernice Johnson Reagon, "African Diaspora Women: The Making of Cultural Workers," *Feminist Studies* 12, no. 1 (1986): 77–90; Angela Davis, "Reflections on the Black Woman's Role in the Community of Slaves," *The Massachusetts Review* 13, no. 1/2 (1972): 81–100.

7. W.E.B. Du Bois, *The Philadelphia Negro: A Social Study* (Philadelphia: University of Pennsylvania Press, 1899); Franklin Frazier, *Black Bourgeoisie* (New York: Simon and Schuster, 1957); St. Clair Drake and Horace R Cayton, *Black Metropolis: A Study of Negro Life in a Northern City* (Chicago: University of Chicago Press, 1945); Patricia Hill Collins, *Black Feminist Thought: Knowledge, Consciousness, and the Politics of Empowerment* (New York: Psychology Press, 2000).

8. Karyn R. Lacy, *Blue-Chip Black: Race, Class, and Status in the New Black Middle Class* (Berkeley: University of California Press, 2007).

9. Lacy, *Blue-Chip Black* (2007). Also see Lori Latrice Martin, "Strategic Assimilation or Creation of Symbolic Blackness: Middle-Class Blacks in Suburban Contexts," *Journal of African American Studies* 14, no. 2 (June 1, 2010): 234–46; Kesha S. Moore, "What's Class Got to Do With It? Community Development and Racial Identity," *Journal of Urban Affairs* 27, no. 4 (September 1, 2005): 437–51; Karyn R. Lacy, "Black Spaces, Black Places: Strategic Assimilation and Identity Construction in Middle-Class Suburbia," *Ethnic and Racial Studies* 27, no. 6 (November 1, 2004): 908–30.

10. Elijah Anderson, "The White Space," *Sociology of Race and Ethnicity* 1, no. 1 (January 1, 2015): 10–21.

11. Mary C. King, " 'Race Riots' and Black Economic Progress," *The Review of Black Political Economy* 30, no. 4 (March 1, 2003): 51–66.

12. John L. Jackson Jr., *Real Black: Adventures in Racial Sincerity* (Chicago: University of Chicago Press, 2005); John L. Jackson Jr., *Harlemworld: Doing Race and Class in Contemporary Black America* (Chicago: University of Chicago Press, 2010).

13. Claude Fischler, "Food, Self and Identity," *Social Science Information* 27, no. 2 (June 1988): 278.

14. Fischler, "Food, Self and Identity," 84.

15. Anderson, "The White Space," 11–13.

16. Brent Staples, "Barack Obama, John McCain and the Language of Race," *The New York Times*, September 21, 2008, sec. Opinion.

17. Jackson, *Real Black,* 15.

第 13 章　多里安、阿德里安娜和奥托尔

1. Gary Alan Fine, *Kitchens: The Culture of Restaurant Work*, (Berkeley: University of California Press, 2008).

2. Oliver Burkeman, "Scarcity: Why Having Too Little Means So Much by Sendhil Mullainathan and Eldar Shafir—Review," *Guardian*, August 23, 2013; Jesse Singal, "Book Review: 'Scarcity: Why Having Too Little Means So Much' by Eldar Shafir and Sendhil Mullainathan, *Boston Globe*," October 9, 2013.

3. Elijah Anderson, "The White Space," *Sociology of Race and Ethnicity* 1, no. 1 (January 1, 2015): 13.

4. For more on how middle-class Black people navigate white spaces, see Anderson, "The White Space," 13–15.

5. This is a subtle example of how, according to Elijah Anderson, white folks respond to Black folks in "white spaces." For more, see Anderson, "The White Space," 13.

6. Franklin Frazier, *Black Bourgeoisie* (New York: Simon and Schuster, 1957); Martin Kilson, "E. Franklin Frazier's *Black Bourgeoisie Reconsidered*: Frazier's Analytical Perspective," in *E. Franklin Frazier and Black Bourgeoisie*, ed. James E. Teele (Columbia: University of Missouri Press, 2002), 131. 基尔森进一步这样描写黑人中产阶级："更进一步说，非裔美国人中刚刚

出现羽翼成熟的中产阶级，这一事实也影响了黑人中产阶级内部‘局内人／局外人’的分隔。大部分刚刚成熟的黑人中产阶级（也就是身上还没有多少弗雷泽所说的‘中产阶级病理特征’的中产阶级）是从蓝领阶级、上层工人阶级或下层中产阶级非裔美国人家庭中成长而来的。只有一小部分（大约10%~20%）是二代中产阶级，因此，大部分新兴黑人中产阶级的生活中都有跨阶级和跨文化的根源。”Martin Kilson, "E. Franklin Frazier's *Black Bourgeoisie* Reconsidered: Frazier's Analytical Perspective," in *E. Franklin Frazier and Black Bourgeoisie*, ed. James E. Teele (Columbia: University of Missouri Press, 2002), 131.

7. Kilson, "E. Franklin Frazier's *Black Bourgeoisie* Reconsidered," 132.

第14章　竞选杰克逊市市长

1. Martin Kilson, "E. Franklin Frazier's *Black Bourgeoisie* Reconsidered: Frazier's Analytical Perspective," in *E. Franklin Frazier and Black Bourgeoisie*, ed. James E. Teele (Columbia: University of Missouri Press, 2002), 131.

2. Byron Orey, "Deracialization, Racialization, or Something in between?: The Making of a Black Mayor in Jackson, Mississippi," *Politics & Policy* 34, no. 4 (2006): 814–36.

3. Sarah Campbell, "Johnson Enters Mayoral Race Promising a Better Jackson," *The Clarion Ledger*, October 30, 1992, sec. A1; Orey, "Deracialization, Racialization, or Something in between?: The Making of a Black Mayor in Jackson, Mississippi," *Politics & Policy* 34, no. 4 (2006): 814–36.

4. Bhaskar Sunkara, "Chokwe Lumumba: A Revolutionary to the End," February 26, 2014, "Jackson Mourns Mayor With Militant Past Who Won Over Skeptics," *New York Times*, March 9, 2014, sec. U.S.

5. Eddie S. Glaude Jr., *In a Shade of Blue: Pragmatism and the Politics of Black America* (Chicago: University of Chicago Press, 2008).

6. Todd Levon Brown, "Racialized Architectural Space: A Critical Understanding of Its Production, Perception and Evaluation," *Architecture_MPS*, April 19, 2019.

第 15 章　对食物、种族和南部的研究

1. Lisa Peters, *Heart of the City: Dying to Eat in Jackson*, Documentary (Black Entertainment Television, 2009).

2. Lombe et al., "Examining Effects of Food Insecurity and Food Choices on Health Outcomes in Households in Poverty," 440–60; Gavin Turrell, "Socioeconomic Differences in Food Preference and Their Influence on Healthy Food Purchasing Choices," *Journal of Human Nutrition and Dietetics* 11, no. 2 (April 1, 1998): 135–49.

3. Michelle Jackson, *Manifesto for a Dream: Inequality, Constraint, and Radical Reform* (Stanford, CA: Stanford University Press, 2020).

4. Matthew Desmond, *Evicted: Poverty and Profit in the American City* (New York: Crown Publishers, 2016), 328.

后记

　　民族志研究项目常常在作者身上留下不可磨灭的印记。这次研究同样给我留下了深刻的印记，让我受益匪浅。这个课题把我对这个地区的好奇变成了对它的热爱。无论是好是坏，它改变了我对自己专业的看法，而且还塑造了我的品味。

　　在研究这个课题之前，虽然我对南方并不了解，但是我对南方很好奇，因为我在伊萨卡学院读本科的时候，是一个马丁·路德·金学者，在那里我们认识到了美国南部在种族不平等讨论中的重要性。读研究生的时候，我有几次跟着同屋去他的老家纳什维尔。他带我游览了这座城市，带我参观了费斯克大学，在那里我向杜波依斯的雕像深深鞠躬。他还带我参观了田纳西州立大学，在那里我体验了一次真正的返乡之旅。这次访问和其他几次一样，令我对南方产生了好感。我在杰克逊市住了13个月，毕业后，我很高兴有机会在北卡罗来纳州安家。对我来说，南方感觉更像是在加纳，而不是美国的其他地方。这里面有很多好的和不好的理由。南方的性情和气候是温暖的，但它也不宽容。我喜欢好的部分，而不好的部分提醒我还有工作要做。我在杰克逊市所学到的东西，尤其是地方政治的重要性，一直让我难以忘怀。

　　我在杰克逊市的经历也改变了我对自己专业的看法。那几个月的经历胜过我读过的书，让我更近距离观察贫穷的根源和机制。最重要的是，我耳闻目睹了美国的贫困和无家可归带来的真实人道后果。这是一种危机教育，它在我的意识中产生了一种紧迫感，促使我通过我的研究和所有其他手段参与社会变革。它也向我证明了人类具有丰富的同理心和共情能力，并带给我与一贯被忽视的人交流所带来的深度成就感。

与此同时，这个项目也暴露了以这种方式进行研究的残酷个人后果。民族志研究可能会塑造我们的人性，使我们成为更好、更富有同情心的学者，但它也常常对我们的个人生活产生负面的影响。为了实地考察，我们远离家园，把照顾家庭和孩子的重担留给伴侣。为了获得专业上的成功，我们全身心地投入，付出大量时间，但可能也因此带来毁灭性的后果。对我来说，这是一段婚姻结束的重要原因。这可能不应该归咎于这个项目，但从事这个项目，肯定无助于我们的婚姻。然后，我们内心还产生了强烈的内疚，那种用他人悲惨丑陋的故事来换取自己名利地位的内疚。正如一位民族志学者所言，内疚可以成为继续前进的动力，但也可能令人一蹶不振。我再怎么努力也无法平衡这个等式。

最后，这个项目塑造了我的品味，因为在一天内，我可能从救济站一直吃到杰克逊市最高雅的餐厅。这个项目真正地校准了我的味蕾。我吃了难以下咽的食物，也吃了美味佳肴；有些饭味同嚼蜡，有些菜百吃不厌；有些菜初尝不错，再尝索然无味。而且，我不仅尝了不少美食，还品了一些美酒。这次经历，应该说是我能鉴赏古典鸡尾酒、萨泽拉克鸡尾酒和老卡雷鸡尾酒之间差异的唯一原因。

致谢

穆斯塔法·埃米尔拜尔，您是我第一个分享这个项目想法的人。从您脸上高兴的样子可以看得出来，我这个课题选得还不错。感谢您一直以来的支持。我希望您知道您对我的学术生涯有很大的影响。我也很感激您的友谊。

马特·德斯蒙德（Matt Desmond）和泰莎·德斯蒙德（Tessa Desmond），谢谢你们的言传身教，让我学会如何平衡家庭责任和研究工作，我珍惜我们永恒的友谊。克雷格·沃纳（Craig Werner），您从一开始就对我这个项目抱有信心，尽管当时我还没去过密西西比州。我很自豪能成为您的学生。贾斯廷·肖普（Justin Schaup）、韦斯·马尔科夫西（Wes Markofsi）、雷吉娜·贝克（Regina Baker）、维克托·雷（Victor Ray）、安娜·哈斯金斯（Anna Haskins）、莎拉·布鲁赫（Sarah Bruch）、梅根·正治（Meagan Shoji）、塞尔森·维勒加斯（Celson Villegas）、埃琳娜·施（Elena Shih）以及阿妮玛·阿杰蓬（Anima Adjepong），能从远方为你们加油，我感到非常高兴。谢谢你们的友谊。还有，伊桑（Ethan）兄弟，我永远不会忘记你跟着我在城里奔波，拍了整整一千张照片！感谢你为这本书增添了色彩。

我很荣幸得到了三位了不起的黑人女性社会学家的指导，

尽管她们可能认为我不是接受指导的，而是朋友。我要特别感谢克里斯蒂·欧文（Christy Erving）、琼·比曼（Jean Beaman）和蒂芙尼·约瑟夫（Tiffany Joseph）这三位导师。

鲍比·史密斯二世（Bobby Smith Ⅱ），和您一起写论文，使这本书增色不少。谢谢您帮我找了参考资料。福斯特，我无法告诉你我有多少次想借用您的许多措辞，但没有人能像您那样用词用得那么好。我很高兴有一个前排座位看到您出现在台上。

鲁滨逊，还记得我去密西西比大学找你吗？你那时就确定这个项目会成功的。谢谢你！在那次旅行中，我还遇到了南方美食联盟（Southern Foodways Alliance）热情的朋友。约翰·T.艾奇（John T. Edge），玛丽·贝丝·拉塞特（Mary Beth Lassetter），还有艾米·埃文斯（Amy Evans），我不知道你们为什么要让一个对南方一无所知的研究生来扮演这个主角。我非常感谢您和联盟全体员工对这项工作的信任。

希尔顿·凯利（Hilton Kelly）和劳里安·鲍尔斯（Laurian Bowles），开普敦三人组三分之二的成员，感谢你们做的所有工作，支持我们并保护我们免受一个还没有摆脱白人至上主义根源的机构的伤害。我没有忘记我之所以能有今天，是因为有你们的帮助，我希望你们都知道这一点。富士·洛萨达（Fuji Lozada），谢谢你总是给我讲道理，即使我老是心不在焉。约翰·沃特海默（John Wortheimer）和胡里奥·拉米雷斯（Julio Ramirez），感谢你们的指导，谢谢你们鼓励我不要放弃我的一些疯狂想法，并告诉我如何理智地付诸行动。爱丽丝·威默斯（Alice Wimers）、塔基亚·哈珀－希普曼（Takiyah Haper-Shipman）、桑迪·理查森（Sundi Richardson）、丹尼尔·林兹（Daniel Lynds）、丹尼尔·莱曼（Daniel Layman）、库巴·卡巴拉（Kuba Kabala）、玛丽·穆坎（Mary Muchane）、卢安妮·斯莱奇（LuAnne Sledge）和海伦·乔（Helen Cho），感谢你们把戴维森学院打造成一个温暖的工作场所。

梅根·莱文森（Meagan Levinson），我对您所有的赞赏，您都是当之无愧的。让我补充一下：您是编辑界的菲尔·杰克逊（Phil Jackson）和 C. 维维安·斯特林格（C. Vivian Stringer）。谢谢您修正了这本书许多草率使用的隐喻、双关语、学术术语和笨拙的句子，让这本书更好地突出了重点。您的编辑技巧不仅使这本书增色不少，我也因此提高了写作水平，我希望我们能再次合作。艾伦·福斯（Ellen Foos）、凯蒂·斯蒂尔曼（Katie Stileman）、凯特·亨斯利（Kate Hensley）以及普林斯顿大学出版社的其他工作人员，感谢你们所做的一切，感谢你们的热心帮助。迪德丽·哈蒙斯（Diedre Hammons），谢谢你使我的笔锋更加犀利。

杰森·汤普森（Jason Thompson），谢谢你与我的长谈。你知道吗，在做研究的大部分时间里，我一直在你的宿舍过夜，谢谢你和我们的友谊。杰德兄弟，感谢你阅读每一页初稿并逐行加注，你可以以编辑为业了。R.L. 纳维斯（R. L. Naves），谢谢你每次周二在塔可贝尔与我交谈。

卡米尔·罗杰斯（Camille Rogers）、达莱娜·蒂尔曼（DalaynaTillman）、莎蒂娜·威廉姆斯（Shatina Williams）、朗娜道森（Lonna Dawson）、塔松达·弗雷泽（Tashonda Frazier）、爱德华·科尔（Edward Cole），夸德沃·奥乌苏·奥弗里（Kwadwo Owusu Ofori）、格雷格·奥科蒂（Greg Okotie）、C.J.哈蒙（C.J. Harmon）、考特尼·派克（Courtney Peck）和帕特里克·李（Patrick Lee），你们给了我生命，还处处护着我。托尔谢卡·马多克斯（Torsheika Maddox）、希瑟·奥康奈尔（Heather O'Connell）和米歇尔·鲁滨逊（Michelle Robinson），不管我走多远，你们总是热情地欢迎我回来。谢谢你们！

妈妈，我写的这本书只是反映了您教我怎么与人交往的一小部分。我能成为一名民族志学家，全都归功于有您的教导。爸爸，我永远感激您把对书籍和文字的热爱传给了我和策（Ce），还有邦兹·威尔斯（Bonzi Wells 又名乔布·隆科 Joe Bronko）！薇姬（Vicky）博士、纳纳（Nana）牧师、萨缪拉（Samuela）女士、杰登（Jaydon）先生、奥利弗（Oliver）先生和太后（本妮妈妈 Mama Benny）殿下，感谢各位的厚爱与支持。

斯蒂沃（Stevo）、叔叔、还有查莱（Chale），你们都好吗？

我想对世界各地大家庭的亲戚，尤其是年少一代说，尽管最近发生了家庭悲剧，但我很欣慰我们彼此仍然很接近。有时候，我希望我们住得更近一些，但话说回来，我们的亲戚遍布世界许多地方，这不是很神奇的一件事吗？久和阿顺（Kukuwa

Ashun）和我正准备讲述我们的亲身经历。

卡罗琳（Caroline），我深爱的人，我相信上帝让我们找到了彼此。你已经阅读了这本书的每一页并提供了认真的反馈。更重要的是，你给了我一个温暖、充满爱的家，让我无论是在为人处世方面，还是学术方面都不断长进。

贾登，见证你的成长是多么快乐啊！我为你和你的未来感到骄傲。在做这个项目的时候，我从你身上学到了重要的一课。当你再大一点的时候你可能会读这本书，到那时你来问我，我会和你分享我学到的东西。约瑟芬，你走进我们的生活时，我刚完成这个项目。我听到了你的呼吸和哇哇哭声，你才呱呱坠地 12 天，就让我们的生活变得如此丰富多彩。

我想对密西西比州杰克逊市市民说，这当中包括书中提到的每一个人，以及数百名没有被提到名字的人，我在你们城市的经历使我现在的生活变得充实起来，这是无法用语言表达的。写关于你们的事，是迄今为止，对我的专业水平和能力最大的挑战。我一直担心这本书没有准确体现你们那儿错综复杂的情况。我希望你们中的一些人会喜欢我写的东西，并希望你们能包容我的缺点。

最后，我要感谢福特基金会学位论文奖学金（Ford Foundation Dissertation Fellowship），美国社会学协会少数族裔奖学金项目（American Sociological Association Minority Fellowship Program），以及戴维森学院，尤其是马尔科姆·O. 帕廷（Malcolm O. Partin）捐赠主席对我完成手稿的支持。